渋沢栄一の経世済民思想

坂本慎一

日本経済評論社

凡例

1、旧字体は新字体に直してある場合がある。変体仮名も直している。

2、漢文の書き下し文は、筆者の判断で語尾の表現などを変えてある場合がある。また、原文が漢文でも引用は原則として書き下し文にしてある。

3、欧米文献の翻訳は、筆者の判断で表現を変えてある場合がある。

4、渋沢栄一は、その生涯において「市三郎」「栄治郎」（「栄二郎」）「栄一郎」「篤太夫」「篤太郎」「栄一」と名を変え、「美雄」という別の幼名もあり、「青淵」と号しているが、本論においては「栄一」で統一した。名字も「源」と名乗った時期があったが、「渋沢」で統一した。

5、『論語』の文節番号は、江連隆『論語と孔子の事典』（大修館書店、一九九六年）を基準にしてある。渋沢栄一が『論語講義』で異なる文節番号を付している場合などは別記した。

6、引用においては、明らかにミスプリントと思われるものは、筆者の判断で改正してあるが、特にその箇所は明記していない。

7、参考文献は、著者苗字・発行年（原則として初版発行年）・ページ数の順に示してある（例：渋沢［1937］一一三頁）。その書物が「大系」に属しているものは、その大系の名と巻数を筆者名の代わりに使用した（例：日本思想大系36・一一三頁）。また荻生徂徠や田口卯吉、ヴェーバーに関してのみ、文献に番号を付した（例：荻生③・二巻一三四頁）。これらは本書末の参考文献表に対応している。

8、敬称はすべて略した。

目次

序章　渋沢栄一思想研究のための基礎的考察

I　序

明治から昭和初期にかけて活躍した渋沢栄一は、五百以上の企業に関係し、六百以上の慈善団体等に関わった。彼は「日本資本主義の父」とも呼ばれる。彼の活動は日本の近代化において非常に大きな影響力を持ち、実業家としては初めて男爵を授爵するほどであった。しかし渋沢は私益を追求しようとした実業家ではなく、ある意味では「特異な」実業家であった。山路愛山は「渋沢男は決して金持に非ず。又金持として成功したる人にも非ず」（山路[1928]二五九頁）と言い、「男（＝渋沢男爵――引用者）は一身一家の富よりも、外の働きにて日本の歴史に一地歩を占めたる人なり。是れ男の男たる所以なり。それを人並の金持の様に論ずるは男を解せざるものなり」（同書二六〇頁）と述べる。

確かに渋沢は岩崎家や三井家とは趣を異にし、個人的利益のみを追求したとは考えられない行動を何度となくとっている。例えば、渋沢は明治二〇（一八八七）年一〇月に日本初の機械煉瓦製造を目指して日本煉瓦製造会社を設立したが、この会社は当初目指した品質を生産できなかった。更に明治二三（一八九〇）年には空前の不況の下、工場はその年の利根川の大洪水によって莫大な損害を受ける。その後は社債の応募者もない状態だったが、渋沢はそれでも「資金の方は私が引受けるから」（渋沢［1937］六一六～七頁）と協同者を説得して事業を続行した。その後も在庫の処分に苦心するも、製品輸送のために鉄道をわざわざ新設するなどして、明治三一（一八九八）年には収益がなんとか上向く。渋沢は明治四二（一九〇九）年に取締役会長を辞任した。

また明治二〇（一八八七）年に創立した東京人造肥料会社は、高峰譲吉より渋沢に話があって開始された事業であったが、会社創立数年にして高峰は突然渡米してしまう。また、会社の事業も不振の上に明治二五（一八九二）年には火災によって工場のほとんどを焼失してしまった。共同出資者も事業を放棄しようとする中、渋沢は「私一人でも此の会社を引受けて借金をしてでも必ず成し遂げる積りである」（同書五一八頁）と述べて事業を続行し、やがて会社は順調に発展していった。このような会社の創設に渋沢は幾度となく関わったが、彼は同時に明治八（一八七五）年より大正五（一九一六）年まで第一国立銀行（第一銀行）頭取の地位にあった。渋沢は、なぜこのような個人的には割に合わないリスクを繰り返し引き受けていたのであろうか。

経営学の大家ピーター・ドラッカーは、渋沢を評して次のように言っている。

> 率直にいって私は、経営の「社会的責任」について論じた歴史的人物の中で、かの偉大な明治を築いた偉大な人物の一人である渋沢栄一の右に出るものを知らない。彼は世界のだれよりも早く、経営の本質は「責任」にほかならないということを見抜いていたのである。（Drucker［1974］、野田・村上訳上巻六頁）

ドラッカーが言うには、世界で初めて経営の本質を見抜いた人物は渋沢栄一である。ドラッカーは自身の大著『マネジメント』を指して、「本書全巻を貫くものは、結局、渋沢栄一がかつて喝破した『経営の本質は〝責任〟にほかならない』という主題につきる」（同書同頁）と述べる。このようにドラッカーも高く評価する渋沢の思想は、本来は非常に注目されて良いはずである。

渋沢自身は、自らの種々の実業活動は国家を富盛にするためであったと方々で頻繁に述べている（渋沢［1913a］八〇～二、渋沢［1925a］一三頁等）。彼は、自ら明治二四年に作成した家訓の冒頭に「忠君愛国」という言葉を盛るほどの愛国主義者であり、自らの主義を「論語主義」（渋沢［1913a］一六一頁）と称する場合があった。彼は『論語』を「座右の宝典」（高橋・小貫［1927］一〇三九頁）と述べ、その思想・精神性は『論語』と算盤」という言葉で表わされる。しかしこの「『論語』と算盤」は、今まで知られているようで正しく理解されていなかった。あるいは、正統な形で理解されていなかったと言うべきかも知れない。

渋沢が終生『論語』の強い影響下にあったという事実は、本来は高度に思想的な問題であり、個別的なデータや文献の発見・発掘の問題ではない。個別のデータは、それをいかなる視点から見るかでさまざまな意味を持ちうるものであり、ここで重要なことはその視点である。本来はこの視点が定まらなければ議論が混乱し、いかなる研究もできない。しかしこの種の問題は、より根本的であるがゆえに議論の背後に隠れてしまうことがほとんどであり、通常は意識されることはない。

本書の目標は、渋沢栄一に関する未知の歴史的事実の発掘ではなく、まさにその視点の問題にある。本書は渋沢の思想を扱うが、ここで重要なことは渋沢が何を行ない何を言ったかではなく、渋沢の言動はどのようにとらえるべきかといったことである。それは渋沢一個人に関する好事的興味の問題に留まらない。幸田露伴は「実に栄一は時代の解釈者、時代の指導者、時代の要求者、換言すれば其人即ち時代其者であった」（幸田［1939］三〇六頁）と述べるが、渋沢は日本の近代化において象徴的な人物でもある。渋沢栄一という題材を通して、日本の近代そのもののとらえ方がここでの焦点である。

Ⅱ　渋沢栄一に関する二つの解釈

明治の近代化をどのようにとらえるかは、戦前より歴史学などで問題にされており、その解釈は千差万別である。しかし近代資本主義化を推し進めた本人である渋沢自身は、明治維新の原動力として儒教を最重視している（渋沢[1925a] 三一三頁）。この彼の主張は、一部の渋沢解釈ないし儒教解釈と相容れない。日本の近代化に関する解釈は、渋沢自身の解釈を基準にすれば、渋沢に近い解釈と全く反する解釈の二種類に分別することができる。

例えば渋沢栄一は二十代の時に水戸学を修学した結果、尊王攘夷思想に傾倒し、高崎城を乗っ取って横浜の異人館を襲撃するという暴挙を計画した。この計画は結局は沙汰止みになるが、この若き渋沢の暴挙計画は、これまでに書かれた渋沢の伝記や研究論文の中では、大きく分けて二通りの解釈がなされている。

まず第一の解釈は、この計画は具体的な計画性は稚拙な面もあったが、その心意気は重要なものであり、また渋沢の精神性の基礎を如実に示すものであるという解釈である。この見解は、尊王攘夷思想を基本的に前近代的なものと見なし、それが維新の原動力であったことも強調している。例えば、幸田露伴は、「尊皇は勿論我が國體の明顯に本づき、攘夷は勿論我が國民の忠勇に發した」（幸田[1939] 二六六頁）と評し、それが明治維新の原動力となったとしている。また渋沢個人にとっても、この計画に参加したことは多事の世間に身を投じる「一大転機」（同書三九頁）であったと述べている。白石喜太郎も、渋沢のこの活動を「一世を蔽うた雰囲気に酔うた」（白石[1933] 一一頁）としながらも、「憂國慨世の至情には相違ない」（同書同頁）と述べており、「憂国」の心をその本質と見ている。山路愛山もその計画自体については「如何なる點より見るも天下後世に感謝せらるべき行動に非ず」（山路[1928] 四二四頁）と否定的であるが、「渋沢家には人の事を我が事とする公の心、其血統に充ちたりと謂ふべし。此父母ありしが為に渋沢男も少年より独り一身の計を思はず天下を憂ふるの士となり、或時は攘夷黨となりて横浜焼打の計画を為し、或時は、一橋侯に仕へて夫れ政治運動に加はり、或時は役人となり、或時は銀行家となり、或時は実業家となりたり」（同書二六二頁）とも述べる。愛山は、焼き討ち計画自体には賛同しないが、その本質は後の銀行業務と同じで、攘夷運動は「全く公心に在り」（同書二六三頁）と考えている。また韮塚一三郎はこの暴挙計画を「国事を憂うるやむにやまれぬ至情に出た」（韮塚・金子［1983］一〇一頁）ゆえであるとし、「栄一の心中には、ただ国事のみがあって、一片の私心はなかった」（同書三一頁）と述べている。金子吉衛もこの暴挙を「今日でいう反体制のゼンガクレン、あるいは革マル派の類」（同書一〇六頁）と述べたり、「子供の火遊び」（同書一一一頁）という側面があることは否定しないが、より根本的な次元では「貴重な経験」（同書同頁）と述べ、「この儒教と尊皇の思想が栄一を社会事業に結びつけた」（同書二四六頁）と、基本的にはこの前近代的思想に肯定的である。

これらに対して、渋沢の暴挙計画は全く以て若気の至りであり、分析の対象にする価値すらないという見解がある。この見解は、基本的に尊王攘夷論を盲説と見なし、渋沢の偉大さは暴挙計画のみならず攘夷思想そのものからの潔い脱却にあったとしている。この第二の解釈は、例えば土屋喬雄がその代表である。戦前に書かれた伝記では、この暴挙計画の中止の方をむしろ評価しており「もしそれが實行されてゐたならば、……小一揆として鎮壓され、或は永久に歴史の頁の上から抹殺されて了ったかも知れぬ」（土屋［1931］六八頁）と述べる。更に戦後に記された伝記では「時代の空気と青年の情熱とが、この空想的急進論を吐かせたのであろう」（土屋［1988］四八頁）と、攘夷論に関して更に否定的である。また小野健知は、この攘夷論を「素朴実在論と同様」（小野［1997］五七頁）の狭い見解による惰説として、ほとんど分析していない。木村昌人は渋沢の民間外交に注目したその書で、渋沢初の外交論である攘夷論をほぼ無価値なものと見なして、わずか二行で述べているに過ぎない（木村［1991］六～七頁）。井上潤は、渋沢の攘夷論の中に経済的視点があり近代的な経済観念を先取りしたことを評価しつつも、攘夷論の本質とも言える儒教的国家観やその前近代性に関しては、ほぼ無視している（井上［1999］）。またこの井上論文所収の渋沢研究会による書（渋沢研究会［1999］）は、渋沢研究会における最近の研究成果をまとめたものであるが、若き渋沢の攘夷論それ自体に関しては、渋沢の精神性の基礎を造ったという見解を示さず、無視している。また鹿島茂は渋沢を「サン＝シモン主義者」としており、洋行前の渋沢は「尊皇攘夷思想に凝り固ま」（鹿島［1999］一九八頁）っていたとして、尊皇攘夷思想に否定的である。渋沢栄一の実子である渋沢秀雄も、栄一達は「純粋無垢な反抗者」（渋沢秀雄［1959］上巻六五頁）であったとし、この計画を「無謀で漫画じみた計画」（同書六九頁）と述べ、「この独善的熱狂に対する自己批判が、彼の性格に大きな転換期を与えたものと思われる」（同書七三頁）と述べる。

渋沢栄一自身も晩年に自らの青年時代を振り返って、この暴挙計画について言及している。彼はこの計画は、その具体性について「寔に笑ふ可き話に過ぎぬ」（渋沢［1913a］七四六頁）と述べるものの、尊王攘夷思想それ自体については次のように述べる。

> 尊王攘夷の語は、我が明治維新の鴻業を成就せしめたる一大原動力なり。嘉・安以降慶応戊辰に至るまで、志士の心臓を鼓動せしめ、血湧き肉飛び、驚天動地の活計をなし、七百年因襲の幕府を倒し、文明の立憲政治を施行するに至りたる所以のものは、その根源尊皇説にあらざれば、則ち攘夷論にあらざるはなし。故に尊王及び攘夷の二語は我が邦に取っては、瑞祥の吉語なり。（渋沢［1925a］七二五頁）

さらにこの『論語講義』で、渋沢は自らの暴挙計画について触れ、この時は「朝に道を聞けば、夕べに死すとも可なり」（『論語』四－八）の章句を「志士の守るべき金科玉條と心得てをった」（同書一六三頁）と述べている。渋沢自身のこの解釈は、明白に第二の解釈とは異なっている。

この第二の解釈は、如何に渋沢が前近代思想から脱却したかを問題としている。このとらえ方では、渋沢が如何に儒教を柔軟に解釈してそこから飛躍し、如何に自らを「人権」「国際」「民主主義」などに引きつけたかが問題になっている。その結果渋沢の中に前近代を否定する部分があれば、それは渋沢が偉大であった証拠であり、逆に前近代を保持する部分があれば、それは渋沢の時代的限界という形で理解される。この見方は「近代」より渋沢を見ていると言える。

渋沢は『論語』を座右の書としたが、この『論語』や儒教をどのようにとらえるかで、彼が推し進めた近代資本主義化の意味も異なっている。第一の解釈では、『論語』は渋沢の価値観の根源を為すものであり、彼自身の世界観・人間観・国家観・歴史観を示すものとして重要である。さらに渋沢個人の影響力を考えれば、そのような世界観・人間観・国家観・歴史観が明治維新において無視できない影響力を持ったことも示唆している。また、この解釈では、渋沢の思想が如何に独創的であったかは最重要の問題ではなく、如何に正統的な儒教であったかが問題となる。第二の解釈では、正統な儒教は桎梏や時代的限界である。この解釈では、渋沢や当時の日本人が儒教を如何に独創的に解釈したか、如何にそこから飛躍したかが重要となる。明治維新の本質も、儒教からの飛躍として把握される。そして当然のことながら、この解釈では渋沢自身の証言は第一の解釈ほど重視されない。渋沢が自分自身をどのようにとらえていようと、それは近代的・先取的側面と時代的限界の両方を含むとされるからである。

Ⅲ　日本における儒教についての解釈

維新の本質は、正統な儒教にあったか、それともそこからの飛躍にあったか。戦後の日本の政治思想史や社会・経済思想史においては、後者の観点のほうがより強力であった。その理由はさまざまであろうが、前者の解釈を否定する二人の大家による儒教解釈が存在したことは事実である。第一のものは初期・丸山眞男による解釈であり、第二のものはマックス・ヴェーバーによるものである。

丸山眞男は『日本政治思想史研究』において、日本の儒教が解体していく過程として日本の近代化を見た。初期・丸山は日本の近代化は、後進的であるが非停滞的であるととらえ、「儒教が封建社会の最も強力な意識形態であった限り、その外からの破壊ではなく、内部からの、いはば思はれざる成果としての解体過程の分析こそ、近世日本の思想が単なる『空間的な持続』に非ざる所以、換言すればその発展性を最もよく証示すると考へた」（丸山［1952］一八四〜五頁）と述べている。また丸山はこの書において徂徠学と後期水戸学の連関については触れておらず、後期水戸学も幕末の一時期にだけ影響力を持った思想としてとらえており、その本質も「歴史的限界」（同書三五七頁）のあったものとしている。この儒教史の解釈は、後期の丸山において明白に修正されているが[1]、未だに強い影響力を持っている。この解釈は、日本の近代化を儒教の解体史としてとらえ、また十分に解体できなかったが故に日本は後進的な国家になったと結論する。このように近代化の過程を、前近代の破壊、前近代からの飛躍と見る解釈は、大塚久雄にも代表され（大塚［1966］、大塚［1973］）、戦後日本の経済史研究において支配的であった。

マックス・ヴェーバーの解釈は、むしろ日本における儒教の影響そのものを過小評価するものである。ヴェーバーは日本における儒教について「儒教は、日本においては中国と異なり、試験制度や特に国家官僚の終身年金によってアカデミックに組織されたり、政治的経済的に固定的な組織となった統一党派の階層による支援を持ったのではなく、二三の集団による文学上の趣味であった」（Weber ④・S. 307）と述べている。この説も一部に強い影響力を持っており、この解釈を相続すれば日本は仏教と神道の国であり、儒教の影響は微少であったことになる。

しかし渋沢栄一自身は、これらとは全く異なった主張をしている。既に述べたように、渋沢は明治維新の原動力として儒教や尊皇攘夷思想を重視した（渋沢［1925a］三一三頁、七二五頁）。初期・丸山眞男の主張とは異なり、維新を推し進めた当の本人である渋沢は、儒教や尊王攘夷思想は近代化において解体されたどころか、その原動力であったと見ているのである。同様のことを尾藤正英は次のように説明する。

水戸学の思想やそれによって形づくられた諸観念は、現在ないしそれにかなり近い時期まで生命をもちつづけてきているとともに、それがまさに生きた思想や観念であればこそ、かえって研究者の視野から逸脱しがちであったことが理解されよう。それは明治国家を支える観念体系の一部をなして、近代日本とともに生きつづけた思想であって、単に幕末の一時期だけに社会的影響力を発揮しえたとみるべき性質のものではなく、ましてこれを専ら幕藩体制の護持をめざした「後向き」の思想であったとみることはできない。維新史の上では、水戸学が政治運動の指導理念となりえたのは、幕末の政争の中でも前半期においてのみであって、後半期に入ればその指導力は急速に失われる、という風に説かれることが多いが、その際には政治上における水戸藩の活動力ないし影響力と、水戸学の影響力とが、混同されている場合が多いように思われる。私たちは短期的な政局の変動だけに目を奪われることなく、日本における近代国家の形成という長い過程の中に、水戸学を位置づけて見ることが必要とされるのであろう。（尾藤［1973］五六一頁）

また渋沢とほぼ同時代人である三宅雪嶺も、大正二（一九一三）年に出版した『明治思想小史』において、日本は「大体において今日まで尊王攘夷の精神で続いて来て居る」（三宅［1913］四二七頁）と述べ、立憲政治が尊王精神であり、日清・日露戦争が攘夷であったとしている。また高須芳次郎は、水戸学が明治維新の思想的原動力であったことを、戦前において強く主張しており、当時の日本において「水戸学が、明治維新実現の事業に強く働きかけたに留らず、現代の有力な諸家にも、相當、精神的に影響した」（水戸学大系第一巻・四頁）と述べる。またその著書において、後期水戸学が徂徠学を中心とした古学の強い影響を受けていることを主張し（高須［1936］下篇一四章）、古学から水戸学への系譜上に明治維新が成立したとしている。山路愛山も「日本現代の有力者は何れも直接、間接に水戸学の感化を受けたるもの」（山路［1928］四二二頁）と述べ、牧野謙次郎も藤田東湖の『弘道館記述義』と会沢正志斎の『新論』を指して「この二書は当時盛に愛読され、大いに幕末志士を感奮興起せしめ、王政復古の直接動力となった」（牧野［1938］一七八頁）と述べる。このように儒教ないし水戸学が明治維新の重要な原動力の一つであったことは、渋沢をはじめ戦前の多くの論者も既に認めていた。

また、ヴェーバーの言うように日本において儒教の影響が微少であったなら、渋沢栄一の言動が影響力を持ちえたであろうか。儒教の強い影響を受けた彼の思想は、日本においてある意味では非常に一般的であったがゆえに、彼の活躍を保証したはずである。実際には、日本の政治学は大和朝廷の頃より儒教であったと言って差し支えない。律令体制下においては、養老令の学令に「凡そ博士、助教には、みな経に明らかに師とするに堪へたらん人を取れ」（會田［1964］五八七頁）とあり、その「経」については「凡そ経は、周経、尚書、周禮、儀禮、禮記、毛詩、春秋左氏傳をば各々一経とせよ。孝経、論語は學ぶ者、兼ねて習へ」（同書五九二頁）とあるように『論語』や儒教の経典は政治的エリートの必読書であった。その後も菅原家、大江家、清原家や中原家などの博士家において『論語』の研究は相続されてきており、朝廷の講席でも儒教が用いられてきた（新釈漢文大系1・七頁）。儒・道混合の書である『蒙求』も、平安時代藤原氏の子弟が精力的に読んでいたことは「勧学院の雀は蒙求をさえずる」という諺でも高名であり、この書は明治時代まで庶民に親しまれた本であった。また唐の時代の政治家太宗の治政を克明に記した『貞観政要』は、基本的には儒教による治政を具体的に記したものであるが、これは日本の政治において甚大な影響力を持った。原田種成は『貞観政要』の日本での影響について次のように述べている。

わが国においては『日本国見在書目録』に既に著録されており、少なくとも桓武帝の世（八〇〇ごろ――原文）には渡来していたものと推測され、王朝時代において、菅原家・藤原南家・大江家・清原家などの博士家では、それぞれ家伝の秘本とその秘説とを奉じて、朝廷において進講し、降って、北条氏・足利氏・徳川氏等、政治の要衝に当たったものは、皆この書を尊崇し、その政治の参考にしていたばかりでなく、知識人の必読の書として愛読され、中世の庶民文学にまでも少なからぬ影響を与えていた。（新釈漢文大系95～96・一六頁）

さらに原田は、道元や日蓮等の僧侶もこの書を愛読していたことについて言及している。およそ維新以前の有識層で、儒教の素養の無かった人は少数派と言って良い。

推測するにヴェーバーは、武家政権下において儒者の政治的地位が中国に比べて低かったことや、律令体制下において特権階級しか漢籍を読んでいなかったことなどを理由に、日本における儒教の影響を過小評価したのではないだろうか。確かに武家政権の権力構造における「儒者」（儒教的文官）の扱いは日本の政治においては低く、科挙制度も遂に日本には根づかなかった。しかし、『日本書紀』など日本の歴史書や律令体制・武家法は、儒教の影響なしにはその特徴は説明できない。律令体制下において政治を行ってきたのも、まさに儒教の素養を持った特権階級であった。また日本の仏教は大乗仏教であり、多くは事実上儒仏習合の思想である。日本において儒教は、宗教儀式としてではなく政治思想として輸入された傾向が強い。それは中国における儒教のあり方と異なるため、一見日本には儒教が微弱なようにも見えるが、視点を政治・社会思想に向ければ、そこには多大な儒教思想の影響を見ることができる。ヨーロッパにおける宗教と経済の関係について膨大な研究を残した不世出の学者であるヴェーバーも、この点に関しては誤りがあったと言わざるを得ない。

これまで戦後日本の社会科学において、儒教は正当な評価を受けてこなかった。中国思想の専門家による研究は考証学派の延長的な研究が多く、その内容に関する学際的研究は相対的に少なかった。(2) その中でも社会科学的視点による研究は、さらに微弱であったと言って良い。社会科学の専門家による研究も、わずかながら日本における儒教の影響を示唆する研究はあったが、多くの漢籍を読み込んだ上での研究はほとんどない。

Ⅳ　先行研究に対する本書の位置

従来、日本社会には日本独自のエートスがあったはずであるという観点で、日本経済の仕組みを解明しようとする研究があった。例えば経済学では、村上泰亮が日本のそのエートスを「イエ」であるとして、『文明としてのイエ社会』（村上・公文・佐藤［1979］）でその論を展開した。この日本独自の経済的・社会的エートスを探す研究という点では、経営学に於ける間宏の『日本的経営の系譜』（間［1989］）や津田真澄の『日本の経営文化』（津田［1994］）、岩田龍子の『日本的経営の編成原理』（岩田［1977］）、三戸公の『家の論理』（三戸［1991］）等の日本的経営論や、文化人類学における中根千枝の『タテ社会の人間関係』（中根［1967］）、歴史学における笠谷和比古の『士の思想』（笠谷［1993］）等の議論も、同様の評価をされるべき研究である。本書は、日本独自の社会的エートスを求めるこれらの研究に強い共感を持ち、その問題関心を共有する。

これまでの渋沢についての研究は、主要なもので、渋沢晩年の活動を民間外交の先駆者として重視するもの（片桐［1990］、木村［1991］等）や社会福祉活動の実践者としてその先駆性を評価するもの（山名［1991］）、明治時代における労働組合に即しての研究（島田［1990］）などがある。しかし本書の関心に即して言えば、これらの研究は、渋沢と儒教の関係はその研究対象の中になく、殆ど取り上げられていない。

渋沢と儒教の連関について、それを事実として示唆する研究は、浅野、永安、土屋、梅津等によるもの（浅野

[1991]、永安［1985］、土屋［1967］、梅津［1995］）があるが、これらは儒教の内容までは本格的に踏み込まなかった。これまで渋沢の活動力の源泉を儒教に見た上で渋沢の儒教思想を中心課題とした研究は、意外にもわずかしかない。王家驊（王［1994］）や植松忠博（植松［1998］）、松川健二（松川［1999］）は、渋沢の思想を明白に儒教として注目している数少ない先行研究者である。王の研究はこの種の研究としては初めて試みられたものであるが、王は「渋沢栄一の（儒教の――引用者）再解釈は、文章の解読から見ても、思惟の展開と論理的証明から見ても、もの足りるほど厳密さを持っているとは言えない」（王［1994］三五頁）と結論している。王は資料的制約もあってか、『論語講義』（渋沢［1925a］）を未読の様子であり、渋沢自身の証言としては専ら『渋沢栄一全集』（渋沢［1930a］）（『論語講義』は収録していないし、史料としても問題が多い）にしか頼れなかったようである。また、王は日本儒教史の流れを正確に把握しているとは言いがたい。植松はその論文の序文で、近代化の問題を西洋近代思想の輸入としてのみとらえる視点を放棄することを述べている点で、本書と同じ視点に立つ。植松は「明治期の武士は江戸時代の儒教思想に則って商工業へ進出した、なぜなら商工業は国家的な事業であるという、思想の転換がなされたからだと考える」（植松［1998］二七六頁）と述べ、本書では五章で展開する議論を先取りしている。ただ、日本における儒教思想史を踏まえていなかったため、植松が述べる「『論語』解釈におけるコペルニクス的転回」（同書二八二頁）を荻生徂徠の業績とせず、渋沢の業績としている。松川の研究は、渋沢の『論語講義』を分析対象とし、また渋沢の富利の考えを中国儒学と比較している。松川は「渋沢が意識すると否とに拘わらず、論語と算盤説は、儒学史における一種の功利思想に連なるものとして寄る辺ある思想だったのである」（松川［1999］三五〇頁）と結論づけるが、これは本書の基本的立場と一致し、本書では渋沢の儒学はほぼ正統的な後期水戸学であったと考える。また松川は専ら富利にのみ焦点を合わせて議論を展開したが、本書はより広く渋沢の思想を取り上げることを志向する。松川が専ら中国儒者しか比較の対象に上げていないのと対照的に、本書は経世論重視の学統にある日本の儒者を中心に比較の対

象とする。この種の研究において、徂徠学や水戸学を朱子学・陽明学と明白に区別することは不可欠である。また以上の渋沢研究では、渋沢自身の証言もあまり重視されず、日本の儒教史の文脈に渋沢をおくことも志向されなかった。さらに、どれも一本の論文であり、系統立てた複数の論文による総合的な研究は存在しなかった。

また日本経済思想史研究については、戦前から最近までは、如何に日本人が欧米から経済学を輸入したかが研究課題の中心であった。加田、堀、杉原（加田［1937］、堀［1975］、杉原［1980］、杉原［1990］）等はそうした「輸入史」の研究である。その後、日本経済思想史研究会を中心に、江戸時代の経済思想にも注目し、江戸期から近代経済社会への連続性へも注目する研究が出現した（杉原・逆井・藤原・藤井［1990］）。最近の研究でもっとも注目すべきものとしては、川口浩、小室正紀の研究（川口［1992］、小室［1999］）がある。両者とも、賤商思想が支配的であった江戸時代において、明治以降の経済発展の萌芽を江戸時代の思想に見いだそうとした先駆的研究である。本書は江戸時代と明治以降の思想的連続性に注目するという点では、これら両者の研究と問題関心を共有している。しかし本書の研究と比較すると、両者の研究には儒教のパラダイムが微弱であったと思う。本書は同様の問題関心を持ちつつ、より積極的に儒教のパラダイムで議論を展開しようと試みる(3)。

これまでの渋沢栄一の研究は、土屋喬雄等による一次資料収集の成果（龍門社編［1955-65］）を受けて、最近ようやく始まったばかりである。従来の研究は断片的なものが多く、系統立てた研究は少ない。それは研究の歴史が浅いことも主要な要因であるが、渋沢の本質はどこにあるか、その基本的方針が未決定であることも無視できない要因であると思われる。

渋沢自身は儒教の強い影響下にあった。この事実は彼の思想を分析する際に、我々の持つべき視点を示唆している。渋沢の本質に迫るには、彼がどのように考えたか、なるべく彼の視点に迫るように努力することが要求されるはずである。もちろん研究者が渋沢自身でない限り、それはあくまで近似的でしかない。しかし少なくとも、歴史的順序は、まず日本に儒教があり、それから近代化がなされたはずである。渋沢もまず儒教を修学し、その後に実業家になった。最晩年まで儒教の強い影響下にあった渋沢にとって、儒教は市民社会論等とは明白に異なる一つのパラダイムであったと考えることができる(4)。それは我々が「近代的」と呼ぶ思想とは全く以て異なる人間観・国家観・世界観・歴史観を持ち、異なる方法論・論理を持つ。一個人のあるべき主体性・経済活動も西欧進歩主義などとは異なる考え方を持つ。彼はその思想を基礎に、近代資本主義化を推し進めた人物であった。つまり望まれることは「近代」の視点より儒教を見ることではなく、儒教の視点から「近代」を見ることである。

例えば（第二章、第三章の冒頭で詳論するが）このパラダイムの相違は、渋沢が二十代の時に洋行した事実と彼が明治初期に経済自由主義を述べたこととの連関の分析に大きな差違を生じる。従来の土屋、鹿島、小野、オーシロ（土屋［1931］、土屋［1988］、鹿島［1999］、小野［1997］、Oshiro［1990］）による分析では、渋沢の「近代的」な思想は全て洋行によって西洋から輸入されたものであると解釈されていた。従って渋沢の経済自由主義も、西洋からの輸入であると解釈されていたのである。しかしすでに述べたように、これらの解釈に於て、渋沢自身の証言はまったく無視されている。渋沢は実業家になった具体的な決定については洋行の影響を認めるものの（渋沢［1937］一五一頁）、「海外万里の国々は巡回したとはいうものの、何一つ学び得たこともなく、空しく目的を失うて帰国したまでの事である」（渋沢［1913b］一五一頁）と述べ、基本的には洋行の修学の効果については否定的である。むしろ彼の自由主義は、儒教において重視され続けて来た「臣が保つべき主体性」の延長上の議論として理解されるべきである。

このような議論を展開するには、我々には儒教そのものの理解が事前に不可欠である。特に、渋沢が直接学んだ後期水戸学や後期水戸学に大きな影響を及ぼした徂徠学の理解は、渋沢の視点に我々が接近する為には重要である。しかし初期・丸山（丸山［1952］）のように、徂徠自体を「近代」から見る方法も以前から存在している。本書では先行研究の反省より、「近代」の視点から完全に離れるべく、儒教理解のための旧来の方法を採用したい。つまり（第一章冒頭でも詳論するが）徂徠学・水戸学を、儒教本来の議論方法である「正名論」によって分析することから議論を開始する。これは徂徠学・水戸学が江戸時代において読まれていた視点を本書が保持するために採用した方法である。本書はまず儒教の方法で儒教の本質を解析して儒教のパラダイムを明確にし、その儒教のパラダイムで渋沢の言説を分析することを試みる。これは渋沢の思想の研究については勿論、従来の日本政治・経済思想史研究においてほとんど試みられなかった方法である。この方法から議論を開始することが、本書の最大の特徴であると言って良い。

我々は現在もなお、自分たちが意識している以上に日本の伝統的文化の影響下にある。日本の三大宗教は古来より神道・仏教・儒教と言われているが、渋沢はこの儒教で専ら物事を考え行動した。現在においても「親孝行」や社会における上下関係など、我々は知らず知らずのうちに儒教的倫理の影響下で行動している。しかし戦後において学問としての儒教は急速にその評価が低下し、社会科学としての評価は特に著しく低下した。渋沢は日本の近代化において非常に重要な役割を果したが、戦後においてこの儒教の観点を放棄した今、彼の本質を分析することは非常に困難になっている。

渋沢が述べるように日本の近代化の基礎の一つに儒教があったのなら、我々は儒教を見失った時、我々の先輩たちはなぜそもそも近代化したのかその理由を見失う。本書は渋沢という題材を通して日本の「近代」を見る一つの試みでもある。そのために必要なことは、渋沢と同じ視点、儒教から「近代」を見ることである。渋沢は「『論語』と算盤」という言葉を述べたが、従来はこの二つを結びつける程度にしか理解されていなかった。しかし言うなれば『論語』は「算盤」の基礎であり、それを支える思想的原動力であった。

Ⅴ　本書の概要

本書は以下のように構成されている。まず第一章は渋沢思想研究の前提として、渋沢が学び、最晩年まで強い影響を受けていた後期水戸学と、後期水戸学の経世論に強い影響を及ぼした徂徠学の「正名論」を展開する。正名論は、本来の儒学において正統な方法論であったが、現代ではほぼ忘れられている。既に述べたように、渋沢の思想をなるべく儒学に沿って分析するという本書の趣旨に沿って、ここではこの正名論から議論を開始する。正名論によって儒教思想を理解し、その成果を渋沢思想の分析に役立てるのが第一章の狙いである。

第二章は、渋沢の最初期の著作『立会略則』について取り上げる。この書は、明治時代に初めて市場への政府不介入を説いた書として有名であるが、従来この自由主義の思想的根拠は不明であった。この章では、渋沢のこの自由主義がヨーロッパからの輸入ではなく、水戸学に根差していることを証明する。

第三章は、荘年期の渋沢が田口卯吉と対立していた事実から議論を展開する。両者は、同じく経済自由主義を唱えながら対立していた面があった。これは各々の経済自由主義の根拠とする思想が根本的に異なっていたことが原因であり、その相違についてこの章では議論する。

第四章は、渋沢の主著とも言える『論語講義』がどの学派の影響下にあるかを追求する。これは晩年の思想の学派を特定するというやや退屈な作業であるが、この章の結論は他の章における渋沢の思想の分析に論理的根拠として本書に必要不可欠である。

第五章は、ヴェーバーの議論からヴェーバーの疑問の形式を抽出することから議論を開始する。この章ではヴェーバーの疑問を日本の儒教と渋沢の儒教解釈に当てはめた場合、どのような成果が得られるかを述べた。

第六章は、渋沢栄一の商業擁護論について取り上げる。江戸時代の賤商思想に対して、渋沢は商業が卑しくないこと、国家に必要な産業であることを力説し続けた。これは、儒教の本来の論理から見てどのような齟齬があるかをここでは分析する。

第七章は、渋沢栄一の「『論語』と算盤」思想に焦点を当てた。実際には実務に手を染めることが多くなかった渋沢は、どのように『論語』を実業に応用したのか。この章では、渋沢の証言を大量に観察して分析を進めていく。

第八章では、渋沢の青年期の洋行と韓愈の思想に焦点を当てて、渋沢がいかにして株式会社を提唱するにいたったか、その道程を分析する。

本書は、渋沢の各年代における思想の全てを網羅したものではない。特に荘年期は、渋沢にこれといって著作もなく、むしろ思想を実践することに忙しかったと言える。また第八章は、年代的に言えば第二章と第三章の間に入るべきかも知れないが、第六章までは「後期水戸学と渋沢」であり、主に渋沢の自由論である。第七・八章は「韓愈と渋沢」であり、主に渋沢の組織論を扱ったものである。

本書は渋沢の思想をいくつかの議題について抽出する形になったが、これらが議論のさらなる発展の余地を残していることは言うまでもない。既に述べたように本書の目的は、渋沢に関する未知の歴史的事実の発掘ではない。従って渋沢の経歴や儒教思想の基礎的なことについては、説明を省略している部分もある（経歴に関しては、巻末に年表を付した）。ここで重要なことは、渋沢について既知の事実も含めてそれを儒教のパラダイムでとらえることである。漢籍のパラダイムで渋沢を見た時、日本の近代化はどのような形で描かれるか、以下の議論はその視点に重点がある。

注

（1）　丸山は『日本政治思想史研究』において「広く文化的営為における公的な領域の独立、従ってまた私的な領域の解放こそまさに、『近代的なもの』の重要な標徴でなければならぬ」（丸山［1952］一〇七頁）と述べ、荻生徂徠の思想の中には不十分ながら「私」を解放する思想があると主張した。しかし彼の晩年に出版された『忠誠と反逆』では「いうまでもなく、忠誠と反逆とは相互に反対概念をなすが、矛盾概念ではない」（丸山［1992］六頁）とし、君主に忠義を尽くせばこそ君主の具体的言動に反逆するといった諸個人の主体性の問題について考察している。このような「中間勢力の自主性」（同書一〇八頁）は、日本の封建社会には弱いながらも既に実在しており、「明治の後半期には、皮肉にもその伝統の中のサムシングが大量的に社会感覚から消えていた」（同書八七頁）としている。『日本政治思想史研究』では、「近代的なもの」の標徴であった個人の主体性の尊重は荻生徂徠の発明とされており、『忠誠と反逆』においては、既に『論語』（同書一七～九頁）や『葉隠』（同書一九頁）の中にあったとされている。さらに後者の書では、個人の主体性の尊重が明治時代後半には失われたと述べている。丸山のこの「修正」ないし「転回」は、彼の歴史観が変更された可能性をも示唆するが、これに関する詳細な学術的研究について、筆者は未見である。

（2）従来の中国思想研究家のこの態度について、中国思想の専門家による自己反省は、最近ようやく始まったようである。加地伸行は「われわれ中国思想研究者が文献研究（フィロロジィ――原文）に専念し、哲学すること（フィロソフィ）に手薄であったことは事実である。これからは、特に通俗道徳について、その文献研究の成果を現実に還元することが求められる」（加地［1999］二二五頁）と述べている。

（3）その他、海外の日本研究も注目すべきであるが、本研究はそれを網羅していない。しかしベラー、池上（Bellah［1957］、Bellah［1973］、Ikegami［1995］）などの研究を見る限り、欧米研究者の日本論はその方法論が粗雑である印象を受ける。その結果、日本思想に関する記述が「群盲象を撫でる」型のものになり、まったく間違ってはいないが本質的ではない部分に焦点を当ててしまっている。これは日本思想を分析する際に、視点・パラダイムがややアド・ホックであることがその原因であると思われる。これを避けるためには、思想史的な系譜を正しく認識し、前近代日本に根づいていた学問である儒教に焦点を据えることが肝要である。

（4）本書は、市民社会論にまで言及する余裕はないが、次のことは述べておきたい。ロックは人民が革命を起こす権利について主張したが、同時に次のようにも述べ、革命の正当性に留保をつけている。

害悪の始ったのは、人民の気まぐれ、自分たちの支配者が持っている合法的な権威を投げすてようという欲望に根ざしている場合の方が多いのか、それとも、支配者の不遜、自分たちの人民に対して恣意的な権力を獲得行使しようとする努力に根ざす方が多いのか。混乱を最初に引きおこしたのは、圧迫なのか、反乱なのか。その判断は、私は公平な歴史にまちたい。（Locke［1690］、鵜飼訳二三〇頁）

また、自由市場を主張したスミスは次のように述べる。

実際のところ、大ブリテンで貿易の自由がいつかは完全に回復されるなどと期待するのは、オウシアーナまたはユートウピアのようなものがいつかはそこに確立されるのを期待するのと同じく不条理なのである。社会の偏見ばかりではなく、それよりもはるかに克服しがたい多数の個人の私的な利害関係が不可抗的にそれに反対するからである。（Smith［1776］、大内・松川訳三巻八五頁）

従って通俗的に考えられている「近代」のパラダイムとこれらの論者の主張にも、温度差があることは無視するべきではない。本書が批判的な態度をとっているのは、単純な近代化論のパラダイムであって、これら西洋進歩主義者そのものではない。まして本書は、西洋保守主義をも否定する単純な日本主義・東洋主義に与するものでもない。

第一章　徂徠学・水戸学の正名論

Ⅰ　序

明治初期の産業化に大きく貢献した渋沢栄一は「君臣の観念を重んずるのは、日本の最もよい処である」（渋沢［1921］）と述べ、自分が国の「臣」であるという立場を終生貫いた。彼は実業家として大成した後に『青淵百話』などで忠君愛国を説き（渋沢［1913a］九一～四頁、渋沢［1925a］五八頁）、自らの立場を臣としての実業家と位置づけた（第二章参照）。その姿勢は最初期の頃から見られるものであり、官僚を辞職する際、井上馨と連名で書いた「財政に関する建議書」（渋沢・井上［1873］）においても、次のように述べた。

> 臣等縦ヒ不智ノ譴ヲ受ルトモ、決シテ不忠ノ臣タルヲ欲セズ。是ニ於テ乎既ニ其職務ニ堪ヘザルヲ以テ骸骨ヲ乞ト雖モ、区々ノ心今日ニ恝然タルニ忍ビズ。……臣馨、臣栄一、憂懼ノ至ニ堪ヘズ。(1)

渋沢はこの建議書で、自らが国家の「臣」であることを強調し、臣であればこそ政府のやり方に反対するのであって、

「不忠の臣」ではないと主張している。

この「臣」という概念は、本来は儒教・儒学の概念である。渋沢は青少年時代、義兄である尾高惇忠に水戸学（後期水戸学）を習っていた。渋沢自身は後に、水戸学の大家である藤田東湖に触れて、自らの若き日を次のように回想している。

> 東湖先生を敬慕し、其の著作の常陸帯や回天詩史抔を愛読したものであります……（渋沢［1922b］）
>
> いつしか水戸の士風を慕ふに至り、長ずるに及びて藤田東湖の弘道館記述義、常陸帯、会沢憩斎の新論等を愛読して……（渋沢［1919-23］）

また当時の渋沢を、塚原蓼州は後に次のように証言している。

> されば翁（＝渋沢――引用者）も此等の議論（＝水戸学――引用者）を歓びて、其の常に手にせらるる書は藤田東湖氏の『新策』なり。『常陸帯』なり。其口に唱ふる所は会沢正志斎の『新論』なり。（塚原［1909］）

以上三つの証言のうち、『回天詩史』、『弘道館記述義』、『常陸帯』と『新論』は水戸学の本であり、『新策』は豊田天功の『防海新策』の誤りか、頼山陽の『新策』の誤りかと思われる。渋沢は水戸学の尊王攘夷論に感化されて、一時は攘夷のための暴挙計画までたて、その思想に殉じようとしていた（渋沢［1913a］七四五～六頁、渋沢［1913b］三五～六頁）。後に単純な攘夷論は撤回するが、彼の強い国家意識は水戸学によって培われた。

この水戸学は、通俗的には幕末の一時期に流行った熱病のごとく考えられることもあり、あまり重視されない傾向もある。だが高須芳次郎は、水戸学の感化を受けた人物として吉田松陰、高杉晋作、木戸孝允、伊藤博文、乃木希典、渋沢栄一、金子堅太郎、西郷隆盛などの名を挙げ、「以上の事情を回顧すると、水戸学が、明治維新実現の事業に強く働きかけたに留まらず、現在の有力な諸家にも、相当、精神的に影響したことがわかる」（水戸学大系第一巻・四頁）と昭和一五（一九四〇）年に述べている。水戸学をどのように解釈するかは、渋沢栄一の思想を解明することはもちろん、本来は明治維新の思想的側面の解明にも非常に重要である。

渋沢は二十代の時に一度二年弱の洋行を経験しているが、従来この影響を最重視する研究がいくつか存在する。しかし第二章、第三章で論ずるが、渋沢は洋行の修学効果について否定的な証言をしている。本書では先行研究のような渋沢の証言を無視する方向ではなく、むしろ水戸学の影響を受けたという渋沢の証言を重視する。

Ⅱ　後期水戸学の学統的位置と正名論

水戸学は、徳川光圀の『大日本史』編纂に由来し、最初は歴史学であった。この初期水戸学は「水戸史学」と言われることもある（高須［1936］）。その後、水戸学は徂徠学を中心とした古学の影響を受け、高度な政治学理論となった。この後期水戸学は、「水戸政教学」とも言われ、日本思想研究において断わりなく「水戸学」と言う場合は専らこちらを指している場合が多いと思われる。

水戸学における徂徠学の影響について、高須芳次郎は次のように述べている。

古学を高調するやうになったのは立原翠軒及び藤田幽谷の時代からで、翠軒は大内熊耳、谷田部東壑（享保一八

―寛政元――原文、以下同じ）らについて古学を修め、荻生徂徠の著書を愛読したと伝へられる（『耆舊得聞』『水戸小史』）。その端は田中江南（生年未詳―天明元）の時代に発してゐるらしい。更に遡っていへば、森儼塾が既に古学の精神を説いてゐたから、古学的傾向が、義公の時代からいくらか（一部の人たちの上に）あったとも云へよう。（同書五三七頁）

高須はこれらの事実を踏まえて、水戸学の「主脳部が、古学的傾向を有したこと丈は、明白で、そこに疑ひを容れるべき余地がない」（同書六八一頁）と断定する。また安井息軒は古学をもって昌平黌の儒官になった人物であり（新釈漢文大系1・八頁）徂徠の強い影響を受けているが、息軒は水戸烈公に高く評価され、藤田東湖とも交流があった（牧野［1938］一九四頁）。また水戸藩彰考館総裁だった安積澹泊は荻生徂徠と個人的な交流があり（荻生①・三巻六三七頁）、徂徠の再婚相手は同じく彰考館総裁だった佐々宗淳の姪であった（尾藤［1983］三四頁）。従来この徂徠学から後期水戸学への影響の研究は少ないが（橋川［1984］四五頁）、その影響自体は明白である（小島康敬［1994］一七八、一八四頁）。

荻生徂徠は伊藤仁斎の古学を批判的に受け継ぎ、また中国の古詩研究の方法論を受けて、高度な儒学理論を形成した。徂徠の儒学は、儒教の論理を徹底的に政治学に引きつけるものであるが、これは『荀子』の儒学にその特徴が既に見られる。徂徠は他の儒学者と同様に『論語』も重視したが、それ以外では『荀子』の強い影響を受けた。この事実について小川環樹は、次のように述べる。

徂徠の「太平策」などを読むに、その根本思想は、ほとんどこの（『荀子』の――引用者）富国篇そのままであるように見える。『論語徴』は具体的な政策を論ずる書ではないけれども、そのことばの端ばしに見える彼の思想が荀子の説に合致するのは偶然ではないと私は思う。

二程子と朱子を代表とする宋の儒者は『孟子』を正統とし、『荀子』を斥けた（その点では伊藤仁斎も同じであった――原文）。『孟子』を宗とする宋儒の学問を「孟学」とよぶならば、徂徠の学問はまさに「荀学」とよばれるべきである。つけくわえて言えば、『論語徴』（および二辨など――原文）の文章は『荀子』の文章にすこぶる似たところがある。徂徠は中年以後まず李攀龍・王世貞の古文辞を学んだが、次いで経学に潜心してからは荀子の文章を刻意して学んだとおもわれる。（小川［1994］三七四～五頁）

また徂徠自身も「荀子は読まざるべからず」（荻生①・一巻二三七頁）と述べたり、「荀子は……仲尼と並ぶに至る」（同書同巻、二三八頁）と言い、「荀子の礼記に勝るを見るべし」（同書三巻九二頁）と述べる。荻生徂徠の儒学が経世論重視という特徴を有したのは、彼が『荀子』を重視した結果である。

小川も先の引用で述べた通り、朱子学は孟子を正統とした（新釈漢文大系37・六一八頁）。第五章で詳細に議論するが、孟子は経世論よりも修身論を重視した。小野沢精一も「『孟子』においては、国の本は家にありとして（離婁上――原文）、いわゆる五倫の人倫関係についても、君臣の上に父子を位置させている」（新釈漢文大系25～26・五五五頁）と述べている。また荀子について、内山俊彦は「荀子は儒家の中で伝統的に重視されていた父子を核とする家族倫理に加えて、君臣の倫理を力説した」（内山［1999］二八八頁）と述べる。また本田済も、荀子のイデオロギーを「甚しく統制的国家主義的である」（本田［1960］一〇〇頁）と主張している。

同様に孟学の学統にある朱子学・陽明学は、第五章で詳論するが孟子同様に修身論重視である。また荀子を重視した荻生徂徠も、荀子同様に経世論重視であった。荻生徂徠はその著作の中で「先王の道は天下を安んずるの道なり」（荻生①・二巻四一九頁）とか、「先王の道は民を安んずるの道なり」（荻生③・一巻九六頁）という表現を口癖のように頻繁に述べている。これを引き継いだ後期水戸学も「水戸政教学」と言われる通り、経世論重視であり、日本の「国体」について頻繁に議論している。渋沢も、第四章、第五章で詳論するが、『論語』を経世論重視の観点でもっぱら解釈しており、『論語』を読むには「致富経國の大本を得んと志してこそ、初めて眞に意義あるものとなるのである」（渋沢［1913a］一六一頁）と述べている。つまり朱子学・陽明学が修身論重視の孟学の学統にあるのに対して、渋沢の思想は徂徠学・水戸学の系譜上にあり、経世論重視の荀学の学統にある(2)。

また陽明学など一部の例外を除いて、儒学では朱子学であれ、徂徠学であれ、水戸学であれ、儒教においてまず最初になされるべきことは「名を正す」事である。『論語』でも孔子は、政治の最初においてなすべきこととして「必ずや名を正さんか」（一三-三）と述べている。『荀子』もその中に「正名篇」があるくらい「正名」を重視しており、「王者の名を制するや、名定まりて實辨じ、道行はれて志通じ、則ち愼みて民を率ゐて焉を一にす」（新釈漢文大系5～6・六五七頁）と述べている。また徂徠が記した『弁名』も正名論の一種である。水戸学の藤田幽谷に至っては『正名論』という著作を残している。

具体的にはこの「正名」は、「君」や「臣」あるいは「仁」「忠」等といった重要な概念を示す文字を取り、これについてその内容を吟味することである。これは単に辞書学的な価値だけがある議論ではない。この「正名」について内山俊彦は次のように説明する。

ここで確認しておきたいのは、「名」の問題が、中国古代の思想家たちによって論ぜられたとき、その方向はさまざまであっても、常に、現実世界の物事の諸相、いわゆる「実」との繋がりから離れることがなかった、という事実である。思考の方法・法則・形式といったものが、抽象化されて論ぜられたのではない。現実の政治や生活につながるものとして、「名」が論ぜられたのであり、したがってまた、「名」の問題をどう考えるかは、思想

家たちの政治意識や倫理意識、ないしは広く価値観と、不可分であった。(内山［1999］二〇〇頁)

名を正すことは、同様にあるべき姿を正すことでもある。「君」の名を正すことは、政治家や最高権力者のあるべき姿を問うことでもある。水戸学では特に「君」と「臣」の正名論が重視された。儒学において政治学を議論する伝統的な方法は、この「君」や「臣」について名を正すことである。

また逆に、ある儒学思想の本質を知りたければ、我々はその儒者がどのように名を正したのかを知れば良い。ある儒者の「君」についての解釈は、その儒者にとって権力のあるべき姿を同時に意味している。正名論は辞書的意味があるのみならず、その儒者や学派の特徴を端的に示しているものとしても重要である。従って、本章において以下に展開する議論も、この正名論をたどることが妥当である。渋沢栄一が影響を受けた水戸学やその先駆的存在である徂徠学の本質を明らかにするには、「君」「臣」「民」についての正名論を詳らかにし、また渋沢が経済活動を行なったことを注視すれば「利」や「富」等の議論を取り上げるべきである。

Ⅲ　徂徠学における正名論

荻生徂徠は、江戸時代中期、江戸で市井の学者として活躍した儒学者である。彼はそれまでの儒学が、孔子の思想を歪めて正確に伝えていないものであると批判し、先秦時代の文字の意味を徹底的に研究して、『論語』などの古典を正確に読解することを目指した。その結果、儒学は基本的には政治・社会論であるとの見方を強め、荀学の興隆に寄与した。

儒学において、人間の政治的役割は代表的なもので「君」「臣」「民」がある。荻生徂徠の文字に関する解釈は厳密を極めているが、徂徠はこの三つに関しても厳密かつ規範的にその概念を述べている。ここではまず渋沢の自己意識である「臣」を解明するにあたって、徂徠の述べる「君」「臣」「民」を政治学的な範疇に限って規範的に抽出し、これに「利」「富」が如何に関係するか考察する。

1 「君」とは何か(3)

「君」とは、本来は古代中国の諸侯の称である（荻生③・一巻二一二頁、二巻二一四頁等）。これに対し、徂徠は「君なる者は下を治る者なり」（日本思想大系36・一八一頁）、「能く億万人を合する者は君なり」（同書一八頁）と述べ、抽象的には君とは為政者のことであると説く。さらに「総ジテ御政務ノ筋ハ上ノ私事ニ非ズ。天ヨリ被仰附玉ヘル職分也」（同書三八一頁）、あるいは「天下国家を治るに公を貴ぶ者は、人の上たるの道なり」（同書一〇五頁）と述べ、君は公の存在であるべきで政治は君の私事のことではないとする。それは「得て測るべからざる者」（同書一二一頁）といわれる「天」から与えられた命であり、「天は至高にして企だて及ぶべからず」（荻生③・一巻八三頁）と想定する以上、君が公のために激務に服することは絶対的義務であると徂徠は考える。

ではそのような義務を、君はどのように履行すれば良いのか。儒学は基本的に古代の皇帝堯・舜・禹などの治政を理想の社会と見なす退歩史観である。本田済も「大体中国人の世界観は、法家の系統を除いて、下降的である。古えを良しとし、今を品下れるものとする」（本田［1960］一一二頁）と述べる。徂徠も「君なるものは先王の嗣なり、天に代わる者なり」（日本思想大系36・九六頁）と述べ、君のあり方を「先王の道」に求める。さらに「先王の道は天下を安んずるの道なり。天下を安んずるの道は仁に在り」（同書三三頁）と主張し、その心構えを「仁」とする。徂徠は「仁は心の全徳たり。故に義礼智信を兼ぬ」（同書五五頁）と考え、「仁」は、朱子学が述べるように義・礼・信・智などと対等な思想ではなく、それらを含むより全体的な徳であるとする（本書、第四章参照）。その総和的な徳である仁によって、君主は為政者としての用件を満たすことができる。

以上をまとめて徂徠は「先王のこの道を立つるや、その心は天下後世を安んずるに在り」（同書四四頁）と述べ、「先王の道は、民を安んずるの道なり」（荻生③・一巻二二三頁）と主張する。仁とは民を安んずる徳のことであり、君はその先王の道を、天から与えられた命として実践しなければならない。君主は民を安んずることが、その天命であり、属性であるとも言える。

では天下を安んずるには、具体的にどのようなことをすれば良いのか。徂徠は次のように言う。

それ先王・孔子の道は、天下を安んずるの道なり。天下を安んずるは、一人の能くなす所に非ず。必ず衆力を得て以てこれを成す。（日本思想大系36・二一四頁）

君が天下を安んずる政を行なうには、必ずやその手伝いをする存在、「臣」が必要である。君は臣と共に天下を安んじなければならない。ここに君の具体的な仕事として、臣の扱い方に関する問題が必然的に生じてくる。

まずその臣は有能者でなければならない。徂徠は「古の人、学んで徳を成せば、すなわちこれを士に進め、以て職となす」（同書一八一頁）と言うが、実力者を抜擢することは先王の道であるとする。従って君は、この抜擢される人物の能力を見ぬかなければならない。徂徠は「民を安んずるの道は、人を知るに非ずんばすなわち行なうこと能はざるが故なり」（同書六〇頁）と説く。しかしその「人を知る」という言葉の意味は、人々の長所短所の全てを知ることではない。徂徠は「大抵、古のいわゆる『人を知る』とは、その長ずる所を知るに在りて、その短なる所は必ずしも知らず。その至れる者に及んでは、すなわち必ず、能く仁賢の人を知ることを称して、これを『人を知る』と謂ふ」（同書同頁）と主張する。徂徠によれば、抜擢する臣の長所をまず知りつくす必要があり、その有能者をして民を安んぜしむるのが君主の役目である。

しかし君はその臣を奴隷にしてはいけない。徂徠は「君は奴隷を以てその臣を視ず、而うして臣はその言を尽くすことを得たり」(荻生③・一巻一二九頁)と述べる。臣の君に対する諫言を奨励するために、君は臣の主体性を認めなければならない。(4) さらに君に迎合する臣も、優秀な臣と見なしてはいけない。徂徠は「大抵人君察察の明を喜ぶ者は、必ず其の大臣(=君主を批判する大臣——引用者)を疑ひて任ぜず、近習を以て其の耳目と為す。古今の通弊なり。ゆゑに孔子近臣に蔽はれざるを以て人君の明と為す。万世の至言と謂ふ可き已」(同書二巻一三三頁)と述べる。君と臣の議論こそ政治の生命であり、これを失わせるような君臣の関係は君のほうから避けるべきである。そのために、政治的な情報を公開することも必要条件である。徂徠は「又その密かに聴くことの公けを乱さんことを悪むなり、ゆゑに衆に顕にして以て之を断ず。是を以て上下交泰し、官人以て理め、万民以て察し、天下以て治まるなり」(同書一巻一二六頁)と述べることも忘れなかった。

以上「君」の政治的義務と役割についてまとめると、次のことが明確である。君は天の命により治政を行なう義務があり、先王の道に則っていなければならない。それは民を安んずる道であり、治政においては臣を必要とする。しかし君はその臣を奴隷にしてはならず、情報を公開して、その主体的意見を求めなければならない。(5)

2 「臣」とは何か

君は職務を行なうにあたって「仁」の徳が要求されたが、臣の場合は異なる。徂徠は次のように説明する。

臣なる者は君の與に天職を共にするところなり、ゆゑに君は臣を使ふに礼を以てす。臣なる者は君の事に代る者なり、ゆゑに臣は君に事ふるに忠を以てす。(荻生③・一巻一三一頁)

この他、徂徠は「仁なる者は、君道なり。義なる者は臣道なり」（同書二巻二三七頁）と述べたり、「義を以て臣の道となすなり」（日本思想大系36・七九頁）など、「忠」と共に「義」も重視する。彼によれば、君に対する「忠義」が臣に要求される徳である。徂徠は「命なる者は、天の我に命ずるを謂ふなり」（日本思想大系36・一二四頁）と言うが、これらの義務も「天命」による。その「天命」ゆえに、臣下には君主への「忠義」が要求されている。

徂徠によれば君は「天命」により民を安んずる義務を負い、「仁」が要求されている。臣は事実上は君の職務を部分的に代行し、それを忠義としている。従って結果的には「忠に在る者は、仁の道なり」（荻生③・一巻一九九頁）とも言える。忠義は、理想状態において、本質的には民を安んずる仁と同等になる。

具体的には、徂徠は「役儀ハ其人ノ得手不得手有ルコト也」（日本思想大系36・三四六頁）と述べて、臣はそれぞれの長所で奉公すれば良いと主張する。先の分析によれば君は臣の長所のみを知れば良いことになっていたので、これは同じことの裏面を言っている。

また、君には臣の諫言を奨励する義務、臣の主体性を認める義務がある。従って、臣に対しては主体性を保つ義務が要求される。徂徠は「追従ヲ奉公ト思フハ、習俗ノ誤ナリ」（同書四八一頁）と述べる。君主に追従することは、真の奉公ではない。むしろ「君の悪を諱むは、礼なり」（荻生③・一巻二九四頁）と主張し、君主の「顔を犯して諫争すべし」[(6)]と述べる。さらにそのような主体性は、言論や思想についてのみ説かれていない。徂徠は、政にあたって務めるべきところは「その人その時およびその治る所の土に随って各々殊なり」（荻生③・二巻一五三頁）と考える。例えば「唯老中若老中底心ヨリ人ヲ見出ス事ヲ奉公ノ第一」（日本思想大系36・三八八頁）という場合も徂徠は想定する。臣下は君主に本当の忠義をつくそうと思うのなら、君主の命令を待っているだけではいけない。その忠義ゆえに、自主的に考えて自主的に行動しなければならない。時には「君の悪を諱む」つまり君主の悪を是正することすら求められる。徂徠によれば、臣はその強い主体性があってこそ忠臣足りえる。

以上臣についてまとめれば、次のことが明白である。まず臣は君に対して忠ないしは義をつくす義務がある。しかし君には民を安んずる義務があるため、それは実質的には為政者として、民を安んずる仁の義務があることになる。同時に政治は君個人のために行なうことではなく、君が間違っていれば臣はその認められた主体性によって自主的な判断をし、君に諫言しなければならない。通俗的に言われるような、君主の悪に迎合する臣は、かえって忠臣ではない。時には自主的に行動し、民を安んじなければならない。それが「君への忠義」なのである。

3 「民」とは何か

徂徠は「民とは君に対するの辞」（荻生③・一巻二五〇頁）と述べ、君や臣が為政者であるのに対して、民は被治者であると説明する。その結果、民のあるべき姿、政治的義務の問題は、社会論を追求する徂徠の中心課題ではない。しかし、その規範的な説明は、君や臣が行なうべき「民を安んずる」ことの補助的な説明になっている。

徂徠が述べるには「民は生を営むを以て勤めとなす」（日本思想大系36・八〇頁）存在である。民は、生きることを専ら勤めとしている存在である。君臣が為政者として民に関与すべきところは、その「勤め」である。徂徠は「民をしてその生に安んぜしむる。是れを民を安んずと謂ふ」（荻生③・一巻一六一頁）と説明する。

「民を安んずる」ことは即物的なことであり、空理空論であってはいけない。徂徠は「理」を重視する朱子学を、次のように批判する。

先王の教へは、物を以てして理を以てせず。教ふるに物を以てする者は、必ず事を事とすることあり。教ふるに理を以てする者は、言語詳かなり。物なる者は衆理の聚る所なり。（日本思想大系36・一二六頁）

徂徠によれば、先王の教えは即物的であり、高遠な理を説くものではない。徂徠は「民は生を営むを以て心とする者なり。其れ孰か利を欲せざらん。君子は天職を奉ずる者なり。その財を理め、民をしてその生に安んぜしむ」（荻生③・一巻一六八頁）と述べる。民を安んずるには、民の生命を維持するために、「財」を求めることも為政者には要求される。

徂徠は、教化によっても民を安んずるべきであると考える。徂徠は古代の「学」とは「礼楽」のことであるとし、「民を化するの道は学に在る」（同書同巻五三頁）と述べる。徂徠が重視した『荀子』は「豊ならざれば以て民の情を養ふこと無く、教へざれば以て民の性を理むること無し」（新釈漢文大系5〜6・七九二頁）と述べる。民を安んずるとは、物質的富を求め、民を教化することである。

また優秀な人間は臣として抜擢するべきことは既に説明したが、優秀ではない民については徂徠は次のように言う。

> 人の知は、至る有り、至らざる有り。聖人といへども之を強ふること能はず。ゆゑに能く民をしてその教へに由らしむ、しかうして民をしてその教ふるゆゑんを知らしむること能はず。（荻生③・一巻三二一頁）

「礼」など実際に体を動かすような社会規範によって民を教化することはできるが、その理屈まで「民」に理解させることはできない。既に述べたように一般に対して情報を公開する義務が君臣にはあるが、それで国民全員が政策の内容を理解できると安易に考えてはいけない。

民は安んずべき対象であり、君は私を滅してそれに接しなければならないが、同時に君や臣は全ての民を優秀な存在であると安易に考えてはいけない。前者が俗に言う「天民観」であり、後者が「愚民観」である。君にとって民は天からの預かりものであり、それを安んずるのは君の「天命」である。ところが全ての人間が優秀であるはずはなく、「賢知は常に鮮くして、しかうして愚不肖は常に衆し」（同書同巻二五一頁）という状態が現実である。君と臣はこの微妙な均衡の上に民を見なければならない。これは民を教化するうえで、現実的な判断である。

以上のことは、さほど明確ではないものの朱子学にも類似の主張は見いだせる。しかし徂徠は、さらにもっと基本的なことも指摘している。為政者や儒者は、このような愚かではあるが安んずべき対象である民の存在そのものを無視してはいけない。徂徠は言う。

「下」は下愚を謂ふなり。民の下たるゆゑんを言ふなり。……後儒多く民の字を知らず。（同書二巻二六七頁）

多くの儒学者は、「民」そのものの存在を忘れがちである。されど「人各おの資質あり。聖人といへども之れを強ふること能はず」（同書同巻一〇一頁）と徂徠は考える。民の存在意義を認めず、民全員を臣と見なすことは、基本的な道理に背いている。愚民観は決して民を軽視しているのではなく、現実的な判断に基づいている。この「臣」と「民」を強調して峻別する思想は、他の学派には見られにくい徂徠の著しい特徴でもある。

4　理想状態と「富・利」

以上が君、臣、民の理想的なあるべき姿であるが、これらを総合した状態を徂徠は『春秋左氏伝』の言葉（新釈漢文大系30〜33・一四九六頁）をそのまま引用して次のように述べる。

君可と謂ふ所にして否有らば、臣その否を献じて、以てその可を成し、君否と謂ふ所にして可有らば、臣その可

を献じて、以てその否を去つ。是を以て政平らかにして干さず、民争心なし。（荻生③・二巻一七六頁）

君と臣がそれぞれ主体性をもって政の議論を行なえば、民は争うことなく安らかになる。臣に関して言えば、臣は君に対して忠義を尽す絶対的義務があり、その価値基準のもとで、自主的に思考し、自主的に活動しなければならない。その自主性こそが真の「奉公」、本当の「忠義」の証である。通俗的に考えられるように、君の命令にただ従うだけの臣は、かえって忠臣ではない。臣が常に主体性を保って議論することは、国家安寧の必要条件である。

また徂徠は民を安んずるために、時には物質的富を求める必要性を説いた。これは「利」を求めることと同等である。徂徠は他の儒学者と同様に堯・舜など古代の聖人の道を重視し、次のように言う。

道にして民を利せざれば、亦たあに以て道と為すに足らん乎。孔子の罕に之を言ふゆゑんの者は、争ふところは見るところの大小に在りて、しこうして聖人の利を悪むにあらざるなり。（同書同巻九頁）

徂徠によれば孔子以後、後の儒者は先王の道を誤解しており、「利」に関する考え方も一般に誤解された。孔子が希にしか利を言わなかったことが、聖人や孔子が利を嫌っていたかのごとく解釈されてきた。第五章で詳しく議論するが、確かに儒教には賤商思想があり、徂徠もその価値観は共有している(7)。しかるに徂徠は、治国においては国家を富裕にすることの必要性も説いている。通常の荀学では、商業は抑制されるべきと説かれるが、その社会的役割は是認される。それと同時に為政者が民を安んずるために、国富を増大させる必要も説かれる。『政談』巻之二の冒頭において徂徠は国富の増大の必要性を説き、「国天下ヲ治ルニハ、先富豊ナル様ニスルコト、是治ノ根本也(8)」と述べている。民を安んずる一環として為政者が富を求めることは重要であり、それは君と臣の義務でもある。ここに民を安んずる具体的な職務に携わる「臣」が、「得て測るべからざる者」(日本思想大系36・一二一頁)と言われる「天」の命として忠義を義務づけられ、その忠義ゆえに、主体的な活動によって「利」を求める可能性が示唆される。

Ⅳ　徂徠学と水戸学の共通点

水戸学は徂徠学から多くの思想を受け継いでいる。水戸学は徂徠学の政治学的傾向を吸収し、歴史学から政治理論へ幅を広げた。儒学的社会論は徂徠によって一応の完成を見るが、水戸学はその理論を日本の国風に当てはめ、徂徠の抽象論から日本における具体論へと議論を進めた。ここではまず、その相続を明確にするため、両者の共通点について議論を進めたい。

水戸学は水戸藩で考究されたが、全ての水戸学者の間で意見が一致していたわけではない。ここでは本論の目的に合わせ、渋沢が専ら影響を受けた藤田東湖を中心に議論を進めたい。渋沢は会沢正志斎も読んでいたが、渋沢自身は両者の相違にほとんど頓着した形跡はない。ここでは水戸学各思想家間の思想上の相違は無視するものとしたい。水戸藩内部での論争は本書の課題ではないし、未だ十分に研究されていないとも思われる。つまり、ここでは東湖と正志斎の思想の相違は問題にされない。

1　政治・社会論的傾向

既に述べたように(また、第五章でも議論するが)江戸時代の主流派儒学と言っていい朱子学は、修身道徳と経世論では修身論のほうを重視した。例えば「孝」は、「忠」とは異なり、またどちらかと言えば孝は忠より重視された。ところが徂徠は、臣における孝のあり方について、次のように述べる。

臣下は、必ず、身を立て名を揚げその父母を顕すを以て孝の至りとなす。ただ孝のみ以て神明に通ずべし。ただ孝のみ以て天地を感ぜしむべし。これその至徳たる所以なり。（日本思想大系36・八五頁）

徂徠によれば、臣にとっては出世することが親孝行となる。儒学においては古来より「孝」は重視されてきたが、徂徠はこれを君や臣に限って社会論的傾向と一致させて解釈した。民ならば、ひたすら親に真心をつくすことを孝と考えたのに対し、君や臣は、民を安んずる職務に服することこそ孝と解釈した。徂徠は、臣にとっては、忠が孝と一致すると考えた。

この「忠孝一致」は、本来『孝経』において「身を立て道を行ひ、名を後世に揚げ、以て父母を顕はすは、孝の終りなり」（新釈漢文大系35・八一頁）と説かれている。朱子学ではこの『孝経』はさほど重視されず、朱子学における「孝」も老荘思想の影響を受けてどこか個人主義的である。[9]朱子学の入門書『近思録』では「時に于て之を保ずるは、子の翼なり。楽しみ且つ憂へざるは、孝に純らなる者なり」（新釈漢文大系37・一三五頁）とあり、我が身を安んずることが親孝行であると主張されている。徂徠は民の孝でさえ、このようなことは説かない。また通常は、政治に携わる君臣の「孝」を積極的に考えた。

この思想は、そのまま水戸学にも引き継がれている。渋沢も心酔した会沢正志斎の『新論』には「孝は以て忠を君に移し、忠は以てその先志を奉じ、忠孝は一に出て、教訓正俗、言わずして化す」（日本思想大系53・五六頁）と説かれている。藤田東湖も次のように述べる。

忠と孝とは、途を異にして帰を同じうす。（同書二三一四頁）

東湖は忠と孝は、結果的には一致するものであると言う。東湖は『弘道館記述義』において「忠孝無二」と題する章を設けており（同書同頁）、臣における修身道徳の社会論的意味を探り、諸個人の社会的役割を重視している。

この傾向は「君」「臣」の個別的な議論についても同じである。例えば徂徠は、君は民の父母の如くでなければならぬと『弁名』で説いたが（日本思想大系36・八七頁）、類似のことも東湖は『常陸帯』のなかで説いている（水戸学大系第一巻・四一四頁）。東湖は政治の基本を民を安んずることと考え、「民は国の本にしあれば是を安んずるを政事の第一とする事」（同書四一二頁）と主張する。これは徂徠が頻繁に主張した「先王の道は民を安んずるの道なり」と同じである。

また、徂徠は君は賢才を登用して衆知を集める必要を説いた。同様に東湖は『弘道館記述義』で「衆思を集め群力を宣ぶるは、固より人君の要務なり」（日本思想大系53・三三三頁）と述べている。民を安んずることと実力者抜擢は、君主の義務として、水戸学でも強調されている。

臣の役割についても、正志斎は「君ハ人ヲ治ル役人ナリ。臣ハソノ手伝ヒノ役人ナリ」[10]と述べ、君に仕えるものが臣であると述べる。徂徠は君に単に追従するものは君に忠なる臣ではないと述べたが、正志斎も次のように述べる。

臣ハ君ニ手伝ヒテ民ヲ治ル役人ニシテ、其君一身ノ使ヒモノニ非ズ。……是ヲ其君一己ノ私ニ従フモノト思フハ天職ヲ私スルナリ。（同書三五四～五頁）

君に仕えることとは、君個人を喜ばせることではない。忠なる臣は君に忠誠を誓えばこそ、その主体性を保たなければならない。実際にも正志斎は『新論』の冒頭で「謹んで按ずるに……」（同書五〇頁）という文句で自己の主張を開始しているし、「臣ここを以て慷慨悲憤し、自ら已む能はず、敢へて国家のよろしく恃むべきところのものを陳ぶ」

（同書五一頁）と述べ、国家のためを思えばこそ自説を展開すると断っている。藤田東湖もその著作である『弘道館記述義』の中で、数十回に渡って「臣・彪、謹んで案ずるに……」（「彪」は東湖の名）（同書二六〇頁等）という表現を使っている。

このように諸個人の主体的な言論活動を重んじた水戸学では、さらに「学問事業、其の効を殊とせず」とも述べられている。水戸学では、主体的言説と同時にその論を実践する主体的行動も重視された。東湖はこれをまとめて「君子の君に事ふるや、これを知れば敢へて言はずんばあらず。これを言へば敢へて尽さずんばあらず」（同書三三四頁）と述べている。

2　富を求める必要性

徂徠は民を安んずるため、政において富を追求する必要があると述べたが、東湖も現実主義的に考えて、武士が金銭計算をすることの重要性を述べている。

> 出しいるる事を吝にし、分厘の利を争ふに至りては、本より君子の悪む所なれば、さるわざを賤むるは聞えぬれど、ひたすら小商人のわざとのみいひて其大綱をしめくくる事を知らざる時は、経済金鼓の権、皆小吏商人の為めに奪はるるぞ浅間しき。（水戸学大系第一巻二八九頁）

江戸時代後半は商人が経済力をつけ、時には武士を圧迫することすらあったが、この主張もそれを念頭に置いていると思われる。君子である臣も、金銭計算はできなければならない。これは今日で言う、官僚が行なう経済政策について説いていると判断できる。

それは正志斎が『新論』で「富国強兵」（国を富ましめ兵を強くする）（同書六九頁）について議論したことと符合する。正志斎はこの書で殖産興業までは述べないものの、やはり「邦国を富ます」（同書一一二頁）ことの重要性を説いている。これは列強の日本進出に際して日本のとるべき方策を述べたものであるが、君臣が民を富ます必要があることを説いた徂徠と同様の主張である。

この「富」の追求は、更に根底を探れば水戸学の実学主義・行動重視の発想が連関している。徂徠は先に述べたように、朱子学が空文であることを批判し、その過剰な「理」の重視は民を安んずるものではないと説いた。同様に西村文則は「水戸学の特色は実行である」（西村［1938］一六四頁）と述べる。もちろん、その行動とは水戸学の政治・社会論重視の傾向から明白だが、民を安んずる政治行動を意味する。例えば藤田東湖は「学問事業、不殊其効」との考えのもと、もし学問と事業が異なれば、次の四つの弊害があると述べている。

> 学問・事業の一にし難きは、その故多端なるも、大弊四あり。曰く「躬行を忽にす」。曰く「実学を廃す」。曰く「経に泥む」。曰く「権に流る」。（日本思想大系53・三二九頁）

さらに続けて東湖は、第一の弊害は不道徳・無礼を誘発し、第二の弊害は政治が直接危うくなり、第三と四の弊害は政治的迎合主義を促すと述べている。水戸学にとって学問はその行動の指針となるべきものであり、実際の行動に活かされてこそ、その価値がある。その行動とはとりもなおさず政治的活動であり、民を安んずる活動である。それは民の生を安んずるための経済活動、富を求める活動も含みうる。

3　排仏主義の根拠

荻生徂徠は古代の儒学を目指し、同時に儒学的な厳しい義務と相容れない老荘思想や、それと一脈通ずる仏教を否定した。仏教批判は朱子学などにも見られるが、その観点は徂徠や水戸学とはかなり異なる。朱子学の入門書である『近思録』では「釋氏の學は……疏通なる者は恣肆に歸す。此佛の教の隘為る所以なり」（新釈漢文大系37・五九八頁）と述べられており、その観点は修身論が中心である。市川安司は「仏教が人倫を捨てるといって攻撃する。宋代哲学者が仏教を責める理由としては、この点が最も強い」（同書五九九頁）と述べる。

これに対して徂徠の観点は、あくまで政治論である。徂徠によれば、仏教は実質的には民を安んずるものではない。徂徠は、仏教を批判して「それ仏には天下を安んずるの道なし。あに以て仁となすに足らんや」（日本思想大系36・一八頁）と述べる。さらに次のようにも言う。

たとひ私欲をしてことごとく去らしむるも、苟しくも仁ならざれば、すなわち達磨なり。あに仁を論ずるに足らんや。（荻生③・一巻二六四頁）

徂徠は頻繁に、立派なことは言うが結局自己満足に終わってしまっている存在の代表として「達磨」を挙げる。徂徠の関心はあくまで民を安んずるという政治的問題であり、それに与しないものを徂徠は価値の薄いものと断じている。

同じく水戸学も、同じ観点から仏教を軽視ないしは蔑視している。例えば正志斎は『新論』の「国体上」において「異端邪説」として民間の神道（伊勢神道など）、仏教、通俗儒学とキリスト教を、日本の国体を乱すものとして批判している（日本思想大系53・六五頁）。東湖もまた仏教を批判し、『回天詩史』や『弘道館記述義』で排仏論を展開している（水戸学大系第一巻、二〇三～六頁、日本思想大系53・二八一～五頁）。東湖によれば仏教者は「民を誣ひ世を惑すもの」（同書二八一頁）である。

この後期水戸学の排仏傾向について、高橋義雄は「時勢の必要に迫られて特に施したる一所置」（高橋義雄［1916］九一頁）と述べ、その原因を当時の状況によるとしている。また西村文則は、藤田東湖らを登用した徳川斉昭について「公必ずしも仏教嫌ひではないが、過去の仏教史の教ふる仏教徒の横暴が、純真日本の神の本体を曖昧にした事を憤るのだ」（西村［1938］一六四頁）と述べる。この過去の「横暴」とは、おそらく一向一揆のことを主に指していると思われる。確かにこれを専ら意識したとなると、仏教はあまり肯定しやすいものではない。本書第四章で更に詳細に議論するが、水戸学は徂徠学同様に老荘思想も政治学的観点から批判する。これは朱子学・陽明学などの孟学には見られにくい荀学の特徴でもある。

しかしこの傾向は、一つ重要な思想的問題を提起する。それは徂徠が「民を安んずる」ことを政治の最終目的としていながら、民の宗教である仏教を否定していることである。徂徠は必ずしも神道は否定せず、むしろ神道には聖人の道に通ずるものがあるとしている（日本思想大系36・四五二頁）。徂徠は民を安んずる「楽」のテーマとして「無常」についてこれを肯定しているところがあるが[11]、あからさまに仏教を肯定するところは見られない。徂徠は、民が信ずべき宗教を儒教と神道のみにしている。では現に仏教に篤い信仰を持っている民は、どのように安んじられるべきか。ここに徂徠の説の矛盾を見ることができる。さらにこれを水戸学がそのまま引き継いでしまったことは、非常に重要な意義を持っている。もちろん渋沢を初め、明治以降活躍した人物の中で攻撃的な排仏論者は希であった。だがこれは第六章でも議論するが、愚かではあるが安んずべき対象である「民」の存在意義を軽視する傾向を誘発し兼ねない発想でもある[12]。

V　徂徠学と水戸学の相違点

前節で分析したが、水戸学の基本的な論理構造は、徂徠学とほぼ同じである。しかしそれぞれが違った状況で説かれた理論であり、目的も異なることは論を待たない。以下においては、水戸学の特徴をより明白にするために、徂徠学と水戸学の相違点を明らかにしたい。

1　国体論

徂徠は『政談』や『太平策』を除くと、儒学理論としては抽象的傾向が強く、儒教の影響下にあれば日本でも中国でも通用するような議論を展開していた。一方水戸学は、徂徠学の「国君」が日本の場合は天皇である事を明確にし、その具体化によって天皇制のための儒学的社会論を志向した。

まず、東湖は『弘道館記述義』の中で次のように述べる。

> 夫れ儒教は、斯道を培ふ所以、苟しくもその書を読む者は、誠によろしく周・孔の本意を体し、明倫・正名の大義に資りて、以て神皇の道を光隆すべし。（日本思想大系53・二八六頁）

あるいは『常陸帯』において次のように説く。

> さて斯く邪なる教のはびこれる故由を思ふに神の道衰へて大和魂失せぬればなり。譬へば人の元気衰へぬれば外邪是に入って病をなすが如し。神の道は大和魂の本にて、皇国の元気なり。されば其元気を本とし、風土の似よりたる漢土の教を取りて大和魂を助け、忠孝の大節明かならしむ。（水戸学大系第一巻三六〇～一頁）

東湖が述べるには、日本人の精神の根本は大和魂でなければならない。その根本を踏まえた上で、儒教をその助けとして精神を補強する。これは平安時代以来「和魂漢才」とよばれてきた思想的態度に近い。徂徠には中国崇拝的な傾向すらあったが（野口［1993］五三頁）、水戸学にはそれは全く見られない。

日本固有の立場が根本となったことで、注目された概念が「国体」である。この語は徂徠の中にも見え（荻生③・一巻二二五頁）、古代日本では『日本書紀』斉明天皇三年に存在しており、「国を体する」という表現は『貞観政要』にすでに登場している（新釈漢文大系95～96・四九頁）が、詳細な議論は見られず、より本格的に議論されるようになったのは水戸学からである。江戸時代の水戸学者は、日本のあるべき国体について多くの議論を行なった。例えば藤田東湖は次のように述べる。

> 夫れ日出の郷は、陽気の発する所、地、霊に、人、傑に、食、饒かに、兵、足り、上の人は生を好み民を愛するを以て徳となし、下の人は一意に上に奉ずるを以て心となす。その勇武に至っては、すなわち皆これを天性に根ざす。これ国体の尊厳なる所以なり。（日本思想大系53・七一頁）

続いて東湖は、素戔鳴尊が八岐大蛇を退治したときに得た、草薙剣で大己貴神が国を治めるように宣言したことに触れている。東湖は日本の権力の源流を、八百万の神々に求めた。水戸学はこのように、基本的に徂徠学的な政治社会論重視の論理構造を有し、それを日本について当てはめ、日本の個性・国体を探そうとしたのである。

以上のような水戸学の議論から「上」つまり「君」と「臣」の内容が、より明白になっていった。「君」は天皇であり、「臣」はそれに忠義をつくす存在である。さらに徂徠においては抽象論であった「臣」の役割も、より明白になった。例えば、東湖は「幕府を敬ひ給ふは孝を東照宮に竭し給ふ所以、天朝を尊び給ふは忠を天祖に竭し給ふ所以なり」（水戸学大系第一巻三七四頁）と「孝」や「忠」の対象を具体的に明示する。あるいは「すなはち尊王攘夷は、実に志士・仁人の尽忠報国の大義なり」（日本思想大系53・二九六頁）と、「尊王」や「報国」といった、徂徠よりも一段具体的な概念を提示している。

この国体の概念が鮮明になったことについて西村文則は、それにより幕府支配から朝廷支配への変化が促されたと述べている（西村［1938］九七頁）。また臣個人についても高階順治は、絶対的最高の価値的存在である「すめらみこと」を意識することによって、その忠臣たちの主体性がより強固になったと述べ、「忠が自己犠牲ではなく、自己実現・自己完成である所以」（高階［1940］二七〇頁）と主張している。忠義を誓うべき存在である「君」が水戸学をして具体的になることにより、「臣」の主体性がより確固としたものになった。

2　民の存在意義の不明確さ

君が天皇であることや、それに忠義を尽す臣の役割が明白になるのと対照的に、逆にその意味内容が不明瞭になったのが「民」である。徂徠において「民」は「臣」と明白に区別され、明らかに対概念であった。徂徠は、「士は先王の道に志ざし、その心は民を安んずるに在り。細民は生を営むを以て事と為し、その心は温飽に在り」（荻生③・一巻一五七頁）と述べていた。

だが藤田東湖二四歳の時の作品『青山総裁に与ふるの書』には次のような言葉がある。

> 今日の大弊巨害、更張一新、号令挙動、断然明白、以て有志の望に副ひ、一国の臣民をして曉然、君上の英断明決、尋常に出づるの万万なるを知らしめば、則ち何ぞ政道の替弛を患へん。（水戸学大系第一巻四五一頁）

あるいは正志斎は『新論』で、「異国船打払令」等について次のように述べる。

これ皆一時の権衡なるも、また臣民をして激発興起し敬んで光訓を奉ぜしむるに足らん。(13)

これらの説明の中には「臣民」という単語が登場している。それ以前にもこの言い方はあったが、それは「臣と民」の意味であり、「君臣」や「大小」と同様に対概念を並べる表現であった。ところが上記の二つはそのように「臣と民」とも解釈されうるが、臣と民を折衷ないし止揚した「臣と化した民」「臣である民」の意味とも解釈しうる。周知の通り明治以降は、英語の subject の訳語として「臣民」という単語は定着するようになった。更に大正時代普通選挙成立以降は、「臣道実践」の標語の下、実質上国民全員が天皇の臣となるべきとされた。その後の歴史において日本では、よくも悪くも、自分のために自分の人生をおくる「民」が廃止された。

この布石が水戸学にあったとする解釈は、さほど突飛でもないはずである。水戸学も徂徠と同じく民を安んずる重要性は説いているものの、徂徠のごとく民とは何かという論述は見当たらず、専ら国体の尊厳とその中で君と臣がいかにあるべきかが説かれている。また、徂徠と同じように水戸学も政治学的志向性を持ちながら排仏的傾向を持ったことは看過すべきではない。仏教は徳川綱吉の時代に檀家制度がほぼ完成され、日本の中間組織を支える思想として重要な存在であった。仏教を無視することは、民が直接所属する中間組織を無視することになり、「臣民」は直接国家に所属すると考えられるようになる。つまり「民」の信仰を軽視することは、論理的にファッショ体制の成立を容易にする。

もちろんのこと、水戸学が昭和初期のファッショ体制を不可避的に生み出したというわけではない。水戸学の昭和初期への布石が、ここでの分析の目的でもない。ただ水戸学は、徂徠学以上に「民」の生き方そのものについて余り関心を払っていないことは指摘されるべきである。（この問題は第六章で再び議論するが、）排仏傾向の徂徠学でさえ「民」は牧歌的で生きることそれ自体を目的としていると考えたが、水戸学ではそのような人間の存在はあまり注意を払われていない。その原因はおそらく水戸学の緊急の課題が、国際問題だったことによると思われる。

3　国際状況に対する反応

徂徠の時代は洋書がようやく解禁された時代であり、徂徠の外国に対する関心は中国を除いては非常に薄かった。後期水戸学の時代は洋学も盛んであり、列強の日本への進出が目立ってきた時代でもあった。このような国際状況において、水戸学は、徂徠があまり関心を示さなかった国際問題に強い関心を示した。

まず第一に洋学そのものに対する関心の高さは、水戸学に見られる顕著な特徴である。水戸学は多く「尊王攘夷」の四文字熟語で知られているが、水戸学は洋学に対しては非常に柔軟な態度をとっている。例えば、正志斎の『新論』では、次のように述べられている。

近時また蘭学なるものあり。その学はもと訳官より出て、阿蘭（＝オランダ――引用者）字を読みて以てその語を解するに過ぎざるのみ。もと世に害あるものなし。（日本思想大系53・六八頁）

正志斎は、あくまで洋学を聞きかじって浅薄な西欧崇拝をする人を批判しているのであって、洋学それ自体は肯定している。東湖は否定しないどころか、次のように述べる。

其勝れたる所を取りて、皇朝の助とせん事、何の恥づることや有るべき。鉄砲は西北の夷狄より渡りぬるものな

れども、是を取りて用ゆる時は夷狄を防ぐべき良器なり。（水戸学大系第一巻三五八～九頁）

水戸学はその思想構造において、洋学もその末端を担うものとして序列化のもとに組み込むことができる。西村文則も水戸学は根本が神道であれば、他は「其長所を善用」（西村［1938］七一頁）する思想であると述べている。

上記の東湖の引用にもある通り、水戸学は排外主義つまり「攘夷」思想を持っている。通常水戸学は、この「攘夷」の名の下に理解されることが多い。ところが水戸学の攘夷論は通俗的に言われるごとく、偏狭な島国根性によるような無知に基づく理論ではない。例えば正志斎は、『新論』において非常に豊富な外国の情報を示している。世界がキリスト教圏、イスラム教圏、儒教圏に分けられることを説いて各国の状況について論じていたり（日本思想大系53・九四頁）、イギリスなどがグリーンランド沖で捕鯨をしている事についても知っている（同書一〇一頁）。あるいは「夫れ海内の穀は、よろしく海内に蔵すべくして、まさにこれを海外に棄つべからざるは、理の知り易きものなり」（同書八七頁）と経済問題から攘夷の必要性を論じている場合もある。さらには、当時のキリスト教諸国家の拡張主義的性格を正確に看破しており、キリスト教徒は「兼愛の言を仮りて、以てその呑噬を逞しくす」（同書九五頁）と述べている。

東湖も攘夷を述べているが、西洋人がただ西洋人であるがゆえに攘夷を説くのではない。あくまで侵略してくるから攘夷を述べるのみであり、次のように言っている。

抑はるばる遠き西北の夷狄、其国は沢にあれども、皆邪教を尊み、世にあらゆる国という国を奪ひ取らん事のみたくみ、世をかへ人をつぎ、其志を遂げんとする奴原なり。（水戸学大系第一巻三八三頁）

これは当時の欧米諸国のアジア、アフリカへの侵略を考えると、妥当な西洋観である。また東湖は当時国内で説かれていた攘夷論三つをまとめ、その上で自分が採用する説について論じている（同書三八一頁）。その三つとはまず第一に、とにかく打ち払い「皇国の武勇を海外に輝かすべし」という攘夷論。二つ目は、交易を許し「諸々の国を懐け」る方法。三つ目は、まず交易をし、その間に「武備を整え」、整った時点で「交易を停止する」方法である。もちろん東湖は、「人々覚悟定まりぬれば武備整はずとも敵を防ぐに足れり」として第一の説をとり、「我国は金、銀、銅、鐵、米穀、布帛、何足らぬ者なし」（同書三八三頁）と豪語した。彼ら水戸学者達は西洋の情勢には詳しかったが、戦闘経験がないために、日本の戦闘能力については全く非現実的な発想をしていた。

しかし、やがて水戸学でも、交易論が展開されるようになった。会沢正志斎はその最晩年に『新論』での単純な攘夷論を撤回し、欧米との通商を提唱している。晩年の作『時務策』で正志斎は次のように言う[14]。

是ト好ヲ結バザル時ハ、外国ヲ尽ク敵ニ引受テ、其間ニ孤立ハナリ難キ勢ナレバ、寛永ノ時トハ形成一変シテ、今時外国ト通好ハ已ムコトヲ得ザル勢ナルベシ。（日本思想大系53・三六三頁）

この作品は激派とよばれる過激な志士たちにはまったくの不評だったが、水戸学の本質をよく顕している。正志斎は、国際状況が変わったのであるから必ずしも打ち払う必要はないと説き、さらに「鎖国」は朝廷による法でもなく、家康による法でもないと述べる（同書三六五頁）。

西村文則は水戸学の本質に攘夷はなく、正志斎が晩年に開国を説くようになったことを根本的な変節ではないと論じている（西村［1938］一八一頁）。水戸学は「国体の明徴」が目的であり、攘夷論はそのための一方策に過ぎなかった。この解釈は決して希なものではなく、高橋義雄も同様の解釈を述べており（高橋義雄［1916］九六頁）、その後の展開について、尾藤正英も次のように述べる。

やがて幕末の開港以後にいたり、この『新論』などの影響下に展開された尊王攘夷論が、かえって幕府に対する攻撃の武器となるにいたったのも、危機的状況の中で国家意識が昂揚するとともに、その国家の統合と威信とを保持してゆく能力が、既に幕府には失われていることが露呈された結果であって、何ら思想の本質が変化したことを意味するものではなかったと考えられる。従って当然にも明治維新政府による中央集権的統一国家の成立以後においても、この思想は生命を持ちつづける。（尾藤［1973］五八一頁）

このように根本において堅固であり、状況において柔軟である水戸学の思想は、その思想に感化された諸個人をして日本の急激な政変を可能とした。水戸学において根本は国体の護持であり、具体的策は状況に応じていれば、西洋の文明も含めて多くものを許容する。

Ⅵ　おわりに

以上、水戸学の「臣」についてまとめれば次のことが言える。

(1)　臣は天命ゆえに君への忠義が要求され、君は天皇である。

(2)　臣とは、民を安んずる義務を負った君に奉公する存在であり、具体的な職は各々の長所によって決められるべきである。

(3)　君に諫言するなど、臣がその主体性を保つことは義務であり、君への追従は真の奉公ではない。また君も臣の主体性を認めることは義務とされる。

(4)　臣は必要とあらば民を安んずるために富利を求める。

(5)　内外の状況には、臣は柔軟に対応しなければならず、君への忠が守られていれば、国体を守るための適応は変節ではない。

渋沢栄一にとって重要な点は、まず臣には天皇ないし国家への忠義ゆえの主体的言動が義務づけられていることである。さらに臣は、必要とあらば、その主体的行動によって、民を安んずるために富利を求めることもある。渋沢栄一は、先に引用したように国家へ忠義を誓う「臣」と自称して官吏を辞めた。さらに以下の章で、本章の成果が利用される。

第一章　付論　朱子学の富利観について

渋沢栄一は朱子学について次のように述べる。

宋儒空理空論を説き、貨殖富裕を賤視する、以ての外のことにして、しかして孔聖立教の本旨に違ふの罪を免るること能はざるべし。功利則ち治国安民の事業は孔聖終身の目的なり。何ぞ富利を軽賤せんや。（渋沢［1925a］五五一頁）

渋沢は他のところでも、朱子学が「富貴貨殖と仁義道徳とは相容れないものであるとの、誤った思想を蔓延させた」（渋沢［1913a］一五八頁）と述べる。しかし朱熹は、『論語』七-一一を釈して次のように言う。

言を設けて富もし求むべくんば、則ち身賤役を為して以て之を求むと雖も、亦辞せざる所、然も命有りていずくんぞ之を求めて得べきに有らずや。（朱熹［1177-89］）

さらに朱熹は民を富ます必要についても、一三-九を釈して次のように言及している。

庶をして富まざれば則ち民を生かし遂げざる。故に田里を制し、賦歛を薄くし以て之を富ます。（同書）

上記の引用から見ても明白なように、朱熹は必ずしも富利を求めることを否定していない。これはどのように解釈すべきか。

朱子学は、確かに渋沢が指摘したように富利を否定している場合がある。『近思録』には次のような言葉がある。

董仲舒（＝漢代の儒者――引用者）謂ふ、其の義を正しくして、其の利を謀らず。其の功を謀らず、と。……以て法と為す可し。（新釈漢文大系37・九七頁）

この主張によると「義」であることと「利」を謀ることは相容れない。また『近思録』には次のような主張も存在する。

後世は庶士より公卿に至るまで、日に尊栄を志し、農工商賈、日に富侈を志す。億兆の心、交利に馳せ、天下粉然たり。之を如何ぞ其れ一にす可けんや。其の亂れさるを欲するも難し。（同書四一九頁）

古代の理想的な世を離れた後世では、皆が「富」や「利」を求めるに汲々として乱世になった、とここでは主張している。当然この意味では、「利」を求めることは世を乱すこととして容認されない。

先に引用したように、朱子学は利を求めることを肯定している場合がある。この二重の主張は、朱子学に限ったことではない。渋沢は幼少時代に『書経』も読んだが（渋沢［1937］一八頁、渋沢［1913b］一六頁）、『書経』にも二つの主張がある。『書経』では「敢て貨殖に殉ひ、遊畋を恆にする有る、時を淫風と謂ふ」（新釈漢文大系25～26・四一一頁）とあり、貨殖を求めることを「淫風」とし、理想の王は「聲色を邇づけず、貨利を殖せず」（同書三九五頁）とある。しかし行なうべき政策として「八政」が述べられ、「一は食と日す。二は貨と日す」（同書一五三頁）とあり、「食」や「貨」は求めるべきとされている。『書経』の主張は、君や民といった諸個人が自らの為だけに過剰に「利」を求めることを戒めている。同時に、国家の政策として、国富を増大させることを否定しているわけではない。

朱子学は四書を重視する傾向が強いので、『書経』の影響が強いとは言えない。しかし、『書経』や朱熹の主張を見ると、共通する点があり、修身論としては禁欲主義的であるが、君主が行なう政治についての議論では国富の増大を求めている。先の引用にもあるように、経世論では「庶をして富まざれば則ち民を生かし遂げざる」と民の物質的満足を肯定し、修身論では「其の義を正しくして、其の利を謀らず」と考える。

『論語』にも「益者三楽、損者三楽」（一六-五）とあり、また「心の欲するところに従えども、矩を踰えず」（朱熹釈）（二-四）とあるように、儒教においては欲望が満足されることは全面否定されない。ただその欲望の種類と欲望追求の程度が考慮されているだけである。これについては、この主張が『論語』にあることから、朱子学でも徂徠学でも基本的には同じである。

ただ既に述べたように、また第四・五章で詳論するように、朱子学は孟学の学統に属し、経世論より修身論を重視する。徂徠学やその学統にある渋沢は経世論を重視する。儒学は修身論においては禁欲を説くことが多く、経世論においては民の物質的欲望を満たすことを重視する。この結果、孟学では禁欲つまり「利」の否定ないし戒めるべきことを説くことが多くなる。また荀学では逆に経世論を重視するがゆえに、民のための国富増大を説く回数が多くなる。

渋沢が朱子学をかように批判したのは、朱子学が「利」を否定的に説く頻度が多いことに由来すると推測できる。第五章で更に議論するが、渋沢は朱子が富貴貨殖を否定する主張が多い原因を、明白にその修身論重視の傾向に見ている（渋沢［1913a］一五八～九頁）。この点に関して言えば、渋沢の朱子学に対する見方は、鋭いものがあったと言える。しかし朱子学は国富増大まで否定するものではなく、この点に限って言えば渋沢は朱子学を正確に理解しなかった。渋沢の朱子学理解は、より分析的な理解には至らなかったが、大まかな傾向を示すものとしては鋭利なものがあった。

注

（1）日本近代思想大系3・七〇～一頁。その他、この「財政に関する建議書は」は「財政改革に関する奏議」などの題名でも、龍門社［1955-65］三巻七四四～八頁、渋沢［1913b］二〇〇～九頁、渋沢［1913a］九三九～四九頁、渋沢［1937］二九五～三〇三頁等に所収。

また「恝然たるに忍びず」は、渋沢［1913a］や渋沢［1937］では「黙然たるに」となっている。このような部分的な異同はあるが、内容はほぼ同一である。

（2）徂徠学・水戸学が経世論重視であることを、ここでは「荀学」としているが、これには当然のことながら次のような反論もありうる。まず藤田幽谷は「荀は以て孟に匹する者なり」（藤田幽谷・三三二頁）とのべるが、「孟子の賢、荀卿之及ぶ所に非ず」（同書同頁）とも述べ、荀子より孟子のほうを賞揚している。渋沢も「荀子が出て性悪論を主張したが、孔子の道は性善論であり、自分も全然之に賛同するものである」（渋沢［1922a］五一頁）と述べ、性悪説を否定している。また荻生徂徠ですら「人生るるの初は、聖人と殊ならず。ただ気質・人欲の錮する所にして、仁すなはち全からず」（日本思想大系36・五五頁）と言い、性善説的な発言をしている場合がある。しかし性悪説について兒玉六郎は、荀子が述べていたのは「性朴説」に過ぎないとしており（兒玉［1992］第九章）、本田済はそもそも古代中国思想に西洋的な「悪」の概念はなかったとして次のように説明する。

> ひろく言って、中国に本当の善と悪の対立といった観念があったであろうか。孟子のばあい、悪は善の欠如態、善が隠れて見えぬ状態に過ぎない。荀子の「人の性は悪」という命題にしても、その「悪」とは「本能」に置き換えられる。存在概念で価値概念ではない。「悪」はなんらの深淵を越えることなしに「善」に連続している。（本田［1960］三〇五頁）

このように性悪説自体にさまざまな解釈があることは確かであり、この性悪説への賛同や反対のみをもって、その儒学が荀学か否かを即断することは妥当ではない。むしろ議論の大まかな傾向が、修身論中心か経世論重視かといった観点のほうが、その儒学の特徴を峻別するのに有効な視点である。

また渋沢の性善説賛成論も時に揺らいでいる。渋沢は「孔子は人間の性は善であると言うて居るが、其の反面には物我が宿って居って、終始頭を出さうとして居る」（高橋・小貫［1927］一〇三九頁）と述べたり、「私の信ずる處によれば、人の性は善であるけれども、人欲が終始妨げをなす故、己に克って禮に復らぬと人欲を壓迫する事は出来ない」（同書一〇九九頁）と主張したりしている。第六章注（3）参照。

（3）「君」「臣」「民」は、身分と言うよりは、本来は役割に近い。以下の議論は、儒教が説くあるべき人の役割をまとめているものであって、前近代社会の「君」がみなこのような君主であったことを意味するものではない。単なる建て前でしかそのような君主が理想とされない場合もあったし、実際には多くの君主が以下のような君主であったわけでもない。

（4）さらに徂徠は、良い諫言には褒美を出すべきであると言っている（日本思想大系36・三八一頁）。

（5）本書の課題はあくまで儒学的政治・社会論なので、「天」に関する記述は最小限にしてある。それは宗教的リアリティーの問題としては、非常に重要であるが、ここでは、君などに天命を下す存在としての側面だけを扱った。もし儒教的宗教論を論じるなら、この「天」はキリスト教の「ゴッド」との対比などにおいても非常に重要である。「天」の重要性について稲葉一郎は「一体、天の圧倒的な畏敬の念こそは、古代中国人の宗教信仰の発端であり、哲学的志向の端緒でもあった」（稲葉［1999］一一〇頁）と述べる。

（6）荻生③・二巻二〇〇頁。以上のことは、徂徠に特別独特な発想ではない。同時代の武家の家訓のうちの一つである『明訓一斑抄』には、次のような一節がある。

主人の悪事を見て、諫言をいるる家老は、戦場にて一番槍を突よりも、遙に増たる心ばせなるべし。（日本思想大系27・一二二頁）

また徂徠が最も重視した『荀子』には次のような表現もある。

（君の――引用者）命に逆ひて君を利する、之を忠と謂ふ。（新釈漢文大系5〜6・三七六頁）

荀子は、君主の命令に逆らってでも君主を利するような強い主体性こそ、「忠」と呼ばれるにふさわしい、という考え方を持つ。荀子は、君主の命令に従うことで君主を利することは「順」と言っており、当然すぎることとしている（同書同頁）。

（7）例えば、日本思想大系36・三二九頁（『政談』）。徂徠は、商人は楽に金儲けをしようとする存在であると断じて、否定的にとらえている場合がある。第五章、第六章参照。

（8）日本思想大系36・三二九頁。また、「富国強兵」という語は既に『史記』列伝（新釈漢文大系88・四五頁）に見える。また「益国」（＝「国益」）という語も『史記』本紀（新釈漢文大系38・二六五、二六六頁）や『貞観政要』巻第六（新釈漢文大系95〜96・五〇五頁）に、『春秋左氏伝』には「益其國」（新釈漢文大系30〜33・三三九頁）と言う語も存在する。国家が富を追求するという発想は、儒学においては古代から存在した。

（9）老荘思想に、政治・社会論は全く存在しないわけではないが、政治から退くことを肯定的に評価している場合も多い。君主ですらも「國を以て生を傷らずと謂ふ可し」（新釈漢文大系7・七一八頁）と説かれる場合もあり、君主になることを忌避して自殺する例を賞賛している場合もある（同書七三三〜四頁）。「道の眞、以て身を治め、其の緒餘を以て國家を爲目め、其の土苴を以て天下を治むと」（同書七二一頁）と主張する老荘思想は、概して政治に対しては消極的である。この影響を朱子学は払拭できなかったが、徂徠学には微少である。

（10）日本思想大系53・三五四頁、『人臣去就説』より。この書物は、渋沢栄一が読んだかどうかは確証がない。この書は正志斎晩年の作であり、『新論』ほど有名でもない。

（11）日本思想大系36・四〇〇頁。その他『荀子』（新釈漢文大系5〜6、五〇頁）にも「無常」の語は存在する。

（12）自身の主張によると、渋沢は個人的には余り仏教を好まなかった（渋沢［1913a］七頁等）。彼の基本的立場は、もちろんのこと儒教であった。「民」の宗教である仏教を渋沢が好まなかったことについては、第六章でもさらに論じる。

（13）日本思想大系53・一五五頁。他にも同書八七頁『新論』や頼山陽の『日本外史』「徳川氏前記織田氏下」に「臣民」の語が見える（頼山陽a六九八頁、頼山陽b中巻三九五頁）。

（14）『時務策』も正志斎晩年の作であり、渋沢が読んだか否かは不明である。

第二章　初期渋沢栄一の自由主義経済思想

Ⅰ　序

『立会略則』（渋沢［1871］）は渋沢栄一が大蔵省に勤務していた頃、まだ株式会社制度（合本制度）が定着していなかったため、それを啓蒙する目的で書いた本である。この本は渋沢の実業思想の真髄が込められており、後に三十代で民間に下ってから実業界で活躍する指針になったとも言える本である。この書は以下に述べるように、明治時代で最初の経済自由主義を説いた書としても著名である。

『立会略則』は渋沢によると、初めから渋沢が全てを書いたものではない(1)。それは伊藤博文と一緒にアメリカに渡航して正貨銀行（specie bank）について調べてきた吉田次郎（二郎）の起草がもとになっている。吉田は後にアメリカ総領事になった人物であるが(2)、この書の具体的なハウ・トゥーに関する記述は渋沢の知識ではなく、おそらく吉田によるものであろう。逆にその思想的な部分、つまり少なくとも「通商会社」の「主意」と「制限」は渋沢が書いたものと思われる(3)。この推測の真偽は、東京都北区にある渋沢史料館にもその手稿は残っていないため、直接は確認することができない。しかし以下の考察で明白になるように、この思想的な部分は、同じく渋沢最初期の作品である

「財政に関する建議書」（渋沢・井上［1873］）や晩年の作である『青淵百話』（渋沢［1913a］）等と同じ主張が込められている。また序文を書きながら自分の名では公表しなかった『会社弁』とは異なり、『立会略則』は責任感の人一倍強い渋沢が自分の名で公表しているので、全てを渋沢の主張と判断できる。(4)

『立会略則』は書籍というよりはパンフレットに近く、詳細な議論が展開されているわけではない。またその具体的な部分については、晩年の渋沢は「今日の法律眼から見たら幼稚なもの」（渋沢［1937］八二一頁）と述べている。しかし第四章でも証明するように、思想的な部分は最晩年までその主張は殆ど変化していない。『立会略則』の思想的部分は、初期渋沢経済思想の真髄が込められている。以下この書の思想的な部分に注目し、渋沢の証言を重視しつつ、渋沢が不十分にしか言いえなかったことがどのような根拠によって主張されていたのかを分析する。

Ⅱ　経済自由主義の思想的根拠

この『立会略則』は、現在まであまり正しく評価されていない。今までの解釈によると、渋沢は『立会略則』で実業家の自由を説き、政府の市場不介入を説いた点で先進的であった。確かに渋沢は『立会略則』で「凡そ品物を売買するには……全く普通自由の所為たるへきものとす」（渋沢［1871］一一五頁）と述べており、自由主義を説いていた。これについて飛鳥井雅道は次のように述べる。

福地は『会社弁』を明治四年に、渋沢も同年に『立会略則』を発表し、民間の会社・銀行の理論と実際を紹介したのである。注目すべきは渋沢栄一の本だった。商業には政府が干渉してはならないと説いていたのであったから。（飛鳥井［1976］四〇～一頁）

また尾佐竹猛は次のように評価した。

『立会略則』には会社の説明を主としてあるのであるが、商業には政府の干渉すべきでないことを随所に説明してあるのは流石に渋沢子（＝渋沢子爵――引用者）である。（尾佐竹［1929］八～九頁）

両者とも確かに渋沢の経済的自由主義を評価している。しかしその主張がどのような思想的根拠によって述べられているか、ほとんど注意が払われていない。

これらに対して渋沢が新政府に仕官する前、幕臣であった頃、洋行している事実に注目して、この主張を西欧進歩主義思想の輸入であるとする解釈が存在する。土屋喬雄は、渋沢のこの自由主義の主張を「レッセー・フェール」（土屋［1931］一九〇頁）とし、マンチェスター派と同一視している（同書三一四頁）。同様の解釈を鹿島茂（鹿島［1999］）や小野健知（小野［1997］）もしているが、序章でも述べた通り、これらは渋沢自身の証言を無視する方向で推測されたものである。

渋沢は新政府へ仕えるように大隈重信に言われたとき、「私は少年時代から尊王論者であって……」（渋沢［1937］二五三頁）と述べ、洋行後でも基本的な思想は変わっていなかったと証言している。また渋沢は晩年にも「我國道徳の根柢たり、國民教育の眞髄たるべきものは、矢張り東洋文化の精粋たる漢學を措いて他にないと信ずる」（高橋・小貫［1927］一一〇五頁）と述べた。逆に若き日の洋行についても、渋沢は次のように証言している。

今日の言葉を假りて言へば、政治家として國政に参与して見度いといふ大望をも抱いたのであったが、抑々これが郷里を離れて四方に放浪するといふやうな間違を仕出来した原因であった。斯くて後年大蔵省に出仕するまでの十数年間といふものは、余の今日の位地からみれば、殆ど無意味に空費したやうなものであったから、今、此の事を追憶するだに尚痛恨に堪へぬ次第である。（渋沢［1913a］三〇六頁）

この「無意味に空費した」「十数年間」（正確には、十年未満）は当然のことながら洋行も含む。洋行は後の渋沢にとって「四方に放浪するといふやうな間違」であった。渋沢は、洋行中のフランス語能力についても「買物などもどうやら通訳無しで出来るやうになり……」（同書一八二頁）という程度であったことを証言している。渋沢の証言を重視すると、彼が西欧進歩主義思想を輸入することは、技術的にも難しかった。彼は、実業家になった具体的な決定についてのみ、フランスにおける見聞の影響もあったと証言しているに過ぎない（渋沢［1937］一七六頁、渋沢［1913b］二三二頁等）。

渋沢の経済自由主義を西欧の自由主義に引きつける解釈は、西欧進歩主義と渋沢の思想の数少ない共通点についてのみ言及するにとどまり、その本質について言及できない。この解釈では、彼が輸入したとされる自由主義と『論語』と算盤」は、どのように折り合いがつくのであろうか。渋沢は若い頃から儒学を修め、終生『論語』を座右の書としたが、これらの解釈ではその周知の事実が全く看過されている。

本章ではこの『立会略則』の思想を、渋沢が若い頃水戸学を修めた事実を重視して、儒学的社会論の観点から分析する。それは「臣」概念を基軸とする分析であり、国家意識と引き換えに許される臣の主体性に視点をあわせるものである。

第一章で既に述べたように、江戸時代の主流派である朱子学にしろ、徂徠学にしろ、また徂徠学の影響を大きく受けた水戸学にしろ、儒学的社会論においては、君主には民を安んずる絶対的義務があり、そのために富利を求めるべきこともあると説かれていた。これがさらに徂徠学や水戸学では、君に忠義を誓う「臣」がその義務を代行し、臣はその行為を自主的に考えて自主的に行なわなければならず、君もその臣の主体性を尊重しなければならないことが明白に強調されるようになった。渋沢が若い頃学んだ水戸学では、君に忠義を誓う臣は民を安んずる義務を負い、そのために富利を求めることも時には必要になる。さらに臣はその行為を逐一君の命令にはよらず、自主的に行なわなければならない。渋沢が理想とする実業家像はその延長上にあり、彼の経済的自由主義の主張はこの系譜上で分析されるべきである。以下の考察で明らかになるが、この主張はアダム・スミスらが主張した経済的自由主義とは似て異なるものであり、全く別な思想的構造と基盤を持っている。

Ⅲ　「臣としての実業家」という概念

渋沢栄一は「君臣の観念を重んずるのは、日本の最も良いところである」（渋沢［1921］一七七頁）と述べるように、「自分は国の臣である」という立場を終生貫いた。渋沢が官僚を辞職する時、井上馨と連名で書いた「財政に関する建議書」においても、彼は「不忠ノ臣タルヲ欲セズ」（渋沢・井上［1873］日本近代思想大系3・七〇～一頁）と述べている。(5) つまりその主張が、「忠臣」としての自己意識に貫かれており、国のためを思えばこそ、政府のやり方に反対するという自主性を体現し、辞職が決してエゴイズムによるものではない事が強調されている。

この儒教の視点で『立会略則』の思想的部分を分析すると、その中には二つの主張が隠れていることが発見される。まず第一に渋沢は、実業家たるもの「国臣」として国家意識をもってその経営にあたるべきであると主張し、第二に国家は実業家を国臣として尊重するべきであると述べている。

1　実業家よ「国臣」たるべし

まず実業家への主張として、彼は『立会略則』で次のように述べる。

されは貿易売買するを指して商業と為し、其職とする者を指して商人と云ふはまことに天賦の美名にして、唯一人一個の生計を営むか為の名にあらす、能く此主意を心得大に商売の道を弘むれは、小にして一村一郡、大にして世界万国の有無を通し生産もまた繁昌し、遂に国家の富盛を助くるに至らん、是商の主本要義にして凡そ商業を為すもの心をこれに留めさるへからす。（渋沢［1871］一一四頁）

商業に携わるものはその仕事が公の利益にかなうものであるから、その意識を持つべきであると渋沢は述べる。これは平田流国学のいわゆる「家職産業報国論」とほぼ同様の主張であり（日本思想大系51・五八九～九〇頁）、儒学全般に見られる義利両全思想の一種でもある。これらの思想によれば、利を求める活動は「国家の富盛」と結びつかなければならない。渋沢はここにおいて、後にのべるように「私権」は主張するが、「私益」や「私論」に対しては否定的である。渋沢は更に次のようにも言う。

物相交わり相通するより商法の道を生すれは、能く此道をおしひろめて全国の富を謀るへき事なり。夫れ故商業を為すには偏頗の取計ひなく自身一個の私論を固執せす、心を合せ力を一にし相互に融通すへし。若し一個の私論を固執し或は偏頗の取計をなし、相融通するの道なけれは、品物流通せすして更に利益を得ること能はす、故に商業をなすには切に会同一和を貴ふ。（渋沢［1871］一一四頁）

渋沢が述べるには、実業家は会同一和となって自身の私論を超えて団結し、その経営に当たらなければならない。渋沢は「通商会社」と「為替会社」、現在でいう商事会社と銀行を設立し、それによって「全国の公益を謀る」（同書一一四頁）べきであると言う。

当時の日本は近代化への道を歩み始め、殖産興業はそのうち重要な位置を占めていた。その活動はエゴイズムに基づくものであるべきではなく、国家意識によって統一されたものでなければならない。その役割を担うのが商業であり、その要が「商社」なのであった。渋沢は言う。

商社は会同一和する者の、倶に利益を謀り生計を営むものなれとも、又能く物貨の流通を助く、故に社を結ふ人、全国の公益に心を用ゐんことを要とす。
凡そ商業の用たるや、有無を通し物産を繁殖するを以て専務と為す、故に内国外国を論せす、通商の道に志すものは、勉めて物産の繁殖をたすけ国民の職本を盛んにする事に心を用ゆへきなり。（同書一一四頁）

渋沢によると、商社に関わる実業家は国家意識を持たなければならない。これは儒学的社会論でいえば「国臣」であり、渋沢が理想とする実業家は、国家意識を持つことを武士に要求した水戸学の「臣」そのものである。

この発想は渋沢が大蔵省に仕官する以前に存在し、また晩年まで変わらない発想であった。渋沢は幕臣としてフランスへ行き、その帰国後大蔵省に仕官する以前に、まず静岡藩に仕官するが、そこで半官半民の会社を設立した。それは最初に「商法会所」と称し、のちに廃止され新たに「常平倉」となるが、これはどちらも銀行と商社を合体したようなものであり、後者は特に米価の安定をはかるためのものであった。その商法会所の「組合商法会所御取建之儀見込申上候書付」で渋沢は、次のように述べている。

諸運上御冥加等一切無之ニ付而ハ、商社御取建被成候とも別ニ御利益無之筋ニ候得共、上を利し候より国を利し候処の御趣意ニ随ひ候儀ニ而、眼前之御利益相現れ不申候とも、国中の融通よろしく、会社蓄積之金銀多分出来候……（渋沢［1869a］一〇三頁）

この場合の「国」は静岡藩のことであり、国家全体についての意識を説く水戸学とはその規模において異なるが、やはり類似した発想が現れている。その事業はあくまで公益のためのものであり、ただ自分のつかえる君主個人にだけに利益があることを目指すべきではない。それは、藩内の人々全ての利益を考えて行なわれるべきである。また同様の発想も、渋沢の作成による「商法会所規則」に次のように書かれている。

今般御城下おゐて商法会所御取建、組合商社御開被成候儀ハ、国中の金銀融通よろしく、御国産相殖候様との御趣意ニ而、全御領民利潤いたし候ための御仕法ニ候間、掛り役々とも別而厚く相心得、正路之取扱いたし、御趣意相貫候様可致候事（渋沢［1869b］一〇四頁）

ここでもやはり、会社のあるべき利益は藩全体の利益であり、「全領民を利潤する」ことが目的として述べられている。

この渋沢の主張は、武士になって公に奉仕することを希望した若き頃の渋沢の、現実的に変化した姿として見ることができる。水戸学によれば武士は国臣たるべきであり、国家へ命をかけて奉仕する存在である。時代が物質的繁栄、

「富国」を要求しているのであれば、それに奉仕するのが臣下の役目であると渋沢は考えた。日本が近代化を目指す当時の状況では、実業家こそが積極的に臣下となって国力増進に参加しなければならないと渋沢は考えた。

また、実業家は国家意識を強く持つべき存在であるから、経営に携わるものには「私権」はあっても、「私益」があってはならない。彼らは臣であるから、臣としてふさわしい形で利益をあげなければならない。不当に私益をむさぼろうとするものには、「私権」を許してはいけない。渋沢は商法会所の後進である常平倉の「常平倉壁書」には、次のような言葉も盛った。

　商売は有無を通し、物価之低昂を宰するの私権を有するものに付、心得違之者之節は、詐術を以諸物之儀価を作為し、私利を営之害も相生し可申候間、能々注目し、往々均平之法を以、其私権を奪却候様可致事（渋沢［1869c］一九三～四頁）

商売はあくまで公の利益に即したものでなければならない。武士の忠義に反するような、不当に私腹を肥やすような者は、実業の権利を奪取せよと言うのである。それは現在で言えば、インサイダー取り引きや資金着服等の背任行為を行なう者のことであり、渋沢はこのような者を公益を担う「臣」にふさわしくないと見なした。これは恐らく、実務に携わるうちに出てきた経験則であろう。

渋沢にとっては「実業家の啓蒙」はライフワークでもある。彼は官僚辞職にあたって井上馨と書いた「財政に関する建議書」のなかでも、次のように述べている。

　欧米諸国ノ民タル概ネ知識ニ優ニシテ、特立ノ志操ヲ存ス。且其国体ノ然ラシムル処ヨリ、常ニ政府ノ議ニ参スルヲ以テ、其相保持スル猶手足ノ頭目ヲ護スルガ如ク、利害損失内ニ明ニシテ政府ハ唯之外廷タルニ過ギズ。今我民ハ即此ニ異ナリ。久シク専擅ノ余習ニ慣レ、長ク偏僻ノ固陋ニ安ジ、知識開ケズ志操確カラズ、進退俯仰、只政府ノ命ニ之レ遵ヒ、所謂権利義務等ノ如キニ至テハ、未ダ其ノ何物タルヲ弁ズル能ハズ。（渋沢・井上［1873］六八～九頁）

ここではこの建議書が政府宛であったことも原因で、『立会略則』に比べればその述べ方がやや抽象的である。しかし多くの日本の民が権利や義務の観念にたいして、無知であったことは、「国家意識をもって実業にあたるべし」と説く渋沢から見れば、憂慮すべき状態に違いない。当時の実業家は、なかなか国家意識を持つ「臣」になろうとはしなかった。渋沢によれば、明治最初期の実業家は「学問もなければ覇気もなく」（渋沢［1937］二七五頁）といった状態であった。だからこそ渋沢は官職を辞任し、あたかも見本を見せるが如く、民間に下って臣としての実業家を後に実践してみせた。(6)

2　実業家もまた「国臣」なり

江戸時代の徂徠学や、その影響下にあって渋沢も学んだ水戸学では、「臣」はその言動において主体性を保つ義務がある。臣下は君主に対して「諫言」を行なわなければならず、政府の間違いを指摘することが道義的に義務づけられている。渋沢は臣下であると自認していたのであるから、当然この義務を遂行する。

渋沢栄一の『立会略則』を誉める人は、渋沢がその中で実業家の「自由」と政府の市場不介入を説いている点を指摘する。これは臣渋沢の、政府に対する明かな諫言である。渋沢は言う。

社は私の社にして政府の社にあらす。故に政府の免許を受るは、唯主意と定約規則との政府の掟に觸合はさるやを伺ふのみにて、会社と政府とは全く公私判然たれは、商業に於ては決して政府の威権を假るへきものにあらす。商社は相交わり相通するの道より生すれは、社の大小、人の多少を論せす均しく同等の私権を有す。凡そ品物を売買するには〆買〆売又は博奕に類する空相場の事あるへからす。全く普通自由の所為たるへきものとす。商社を結ふは、元来心を協はせ力を一にするの私権より生す、故に其定約規則等国法に触れ合ふ事なければ、何地何人を論せす政府之を准さるるを得さる筈なり。……商社を結ふは政府より之を命するものにあらす、既に商社を開きし上政府より其業を指圖すへきものにもあらす（渋沢［1871］一一五頁）

徂徠学・水戸学によれば、臣が民を安んずるために富利を求めることは義務である。それは、臣下にそのような権利があるとも表現できる。渋沢は当時の官界の状況を考慮してか、その権限を「臣には自由に商売をする『私権』がある」という形で表現している。渋沢はその「私権」を「私権とは人々その身に附きたる通義にして他人の犯し妨げ得さるものをさして云ふ事にて敢て法度に拘はるものにあらす」（渋沢［1871］一一四頁）と説明しているが、その「私権」ゆえに、政府は国法に触れない限り、実業家の自由を認めなければならない。市場に対して政府は不必要に関与するべきではない。実業家の活動はその「私権」に由来し、市場での活動はまさに「全く普通自由」であるべきだ。ここに渋沢の経済的自由主義が明白に現れている。(7)

この「自由」は先に述べたように、国家意識に裏付けされて初めて許される。ところがそれまで臣の自由は思想の自由について説かれることが専らであり、行動の自由は完全ではなかった。臣は君に仕官してこそ臣としてその存在を認められていたのであって、誰にも仕官はしていないが臣としての自由を行使できるという発想は乏しかった。渋沢は「臣が持つ主体性」という概念を、官僚以外の範ちゅうにまでおし広げた。臣はそれまでも比較的主体的な存在であり自由であったが、渋沢は、言わば「仕官しない国臣」「フリーランスの国臣」というものを発想した。もともと『論語』にも「社稷の臣」（一六-一）という語があり、『孟子』にも「市井の臣」（新釈漢文大系4・三七一頁）という語がある。渋沢はこれに注視して、直接官僚の職に就くのではないが、やはり国家意識を持って活動する実業家、国臣としての自由な実業家を発想した(8)。

後に渋沢は『青淵百話』で次のようにも語っている。

愛国の心ある者は言ふ迄も無く君に忠なるものである。君に忠なるものは愛国の心深きものである。けれども役人にならねば愛国の実は挙がらぬ、官吏でなければ忠君の道は立たぬといふ法はなかろうと思ふ。官吏であらうと、軍人であらうと、弁護士であらうと、教育家であらうと、將た又商業者であらうと、国家を愛する心、君に忠なる点に至っては皆同一である。（渋沢［1913a］九三頁）

忠君愛国の信条があれば、官僚だろうと実業家だろうと同等である。同等の「私権」が保証されるべきである、と渋沢は考えた。ここにアダム・スミス等とは全く異なる思想的基盤を持った、儒学的政治・社会論による経済的自由主義の主張がなされた。水戸学の観念を延長し、「国臣」の観念をやや変形した経済的自由主義が誕生した。

先ほどの「常平倉壁書」において、既に引用した通り、渋沢は「商売は有無を通し、物価之低昂を宰するの私権を有する」と、その私権の概念についてはっきりと述べていた。この静岡での主張では、その私権は乱用すべきでないといった主張が主であり、政府の不介入を説いたわけではない。この時点では、そこまでの経験はなく、むしろ私権という概念は義務と交換のうちにあるということのみが強調されている。

その政府批判は辞職の際の建議書において、より一般化されて述べられる。井上と渋沢は言う。

古人言アリ。曰ク、民ヲ視ル傷ムガ如シト。今ヤ政府ノ斯民ヲ視ル、啻ニ傷ムガ如キ能ハザルノミナラズ、却テ之ヲ法制ニ束縛シ、之ヲ賦税ニ督呵スル或ハ昔日ニ加フルアリ。……夫レ此ノ如キナク、政府ハ愈歩ヲ開明ノ域ニ進メテ、民ハ愈陋ヲ野蛮ノ俗ニ甘ンジ、上下ノ相距ル何啻霄壌ノミナランヤ。政理ノ民力ニ負ク既ニ此ニ至ラバ、其全ナル者未ダ以テ善トナスニ足ラズ、ソノ美ナル者未ダ以テ美トスルニ足ラズ、其憂フベキヲ見テ未ダ其喜ブベキヲ見ザルナリ。（渋沢・井上［1873］六九頁）

渋沢によれば、政府は過度に民間に対して規制を行なったが、これは民間の活力を削いできただけである。それはかつての日本で行なわれていた、専制的な人民支配を更に凌駕しているくらいだと主張する。ここで言う「古人の言」とは孟子のもの（新釈漢文大系４・二九四頁）であるが、そのようなやり方は、古来から行なわれてきた方法にも反する。逆に上手なやり方で民を自由にすれば民はその本来的な活力を発揮し、国の発展にも寄与しうるであろう。それゆえに政府の規制主義的なやり方は間違いである、と渋沢は考える。

彼は実業家の自由を、儒学の政治・社会論にあった臣の自由主義として考えた。儒学では、君は臣の主体性を認めなければならず、臣を君の個人的奴隷にしてはいけない。先に渋沢は『孟子』を引用したが、その孟子にも「君の臣を視ること犬馬の如くなれば、則ち臣の君を視ること國人の如し。君の臣を視ること土芥の如くなれば、則ち臣の君を視ること寇讎の如し」（新釈漢文大系４・二八一頁）とあり、君主は臣下を尊重しなければならない。渋沢によれば、実業家の仕事は国家のために役立つものであり、また日本の独立を保つためには是非とも必要である。彼らはそのために官僚と同等にその権限すなわち「私権」を有効に使いうる存在であり、この私権を犯すべきではない。彼らはその私権を国家のために使い、その国家意識のゆえに、必ずや国家の富盛に役立つ存在である。彼らは国家の経営において、物質面を担当する重要な役割を担うフリーランスの国臣になりうる存在である。否、実業家もまた国臣なのである。渋沢の主張は、こう言い換えることが出来る。

Ⅳ　渋沢による二重の主張の背景

前節の説明によって、『立会略則』の主張に「二重性」があることが確認された。渋沢はまず実業家も臣になり、国家意識を持ってその活動を行なえと述べている。当時の実業家は「学問もなければ覇気もなく」（渋沢［1937］二七五頁）といった状態で、商人は国家意識をあまり持っていなかった。しかし同時に彼は、国家に対して実業家もまた臣足りうると説いている。つまり実業家は国家意識を持っていれば、臣としての自由が行使できると言っている。実業家が現に国家意識を持っていなければ、実業家の自由を認めよという主張は成り立たないはずなのに、渋沢はなぜこのような二つの主張を行なったのであろうか。

残念ながら『立会略則』には、当時の社会状況についての議論や考察はなされていない。彼は民間に下って実践してみせた人間である。彼が学んだ水戸学には「学問事業、不殊其効」という発想があり（日本思想大系53・三二八頁）、思想は実践によって活かされなければ意味がないという発想が色濃い。

ここでは渋沢のこの矛盾を放置せず、当時の国際・国内状況からその矛盾の根拠を考えたい。特に国内状況については、渋沢の論理的矛盾の根拠を説明するような考察が、後年別な機会に徳富蘇峰によってなされている。当時の国際状況と国内状況それぞれを踏まえれば、彼の主張の二重性は無理なく首肯できる。

一　当時の国際状況と渋沢の思想

渋沢栄一の生まれた天保一一（一八四〇）年は、ちょうど阿片戦争が勃発した年でもある。彼は実業家として殖産興業に努め、晩年はアメリカとの民間外交等に尽力した。その生涯は、あたかも日本が列強の植民地になるのを防ぐためにあったかのようだった。彼がそのような形で活躍できたことは、彼の基本的な価値観が当時の日本人によって共有されていたことも伺わせる。

明治時代のエリートたちの主張の根本は、日本の独立を保つことであった。それは当時の政府高官の建議書等にも現れている。例えば、松方正義は明治一四（一八八一）年に「財政議」を書いたが、それには次のような一節がある。

此時ニ当リ設ヒ本論ノ目的ヲ行ハント欲スルモ時機既ニ空滅噬臍及バズ、全国ノ形勢ハ変ジテ埃及、土耳格若クハ印度ノ如キ惨状ニ陥ヰルモ只空シク手ヲ束ネテ待ツコトアランモ測ル可カラズ。正義一念此ニ及ブ毎ニ惣肌膚粟ヲ生ジ悚然タラザルモノナシ。（松方［1881］一一八頁）

松方は当時の日本を指して、埃及（エジプト）、土耳格（トルコ）、印度（インド）のような惨状にいたってはならないと言う。その主張から、日本は明治一四年になってもまだその危険な状態からは逃れていなかったことが窺える。当時国家意識を持つ者は皆この「エジプトやトルコのようになるなかれ」という危機意識を共有していた。

このような対外危機意識は、江戸時代末期からあり、それを最も強く主張したのが国体思想を繰り返し議論していた水戸学であった。渋沢も感銘を受けた水戸学の大家、藤田東湖も『回天詩史』のなかで次のように言っている。

北陸に丁卯の変あり。西辺に戊辰の変あり、其後十余年、文政の初め、英吉利、海に航して、再び相州、浦賀に抵る。幾くもなく、又我が常北大津の陸に上り、又薩の室島に上り、牛を掠めて去る。其の他、漁民を海上に誘ひ、陷すに珍異の物を以てし、或は授くるに邪教の書を以てし、或いは巨砲を鳴し、内地を震駭する者、歳として之れ無きはなし。（水戸学大系第一巻一八七頁）

事実外国船が日本近海に出没することは、当時多々あり、一説によると水戸藩だけで文政五（一八二二）年から八年でそれは十数回にものぼった（日本思想大系53・五二三頁）。その戦艦の少なからずが牛の略奪をし、大砲を打ち鳴らして民衆を驚かせていたのであれば、民情不安定の要因となる。民を守る義務を負った為政者が、当時攘夷論を説いたのは当然とも言えよう。「遠人服せざれば、文徳を修めてもってこれを来き、すでにこれを来けば、これを安んず」（『論語』一六‐一）あるいは「己の欲せざるところ、人に施すことなかれ」（同一二‐二、一五‐二三）という発想を持つ儒教の国では、他者に迷惑をかけないことは強い義務であり、侵略は大罪である。単純な攘夷論はやがて富国強兵へと変化したが、日本の独立を守るべきであるという主張の本質は不変であった。このような危機意識は、明治にいたってもエリートたちに共有され続けた。

ここに初期渋沢の主張を重ねあわせると、次のように言える。実業家の「私権」を認めよという主張は、実業家の自由を認めるべきという主張であるが、それは「政府が国家の独立を保つ仕事を独占するべきではない」とも言い換えられる。国家意識は今までの考察で明らかなように、自由や私権が与えられる前提であったが、これが軽視されれば早晩日本は植民地化されるという危機意識が当時の日本にはあった。むしろ実業家がその国家的危機を強く意識した方が、より早く国力増進を謀ることができ、日本の独立を保つことができる。若き渋沢も読んだ『春秋左氏伝』には「大夫政を為すに、猶ほ衆を以て克つ。況んや名君にして善く其の衆を用ゐるをや」（新釈漢文大系30～33・七〇〇頁）とあるように、また『荀子』にも「國を用むる者は、百姓の力を得る者は富み、百姓の死を得る者は強く、百姓の誉を得る者は栄ゆ」（新釈漢文大系5～6・三二九頁）とあるように、儒教にも民間の力を有効に使う発想は元々存在している。洋行により「物質上のことにはどうしても（欧米に――引用者）適わぬ」（渋沢［1913b］二一九頁）と思った渋沢は、『立会略則』を記し、実業界の奮起に期待した。渋沢が理想とした実業家は、その臣下としての精神性は国体に直結し、その即物性、具体性、或いは現象としての活動は国力を増進して民を守ることと連結していた。渋沢の二つの主張は、国体を守ることと関連付けて言えば、「国体を守るために実業家も参加せよ」と「国体を守るために実業家の手も借りよ」と言い直すことが出来る。

2　「田舎紳士」の概念

明治二一（一八八八）年『国民之友』に連載された徳富蘇峰のいわゆる「田舎紳士論」は、原題を「隠密なる政治上の変遷」（徳富［1888］）といい、社会進化論の立場から書かれた、当時としては進歩的な発想の議論である。この考察は渋沢が『立会略則』を記した明治四年よりかなり後に行なわれたが、それでも渋沢がその時どのような読者を想定していたかを推測するのに興味深い示唆を与えている。

蘇峰はその議論の中で「田舎紳士」を次のように説明する。

> 田舎紳士とは何ぞ。英国にて所謂る「コンツリー、ゼンツルメン」にして即ち地方に土着したるの紳士なり。彼等は多少の土地を有し、土地を有するが故に、土地を耕作するの農夫、農夫によりて成り立ちたる村落に於ては、最も大切なる位地を有せり。生活に余裕あるに非ざれども、亦不足なるにも非らず。（徳富［1888］三〇頁、日本近代思想大系8・二七六頁）

これは社会の中間層を意味しており、首都東京に偏って存在する人々ではない。経済的には比較的裕福であり、日本中に存在する人々である。蘇峰はこの概念をイギリスの中間層から示唆を得たが、その精神生活については具体的に次のように説明する。

何となれば彼等は従来半士半商の性質を養い得たる者なればなり。……彼等は時として商売往来を読めども、亦時としては論語を読む事あり、時としては撃剣を学べども、亦時としては算盤も学び、斉しく是れ一の馬なれども、農事の忙はしき時には之を農馬として用ひ、農事の閑なる時には乗馬として之を用ひ、其小作人地方の小民に接する時には、純乎たる治者の如く、其地方の代官奉業に接するときには、純乎たる被治者の如く、総じて論ずれば、封建平民の酸味を嘗めたれども、未だ卑屈なるに至らず、封建武士の甘味を喫したれども、未だ高慢あるに及ばず、不充分ながらも社会全体の情味を知り得て、社会一部分の境遇に圧抑せられざるものは、先づ此の田舎紳士なりと云はざる可らず。（徳富［1888］三〇頁、日本近代思想大系8・二七七～八頁）

この生活は、埼玉の実家にいた頃の渋沢そのものであり、彼もまた田舎紳士の性質を持つ家に生まれた（渋沢［1913a］七一四～三四頁、渋沢［1913b］一六～二一頁、渋沢［1937］一三～一三頁参照）。渋沢は「十四、五歳までは、読書・撃剣・習字の稽古」（渋沢［1913b］一八頁）をしており、渋沢の父は「名主見習に擢んでられ、領主安部摂津守（岡部侯――原文）から苗字帯刀を許さるるに至った」（渋沢［1937］一四頁）と渋沢は証言している。渋沢によれば、彼の家は「所謂半農半工に商ひまでも兼ねて居った有様で、多少余裕のある所から、今でいふ質屋の様な事もして村人に融通して居った」（同書一三頁）という。山路愛山も渋沢が偉大な活躍が出来た背景として、渋沢が田舎紳士の家に生まれたことを重視している。愛山は「翁は幸にして此點に於ては都合よき家庭に生れ少年時代より大手を揮て文明の饗宴に連なることを得たり。是亦翁の事を研究するものの見遁がすべからざる所なり」（山路

［1928］四〇六頁）と述べる。

蘇峰はこのような者たちが、新しき時代の中間層にふさわしいと考えた。田舎紳士とは蘇峰が言うには「天下国家のことを思ふて一身一家を忘るるに至らず、一身一家のことを思ふて天下国家を忘るるに至らざる」（徳富［1888］三〇頁、日本近代思想大系８・二七七頁）人々である。つまり儒教的な意味で個人の強い主体性と国家・公共への意識をバランスよく持った、時として治者（君や臣）、時として被治者（民）になる人々と言える。

この田舎紳士は、自主的な活動をさせても信用するに足る人々であると蘇峰は考えた。彼等は国家意識を持っており、主体性も持っている。彼等の独自の活動は、彼等の自由にしても国家の利益を損ねるようなことはなく、むしろ国家にとって利益となる。それは商業においても同様にあてはまり、彼等が自由に商業することは国益に適うことであると蘇峰は考えた。蘇峰における実業の義務と権利の構造は、渋沢と同様の考え方であった。

もちろん史実が示すように、その後の田舎紳士の興隆はならなかった。蘇峰は社会進化論の影響を受け、平民主義社会の到来を期待して田舎紳士にその希望を託したが、田舎紳士の上層部の多くは寄生地主になっていき、下層部は度重なる不況で没落してゆく。その多くは蘇峰が理想としたような、気概ある活動に従事したのではなかった。

しかし豪農より身を立てた人も、相対的には少なかったが全くいなかった訳ではなく、(9) 渋沢栄一も明治四年に『立会略則』を記した時は、それを念頭に置いたと推測できる。渋沢は自分がもとは農民であったことを、全く恥じていなかった。場合によってはそれに利点を見いだそうとするくらいであり、彼自身は自分をごく普通の人間であると考えていた節がある。例えば彼が一橋家に仕官していたころ、農民より兵を集める際に、自分も元は百姓であり、昨今の時勢、つまり幕末に感じて色々と挑戦した結果、一橋家にお使いできるようになったと言って彼らを説得した（渋沢［1913a］八一七頁、渋沢［1913b］九四頁）。このとき彼が農民出身であることも要因の一つとして幸いし、農民たちに信用されて多くの兵を集めることができたらしい。

蘇峰がこの議論を展開したのは明治二一年であり、渋沢が『立会略則』を記した明治四年とは状況が異なっており、両者の目論見は異なっている。渋沢は日本の富盛なることを考え、蘇峰は平民社会の到来を期待して論を進めた。しかし渋沢が、実業家を啓蒙しようとした際には、蘇峰と同様の発想が彼の根底にはあったはずである。この時点で、彼は特に多くの社会階層をつぶさに見てきたわけではない。彼にとって最も容易に発想できる階層の人間は、かつて京都で交流した下級武士か、彼と同じような豪農層であったことは間違いない。彼は『立会略則』で新たに実業を担うべき社会階層に関して一切触れていないが、客観的に見て彼の発想は蘇峰と同様、中間層を意識して為されたはずである。彼が自然に発想した場合、おそらく自分の出身と同じ田舎紳士を実業家の候補者として想定したであろう。彼自身はこの田舎紳士出身であり、現に『立会略則』の思想を基礎に実業家になった。

3　背景のまとめと二重性

以上、当時の二つの情勢と渋沢の二重性を重ねれば、次のようにまとめることが出来る。まず日本が植民地化されるかも知れないという危機的状況は、渋沢達にとって極めて憂慮すべきものであった。一方には田舎紳士たちがおり、ここには危機打開の可能性があった。もし列強の侵略の勢いが、田舎紳士興隆の可能性に比べて相対的に強すぎれば、それは極めて悲観すべき状態である。そのような状態であったなら、渋沢は実業社会をあきらめて全く別な主張を行なっていたかも知れない。しかし渋沢にとって当時の状況は、悲観すべき状態と楽観するべき状態の中間であった。列強の脅威により、急いで国富の増大をはかる必要があり、渋沢は危機感を持ったが、日本の中間層にはそれを打開する可能性があった。

儒学の伝統の上に立つ渋沢の発想では、まず実業家は国家意識を持って国臣にならなければならず、それを前提として初めて政府は実業家の自由を認めえる。本来は実業家に十分な国家意識を持たせてからではないと、政府に実業家の自由を認めさせることはできない。しかし実業家をゆっくり啓蒙する時間的余裕もないため、渋沢は実業家の啓蒙を目指しつつ、その成果の出る前に政府をも説得するという性急な行動に出た。渋沢が『立会略則』で矛盾した二つの主張をあえてしたのは、かような国際・国内状況によると考えられる。

ところが渋沢は後に、政府があまり実業家を自由にしなかったのは、実業家が臣下たりえなかったからであるという見解を示している(10)。実業家はついに道徳的たりえなかった、従って臣下としての自由も認められなかったと言うのである。渋沢は道徳的たりえ、国臣たりえたが、誰でもそうなれるわけではなかった。これは第一章で見たように、荻生徂徠が既に主張していた。渋沢はこの問題に関しては、考察が浅かったと言えるが、この問題については第六章で再論する。

V　おわりに

以上第一章の分析の成果を前提として、『立会略則』の二つの主張とその背景の分析を試みた。まず『立会略則』には、実業家も国家意識をもって実業にあたるべきであるとする「実業家もまた国臣たるべし」という主張が内在する。また実業家は国臣になりうる人であるから、政府は彼らを信用してその主体性・自由を認めるべきであるとする「実業家もまた国臣なり」という主張も内在する。

これらの主張は一見矛盾しているが、それは当時の状況からその根拠が推測できる。まず第一に日本は幕末以降、欧米列強の侵略の危機にさらされており、早急に国富の増大をはかって国力を増強する必要があり、危機的状況だった。そして実業家の予備軍は、日本各地に田舎紳士として準備されていた。渋沢は自身が元田舎紳士であることより、このような人々を念頭に置いて実業の啓蒙を図り、その可能性を信じた。渋沢はこの危機的状況とそれが打開される可能性を感じ、性急にも二つの主張を同時に行なったと推測できる。

注

（1） 渋沢は次のように証言している。

『立会略則』は吉田次郎が原案を作って私が修正したもので今日の法律眼から見たら幼稚なものであるが、兎に角その時分には何もなかったのだから、それでもわが國の経済の発達に役立ったのである。（渋沢［1937］八二一頁）

（2） 吉田次郎については龍門社［1955-65］三巻、四八一～九一頁に抄録の「世外井上公伝」を参照した。

（3） 岡田純夫編集による『渋沢翁は語る』（渋沢［1932］）は『雨夜譚』（渋沢［1913b］）と大部分重複する書であるが、渋沢は『立会略則』の一部をこの書に収録している。この書では「通商会社」の「主意」、「制限」と「方法」までを所収している。これは、この三節が渋沢の手によるものとも解釈可能であるが、渋沢は明言していない。

（4） 同様に、後に一部引用する「財政に関する建議書」（渋沢・井上［1873］）についても、どの部分が渋沢で、どの部分が井上によるのか、ということは興味ある問題であるが、これも渋沢史料館に手稿が残っていない。

（5） この建議書は、収録文献によっては「財政改革に関する奏議」と題名が異なっていたり、カタカナや平仮名の表記だったり、部分的に漢字等に異同がある。この建議書は渋沢［1913a］九三九～四九頁、渋沢［1913b］二〇〇～九頁、渋沢［1937］二九五～三〇三頁、龍門社［1955-65］三巻七四四～八頁、日本近代思想大系3等に収録されている。以下、この建議書からの引用は、日本近代思想大系3の頁のみを記すものとする。

（6） 同様のことも「維新以後における経済界の発展」において渋沢は後に回想している。

日本においてもどうしても株式会社組織によるよりほかはない、そうするのが最良の方法と私は深く信じたのである。殊に官民階級の相違が当時のような有様ではとうてい進歩は出来ぬ、民間の実力が大いに増進し知識が発展して、ただ政府の命令のみに依存するという風習がなくならなければならぬ。一言にすれば当業者の知識を進め人格を上げると同

時に資力を進むるのである。かくの如くすれば、必ず実業界の発展は期せられる。（渋沢［1913b］二三二頁）

（7）渋沢はここで「自由」という単語を使用している。この「自由」という単語を福沢諭吉が作ったという俗説があるが、これは間違いである。例えば江戸時代では布施松翁は『松翁道話』で「自由」の語を幾度となく使っている（布施・四六、四七、一九八頁等）し、荻生徂徠も『政談』の中で「自由」と言っている（日本思想大系36・二六八頁等）。また徳川家康の遺訓の一節には、「不自由を常と思へば不足なし」という表現がある。管見の限りで、日本人の使用による最古の「自由」の語は『日本書紀』であり、巻第四・綏靖天皇に、「威福自由なり」とあり、巻第十五・清寧天皇の中で雄略二十三年「権勢を自由にし……」等がある。

「自由」の語は漢籍においても『近思録』にあり（新釈漢文大系37・二八一頁）、古くは『隋書』巻三六（西暦七世紀）や『後漢書』皇后記下、安思閻皇后記（西暦五世紀）に既に存在する。

（8）渋沢は仕官していなくても臣でありうるとの発想を持ったが、同様のことは『孔子家語』にも、「史鰌（＝春秋時代の政治家——引用者）は君子の道三つを有す。仕へずして上を敬ひ、……」（新釈漢文大系53・二一二頁）とある。渋沢の説く実業家の道も「仕えずして上を敬う」道であった。

（9）例えば、色川［1974］三九～四四頁。当時では少数派であったが、田舎紳士として、率先して地方産業の発展に寄与した人たちは存在した。彼等は言わゆる「田舎愛国」としてその地方の発展に努め、やがて自由民権運動の担い手などにもなって行く。

（10）渋沢は後に次のように述べた。

概して（ヨーロッパに比べて——引用者、以下同）日本の（実業家の道徳の）程度が大に卑いと言はなければならないのである。故に物の一致も出来ず、人の力も伸びぬので、彼所へ閊へ、此所に妨げられ、終始此（＝政府）の妨害の為に進歩が見られないのである。（渋沢［1937］七〇八頁）

第三章　渋沢栄一と田口卯吉の対立

Ⅰ　序

渋沢栄一も田口卯吉も、共に元幕臣として明治政府に仕官し、後に民間に下った人物である。両者は思想の面でも、明治時代初期において経済自由主義を同様に説いた。また田口が主催した『東京経済雑誌』は、渋沢から田口に話を持ちかけたことが発端であり、両者はその他の実際の活動においても協同することがままあった。渋沢自身は田口の死後、東京経済雑誌の新社長乗竹孝太郎の披露会（明治三八〔一九〇五〕年）において、田口との関係を次のように述べている。

私と田口君とは年齢も違って居り、所謂方面が違って居るから、或る場合には甚だ疎く、又或る場合には甚だ近い、と云ふ風でありました。……経済雑誌社の創立ごろ、紙幣問題に付いては、殆ど説を等しうする為めに、私は余り良い学説・議論は持ちませぬが、議論を上下したことも有ります。併し先生は皆さんもご承知の通り、極端なる自由貿易論者と云ふので有りませう、私は其程でありませぬから、其等の点に付いては大に喧嘩をし合っ

て「どうも君は間違って居る」、「イヤお前などは学問が無い」と直接に論じ合ったことも有る。（渋沢［1905］五一六頁）

続いて渋沢は、手形の取り引きや東京市の市街鉄道について田口と相談したことなどを述べ、「田口君との間柄は或る場合には甚だ親しく、或る場合には甚だ説を異にして」（同書同頁）いたと証言している。しかし渋沢は、この演説の席上の都合もあってか、田口とどのような点で「説を異」にしていたか具体的に述べていない。それは渋沢が田口について述べているほかの場面でも同様である。(1) 他人と衝突するが比較的少なかった渋沢が、田口と「大に喧嘩」をしたことは見逃せないが、彼自身の証言からは、ただ自由貿易論において対立していたことがわかるのみである。

その「喧嘩」は、どれだけ市場の規制を認めるかといった量的な差異のみに基づくものではなく、根本的な思想上の相違に基づくものだったのではないかというのが本論の見解である。両者がそれをどれだけ明確に意識していたか、ということはここでは問題ではない。従来は、田口卯吉と犬養毅の自由貿易論争の研究は行なわれているが（杉原・岡田［1995］第二章、杉原・逆井・藤原・藤井［1990］第二編第一章第四節等）、渋沢と田口の経済自由主義における相違については議論されていない。自由貿易論争自体についても、イギリス系経済学とアメリカ・ドイツ系経済学の相違から論争になったという事実は従来指摘されているが（堀［1975］第四～五章、加田［1937］第三篇第一章等）、渋沢はこのどちらにも所属していないので、ほぼ無視されてきた。本章の着眼点は、明治という新しい時代において、それまで日本人が殆ど体験しなかった新しい軋轢についてである。それは当事者には明確に意識されなくとも、現代の我々にまで共通する問題である。これは明治以降の日本のみならず、近代化した国家などの国でも問題となっているかも知れない。この問題は人類に普遍と言われて世界中を席巻する「近代文明」と、各々の国に言わば土着的に存在している「前近代文明」との軋轢に関する問題である。

以下、本章では主に両者の経済自由主義に着目して、両者の主張の相違を明白にする。まず両者が国家と経済的自由について、どのような優先順位をつけていたのかを論じ、その相違をどう捉えるべきかについて議論したい。それは現代にも共通し、むしろ現代のほうが有効な理論図式を与えられている問題である。ここでの議論は枝葉末節にこだわらず、より大胆な見地から論を進めて行きたい。また本章での「経済自由主義」は、自由貿易論・国内市場の規制緩和等を含め、儒教型・西洋進歩主義型を包括するより広範な概念を意味するものとする。つまり、政府による市場の介入を出来るだけ阻止しようとする態度一般を広く指すものとしたい。ここで重要なことは、経済活動における個人の主体性をどのような論理で正当化するか、といった本質的な問題だからである。後に見るように、その正当化の仕方は渋沢と田口では明白に異なっている。

Ⅱ　国家と自由の優先順位

1　渋沢栄一の場合

(1)渋沢栄一の西洋受容

渋沢栄一は幕末に生まれ、若い頃水戸学を主に学んだ。水戸学は既に述べたように国体思想を議論した思想であり、あくまで国家をその思想の基盤においていた。水戸学は多く尊王攘夷思想として知られるが、国家の保守のために洋学を受け入れることには取捨選択的であって、決して否定的とは限らない。水戸学は単純な西洋排斥主義ではない。若き渋沢も心酔した会沢正志斎の『新論』では次のように述べられている。

近時また蘭学なるものあり、その学はもと訳官より出て、阿蘭字を読みて以てその語を解するに過ぎざるのみ。もと世に害あるものなし。（日本思想大系53・六八頁）

正志斎が言うには、批判されるべきは聞きかじりの洋学で浮き足だった西洋崇拝をするものであり、真っ当な洋学者は世に害があるものではない。渋沢が尊敬したもう一人の水戸学の大家である藤田東湖も、日本の国益のために西洋近代文明を取り入れることを考えている。(2)

渋沢も過激な攘夷論者であったときは別だが、その後は本来の水戸学と同様に、西洋文明に対して取捨選択的な姿勢をとっていた。渋沢が若い頃西洋に学ぼうと志したのは、従来では渋沢が西洋に到着してからとする説があるが、(3)渋沢自身の証言では洋行前に西洋に学びたいと考えていたようである。渋沢は洋行前の自分の心情について、後に次のように回想している。

自分も京都で歩兵組立の事を思立って其の事に関係してからは、兵制とか、医学とか、又は船舶器械とかいふことは到底外国には及ばぬといふ考が起って、何でも彼方の好い所を取りたいといふ念慮が生じて居った。（渋沢[1913a] 八五九頁）

渋沢の留学は、結果的には大政奉還によって中断し、十分な成果もないまま帰国命令が出た。この時の洋行の成果について渋沢自身の評価は複雑であるが、(4)極端な西洋主義者でもなく極端な西洋排斥主義者でもない立場は不変であった。晩年の渋沢は、西洋近代的な個人主義的自由主義を批判して次のように述べる。

今日欧米の新思想や新学説がどしどし我が国に流入するが、よくこれを玩味し、果して我が国体に合し、また我が国民性に適するかを見定めたる上で、その我が国体、我が国民性に適するもののみを取り入れて消化するようにせねばならぬ。或はこの世界は自己のための世界であるとか、または吾が性のままに働けば他人のことは考へなくてもよいといふ説のごときは、泰西思想中の悪思想、愚論説である。余はあらゆる物の進歩を望むけれども、説の善悪邪正をよく鑑別する必要があることを信ず。特に海外思潮の盛んに流入しつつある現代の人にこの注意を催しておく。（渋沢［1925a］四六七～八頁）

渋沢は、自らが明治二五（一八九二）年に作成した渋沢家家訓の第一則に「愛国忠君」という言葉を盛った愛国主義者であり、西洋の受容はそれ自体が目的ではなかった。彼はあくまで日本のために西洋思想を受け入れたり、受容を拒否したりする姿勢を貫いた。渋沢にとっては、西洋思想が役に立つ場合には、それは貪欲に摂取するべきものであり、逆に西洋思想は「日本」という国家があってこそ日本人には役に立つものに過ぎない。渋沢は若き頃尊王攘夷運動に傾倒し、幕臣・新政府官吏、実業家へと転身したが、彼自身は常に日本のためを思っていたと語っている。渋沢は言う。

思想には左様に変化があったにも拘らず、今も昔も余が根本精神たる孝弟忠信の道に変化のなかったこと、またその径路は異って居ても、忠君愛国の情に別異のなかったことだけは、これを大声して人前に語り得る積りである。（渋沢［1913a］六五二頁）

渋沢にとって「忠君愛国」こそ、思想の根本原理であった。西洋思想の受容は、そのための二次的なものに過ぎない。

⑵渋沢の自由主義

渋沢は前章で議論したように、在官時代の明治四（一八七一）年に『立会略則』（渋沢［1871］）で経済自由主義を唱えた。彼の自由主義は、洋行によって西洋から刺激を受けた面もあるが、基本的には従来の儒学の社会思想、とりわけ水戸学の柔軟な解釈によって主張された。渋沢は『立会略則』で、まず実業家が国家意識を持つことを必要条件としている。そのうえで国家意識を持っている実業家に対して、その経済行動の自由を政府は認めるべきであると主張した。これは儒教における「臣」が、君主へ忠義を尽くすことを義務づけられていると同時に、君主へ忠義を誓っている「忠臣」には、自主的に考えて自主的に行動することを君主は認めなければならなかったことに符合する（第一章参照）。渋沢自身はその後に野に下って、自らの経済自由主義思想の正当性を証明するかのように、実業界においてその思想を実践した。その態度は、国家意識を十分持っている主体は自主的な行動を許しても信用するに足ることを、政府に向かって実際に証明するが如きであった。

しかし渋沢は明治三四（一九〇一）年にはこの経済自由主義を若干修正し、「国家」と「自由」の優先順位をより明白にする。渋沢はイギリスで唱えられていたとされる単純な自由貿易論を批判して、次のように述べた(5)。

私は元来国家から或る事物を保護して行くといふことは、甚だ面白からぬことである、成るべく好まぬことであるといふ論者であるが、併し一国の富を進めて行くといふ側から考へるといふと、或る重要なる事物に就ては余程其点に注意して、助くべきものは助け、進むべきものは進めるといふことは、甚だ必要であると思ふ。然るに此点に就ては、前に申すやふなる学説、又は先入の誤謬が、今日も尚大に世の中を妨害することがありはせぬかと考へます。（渋沢［1901a］二八五頁）

ここで渋沢が批判しているのは、当時田口卯吉等によってスミスやミルの思想として紹介されていた単純な自由貿易論である。渋沢は後にそのような田口らのスミス理解自体が誤っていることも暗に主張するが、(6) ここで重要なことは、次の点である。それは、渋沢が経済自由主義を決して国家に優先させていないという点である。西洋思想の重要性に関しても、渋沢の主眼はそれを国家に役立たせることであったが、それは経済自由主義においても同様である。彼の自由主義は水戸学の変形によって主張されたものなので、「自由栄えて国家滅ぶ」といったことは断じて容認しなかった。渋沢にとって国家と経済的自由の順序は、あえて順序を示せば「1国家、2自由」とまとめることができる。

そのゆえ、当時西洋から輸入されていた個人主義的自由主義に対して、渋沢の取る態度は慎重である。渋沢はそのような思想の単純な輸入の仕方に反対して次のような説を述べている。

今時の人の説のごとく、単に自分さへ好ければそれでよい。他人はどんなに難儀しても構はぬといふならば、強い者勝ちの世となり、忽ち弱肉強食の修羅道を実現すべし。それ各人がその個性の発達拡充を主張することは、決して悪しきことではない。されど世の中は独りの世の中ではない。多衆の人があひ集団して、以て社会を形成するものなれば、その多衆の人があひ互に発達生存するやうに調和をせねばなるまい。然らばそこに必ず責任や犠牲の観念がなければならぬ破目となるべし。ここにおいてか孝弟忠信の必要を見るのである。西洋の新しい思想は、如上の観念を軽く見る傾きがあるやうである。然れども西洋には、その反面において宗教心のかなりに強いものがあってこれを補ふが、我日本には各人に通用する宗教が備はってをらず、故にこの無宗教の野に、ただ自己を主張する思想を散布すれば、その弊害誠に恐るべきものがあらうと懸念す。故に東洋道徳の真髄ともいふべき謙譲敬虔の気風を高めねばならぬと思ふ。（渋沢［1925a］三九三～四頁）

渋沢にとって個人の自由とは、決して無条件的に容認されるものではなかった。彼は自由主義者であったが、西洋進歩主義流の個人主義的自由主義とは明確に一線を画していた。

2 田口卯吉の場合

(1)田口の合理主義

田口卯吉は天文方の幕臣の家に生まれ、出発点は洋学者であった。彼は幕府倒壊後は苦労するも、十代の頃からキリスト者や西洋人と交流し、洋書を読むことに多く精力を注いだ。一時期は大蔵省で翻訳の仕事にも従事し、後に『東京経済雑誌』を創刊する。彼はその雑誌において終始経済自由主義を主張し続けた。更には自らをマンチェスター派に擬すなどして、強く西洋近代に魅せられた(7)。渋沢が「極端なる自由貿易論者」と形容する田口の思想も、そうした彼の近代的な思想ゆえのものであった。

田口は元来、極めて合理主義的な思想の持ち主であった。これはその種の洋書を精力的に読んで行くうちに身に付けた思考形態であろう。田口は人間と宗教の関係を次のように述べる。

> 人は生まれながらにして神威を解するものにあらず、宗教を信ずるものにあらず、之を解し之を信ずるものは数多の想像の累積せしに因るなり。(田口①・二巻八頁、田口②・一二三頁)

彼によれば、日本は今まで神権の時代(古代)、忠義の時代(中・近世)、報国の時代(明治)と進歩してきた。宗教は、人間が未だ開明的でなかったが故に持っていたある種の偏見であり、これを払拭してゆくことが人間や社会の進歩である。このような解釈は容易に個人主義と結びつきそうだが、田口もやはり個人主義者であった。田口はその個人主義的な見地から次のようにも言う。

人間豈に他人の為に世に生ぜんや、其私心を抱かざるは実に其私に利あるが為に人々之を尊び、聖人之を教ふと雖も人々の為には私利を計りて私利を得たる時こそ始て憾みなかるべし。故に余は神権、忠義、報国等の教を以て人間社会の変状を処するの一具と為し而して完全無欠の教と認むる能はず。然りと雖も俄かに之を排除するを望むにあらず、唯だ速に排除するの気運に達せん事を望むのみ。（田口①・二巻五五頁、田口②・一〇一～二頁）

田口は宗教的なものはすぐには排除できないが、排除する気運に達することは望むと述べている。彼にとっては国家への「忠義」も、人間が十分に「開化」していないが故の迷信である。本来人は自分を利するために行動を取っているが、それが明白に意識されていない段階では、人は「数多の想像」によってそれを「忠義」と表現してしまう。彼が目指した人間・社会像は、そのような迷信が一切排除された合理的で個人主義的な世界だった。田口はその合理主義的・個人主義的見地から進歩史観の図式で、日本の歴史を分析した。

上記の彼の個人主義的で合理主義的な主張は彼の生涯では初期のものであったが、比較的後期でもその基本的な姿勢は変わっていない。田口は個人の自由を重視して私利・自愛の説を唱えたが、これはすこぶる評判が悪かった。彼によれば宗教者（おそらくキリスト教徒）には利他心が大切であると批判され、国家主義者には国家も大切だと批判された。彼はそれに反論して次のように述べる。

譬へば私と雖も東京府と神奈川県と戦をすれば私は東京府の肩を持つ。東京府の勝利なれかしといふことを望む。又それが発達すれば日本国が善くなれかしと、日本国の富み栄えんことを希望する。是は皆自愛心です。而して又是がモット広くなれば人類と禽獣と戦って居る時には人類を助ける。世界の人間皆さうである。是は自愛心の拡張したものである。決してそれは、他愛主義といふものでない。自愛の発達したものと私共は斯う思ふ。(田口①・八巻四八〜九頁)

田口がこの説を述べたのは明治三〇(一八九七)年であり、彼の生涯では後期であるが、その時に至っても彼は徹底して個人主義的な世界観・解釈を崩していない。彼は「他愛主義」を否定し、個人主義的見地からそれを「自愛心の拡張したもの」として合理化する。そして彼の合理主義的な態度は、ごく自然に「科学」を追求する方向にも向っている。

(2)「サイアンス」と国家

田口卯吉は、アダム・スミスの思想を初めて日本に紹介した人物でもある。その紹介の仕方は、彼が目指す「サイアンス」に則るものであった。彼はその合理主義から客観的・中立的な科学を目指し、スミスの学説の中にその重要な科学の真理があると主張する。

アダム・スミスの初めて此学を唱ふるや、素と干渉保護の政略の邦国(=イギリス――引用者)に不利なるを論ずるにあり、故に初めより邦国に関係せるものなり、経済学にあらざるなり、……然れども、アダム・スミスが其論拠と為す所は、則ち今日吾人が認めて以て経済学となす所のものなり。(田口①・三巻一一七頁)

ここで田口が言うスミスの論拠とは、田口の言葉で言えば「無形の手」(同書同巻四一四頁)のことである。彼によればスミスの議論の殆どは重要ではないが、いわゆる「見えざる手」の議論は科学であり、真理である。田口はこれをどこの国にでも同様に通用する普遍的な真理と考えた。

ではその科学とはどのようなものなのか。田口はそのような科学を「学問」と述べたり「サイアンス」と述べたりするが、これの経済理論版である「経済学」について次のように説明する。

今日此学の講究する所絶えて邦国に関係することなく、絶えて民事に関係することなし。国亡ぶるも経済学は之を憂へず、人死するも経済学は之を悲まず。学問は素と宇宙の現象に就いて論ずる（寧ろ説明する——原文）ものなり、何ぞ人事に関して喜憂せんや。（田口①・三巻一一七頁）

田口によれば宇宙の現象を説明する経済学は、例え日本が滅びようとも一切それに関与しない。人の命とも無関係に学問は存在し、「自然の理法」（同書同巻三一九頁）を客観的・中立的に解き明かすのみである。彼によればスミスの述べた「自然の原理の運動」（同書同巻四一四頁）も、科学的な真理である。国家が滅びようとも、人が死のうとも、自由市場が「自ら調和的秩序を立つる」（同頁）ことは、田口にとって科学的で普遍的な真理である。

ではなぜそのような「科学」を追求すべきなのか。残念ながら田口自身の考察の中にそれは見当たらない。しかし以上の引用から察するに、科学は無条件的に主張されるべきもの、好むと好まざるとに関係なく真理として既に存在していると田口は考えていたようである。国が亡んで人々がその現実に絶望しようが、その真理が真理であることは変わりがない。人々がその事実を直視しなかろうと、無知蒙昧な偏見によって誤解して解釈していようと、「自然の理法」それ自体は客観的にそしてアプリオリに存在しているという考えである。更に田口は次のようにも述べる。

夫の保護法なるものは、強て養成の地を作るものなり。故に保護法を用ひて強いて貨物を製造せしめんと欲せば、寒村僻地と雖も芙山の絶頂と雖も、製造所を起すを得べし、唯だ夫事業の利なきを如何せんや。……其利なきものは之を起こさずして可なり。（田口①・三巻一九五頁）

彼によれば市場の自由は科学的な真理であって、その結果利益が出ないものは淘汰されてしかるべきである。利益が出ない国が滅びようとも、利益をあげられない人が死のうとも経済学には一切責任がない。それは客観的・中立的な「自然の理法」である。この主張は先に引用したような、愛国心を自愛心から合理化するような徹底したものあり、田口はこのような自由主義を「理」として第一に尊ぶのであった。

また、彼はその個人主義的自由主義の見地から、世界共和国的な状態を目指した。彼によれば、経済世界は既に自由な世界共和国である。

世界多数の民は経済世界の自由民なり。経済世界の大気は自由なり。帝王なく大統領なし。況んや府知事県令をや、況んや都区長戸長をや。覆ふ所は天のみ、載する所は地のみ、其他一事の其自由を妨害するものなきなり。人類其間に生れ其の楽を極めて死す、豈に亦た愉快ならずや。唯だ惜しむらくは世未だ政事の痕跡を脱する能はずして吾人をして数々快悩せしむるあるを。（田口①・三巻一四六〜七頁）

田口にとって経済世界の自由で世界共和国的状態は「愉快」なのだが、「惜しむらくは」未だに世界は「政事の痕跡」が残っている。彼が国家の政治よりも個人の「自由」を重んじていたことが、この主張からもはっきりと読み取れる。

しかし田口は実際の理論の適応に関しては、国家を亡ぼしてまで自由交易を適応する必要はないと考えている時もあった。「国亡ぶるも経済学は之を憂へず」とは、極論であって、実際にはそこまで極端な態度をとるべきではない。田口は次のように言っている場合もある。

自由貿易論は決して国家を無視せず、我日本国は如何なるとも、我三千八百萬の兄弟は餓死するとも、自由貿易は真理なるを以て実行せざるべからずと云へるが如き議論は、自由貿易論者の決して唱へざる所なり。自由貿易論者は其論を以て国家に利ありと信ずればこそ、其国に行ふべしとは論ずるものなり。（田口①・三巻二七四頁）

田口にとっても国家はやはり重要なものであり、実際問題として国益も考えなければならない。自由交易は科学的な真理であるが、これを実施すれば国益にも則ると考えるからこそ、彼は躊躇なく主張している。また、場合によっては、自由交易によって積極的に日本の国力を増して行くべきだと主張することもあった（同書同巻一四二〜三頁）。

以上の田口の主張を総合すれば、田口の経済的自由と国家の優先順位は、渋沢とは明白に異なり、「1自由、2国家」とまとめることができる。(8) 渋沢は儒教を基盤として経済自由主義を述べたが、田口は西洋進歩主義思想の部分的輸入によりそれを述べた。両者は確かにそれぞれ経済自由主義を述べたが、その主張の起源が異なっており、その主張の質もまったく異なっている。渋沢は諸個人が国家意識を持つことを条件に個人の主体的経済活動を認めたが、田口は殆ど無条件に諸個人の主体的経済活動を正当化している。

Ⅲ　日本における文明の衝突

1　ボーダーレスな近代文明と土着の文明

現代の日本において経済のいわゆる「ボーダーレス化」は、無視できない問題になっている。人と物の流れが日本の国境を超えることは珍しくもなく、その程度・頻度は黒船から始まって現代では増していく一方のようにも見える。しかしこのボーダーレス化が問題になる背景には、近代化以降の日本には、そのような国際化の流れとは全く別な土着的文化も存在している事実がある。もしそのような土着の文化が存在しなければ、ボーダーレス化は何の軋轢もなく受け入れられる(9)。この問題について、青木保は現代の日本を指して次のように述べる。

経済関係は常に「ボーダーレス」的に展開されるのに対して、文化をはじめ他の条件は必ずしもそれに応じない。逆に経済関係の「ボーダーレス」的発展に対してそれを阻む傾向を示す。経済の中心地であっても、実際日本がその中心性に対応する条件を満たしているかどうかとなると、困難な問題は多々あるのである。日本の外的条件はすべて「国際化」を要求しており、その動きは急であるのに対し、内的条件は決してそれに対応はしていない……。これは私のみならず一般的な判断であるといって差し支えないであろう。（青木［1988］一二八〜九頁）

青木によれば、日本の外的条件はボーダーレス的であり、内的条件はそれに応じていない。このような「拡張するボーダーレス化」対「土着の文化」といった文化・文明の摩擦が、現代の日本には起きている。

この「ボーダーレス化」は、決して経済現象に限ったことではない。青木は自由、平等、博愛あるいは民主主義といったフランス革命的な理念も、同様にボーダーレスに展開するものと述べている（同書七二〜三頁）。このような文明は通常「近代文明」と呼ばれるが、これは人類に普遍的と考えられ、世界中に伝播して行く。これを佐藤光は「『世界文化』ともいうべき抽象的文化」（佐藤光［1994］六三頁）ないし「匿名の普遍的文明」（佐藤光［1998］二三二頁）とよび、佐伯啓思は「アメリカニズム」（佐伯［1993］、佐伯［1998b］）ないしは「一つの観念としての『近代』」（佐伯［1995］一五一頁）と呼んでいる。両者の相違は重要であるが[10]、ここでの課題は次の点である。

近代文明は国境を超えて世界中に伝播し、またその都度成長してきたが、全ての前近代文明を完全に駆逐できたわけではない。現実には、多くの近代化した国家は「近代文明」を含み、土着の「前近代文明」も含んでいる。前近代文明とは近代化以前から存在していた文化・文明だが、近代化以降も生き残っている場合が多い。人類に普遍と言われる近代文明は、世界中到る所で土着の前近代文明と融和し、相互不干渉的に並立し、また対立・ないし勝利して「近代社会」を形成している。ここで重要なことは、この近代文明は、時には土着の文化・文明と摩擦・対立を引き起こすことであり、これが明治当時の日本では「欧化主義」とそれに対する反動として認識されていたことである。実際は佐藤光が強調するように、近代文明は西洋文明によってのみ作られたものではない。近代文明は西洋進歩主義が中心になって生み出したが、西洋の近代社会そのものではないし、西洋だけが生み出したものでもない。しかし当時の日本人にとって、近代文明も西洋前近代文明とも言えるキリスト教も、みな「欧化主義」と認識され、賛同や攻撃の対象になった。

これを明治時代の「日本における文明の衝突」というとらえ方をしても、さほどの虚構でもないはずである。例えば幕末の尊王攘夷運動も、ヨーロッパから強い勢いで侵入してきた「近代」に対する水戸学や平田流国学などの反発という側面が濃厚である。西村茂樹や加藤弘之、井上哲次郎は、近代文明と一緒に西洋から入ってくるキリスト教を日本の国体に反すると批判し、代わりに土着的な儒教を前面に押し出したりした。また加藤は自分で紹介した基本的人権論を後には攻撃し、福沢諭吉も森有礼らの日本語廃止論に反発している。[12] 牧野謙次郎は「欧化主義の甚だしきに至っては、外人と結婚して人種の改良を計るべきだといふ人種改良論まで生ずるに至った」（牧野［1938］二七六～七頁）と述べているが、これも相当の反発があったことは想像に難くない。欧化主義は事実上玉石混合であり、その中のいくつかは、誤解も含めて相当の攻撃を受けた。人類普遍の近代文明と日本の前近代から存在している日本土着の文明は融和していたとは限らず、「西洋から来る近代文明」対「土着の文明」という文明の衝突は、明治時代からあった。

2　渋沢栄一と田口卯吉の立場の相違

渋沢栄一は若い頃から儒教の教育をうけ、終生『論語』を座右の書とした。その儒教の見地から「忠君愛国」の姿勢をとった。彼は既に引用したように、西洋の新しい思想は、それが日本の国体にあった場合は受容するが、そぐわない場合は受容しない姿勢をとっていた。学問や事業そのものについても、それらが最終的には国家を富強ならしむる要因となることを望んだ。渋沢は次のように語っている。

学問と事業の関係に就ては、学者も事業家も、共に注意に注意を加えねばなりません。此両者が密着して、十分に応用をなし得る時が、即ち国家の事業の真に発達せる時節であります。英国・独逸などにては、事業と学問の有様が、決して日本の今日の様な、具合ではかならうと思ひます。……兎に角、学問に就く方々は、事業と学問との関係を、力めて、密接ならしむるが即ち国家を富強ならしむる元素であるといふ事を、決して御忘れにならぬやうに深く希望致します。（渋沢［1899］四七頁）

渋沢がここにおいて述べる「学問」のなかには、西洋近代による「科学」も含まれている。しかし彼は「学問は学問として独り立ちするものでない」（渋沢［1909a］三〇頁）とも述べ、田口のような「国亡ぶるも経済学はこれを憂えず」といった姿勢は、例え極論であろうともむしろ積極的に否定している。これらの発言において渋沢が田口を意識したか否かは定かではないが、渋沢はそのような学問はつとめて国益のために使用されなければならないと考えている。渋沢がイギリスやドイツを引き合いに出すのも、あくまで日本の国益のためであり、それらに由来する「近代文明」そのものに染まることではない。

また、渋沢は田口が主張するような、西洋から入ってきた個人主義思想を「欧州に於て個人主義平等主義を唱へた学者は、抑々如何なる思慮の下に斯かる言動に出でたらうか。恐らく単一なる主観論のみではなく、其の時代に跳梁した階級制度の余弊に対する反抗の言では無かったらうか」（渋沢［1913a］四三一頁）と考える。渋沢の言う「欧州」の「個人主義」とは、決して人類に普遍的なものなのではなく、むしろヨーロッパが生んだ鬼子的な存在なのである。渋沢は別の所では次のようにも言う。

> 国異なれば道義の観念も亦自ら異なるものであるから、仔細に其の社会の組織風習に鑑み、祖先以来の素養慣習に稽へ、其の国、其の社会に適応する所の道徳観念の養成を努めねばならぬものである。（渋沢［1913a］一九二頁）

この主張から明白なように、渋沢がよって立つ基盤はあくまで「祖先以来の素養慣習」、つまり「前近代文明」である。近代文明において主張される個人主義は欧州の産んだ鬼子であり、渋沢はこれを前近代の側に立って批判的に見るのであった。

以上のことから渋沢は、明白に儒教という「前近代文明」ないしは「土着の文明」の側に立って議論をしていると言える。渋沢は、決して「近代文明」の側に立って前近代的な日本を見下ろすといった姿勢はとっていない。渋沢が「我が国体、我が国民性に適するもののみを取り入れて消化するようにせねばならぬ」と主張するとき、明らかに前近代の側に立って西洋産の近代文明を見ているのである。

これに対して田口が「忠義」「報国」といった概念を否定的に評価している時、明らかに前近代の側に立っていない。田口は西洋進歩主義、とりわけイギリスの進歩主義に帰属意識を持とうとしていた。例えば田口は次のような主張もしている。

瀧本君は私をマンチェスター・スクールと云ふ点に於て攻撃なされた。私はマンチェスター・スクールと言はれたことに付ては決して否みはしませぬ。此のマンチェスター・スクールと言ふ詞は近頃日耳曼の学者が言出したやうである。放任主義とか自由主義とか言ふ意味で、イギリスの学派をマンチェスター・スクールと云ふやうであります。此の意味でマンチェスター・スクールの田口と言へば、私は決して拒みはせぬ、却て名誉に感じます。(田口①・三巻四一二頁)[13]

条件付きとは言え、田口は日本の経済状況とは直接には殆ど関係ないマンチェスター派に自らの帰属意識を見いだしている。これは田口にとっては「学問」であって、「サイアンス」であったのだろう。「放任主義とか自由主義とか言ふ意味」でそのように呼ぶのであれば、田口は名誉に感じると述べている。田口は、日本の状況とは関係なく、「人類普遍の真理」を追い求めていた。

田口の言説の中には、渋沢よりはるかに多く「人類」という語が見いだせる。渋沢のように「愛国」「忠君」といった主張は少なく、田口は国境・民族を超えた普遍的「人類」への関心が非常に高い。田口は洋行はしておらず、多くの民族を実際に見ていたわけではないが、「人類普遍」について言及することに、殆ど躊躇を感じていないようである。例えば田口は次のように述べる。

個人主義即ち自愛（エゴイズム——原文）といふ事は前にも申す通り経済学者の説く所であって、経済学は如何にしても此所に落ち来るのである。然し経済学は自愛を教ゆるものではない。斯くせねばならぬ、即ち自愛せねばならぬと教ゆるものでない、唯人類は斯の如き性質を有して居るものなりと断定するのである。（田口①・三巻三七二頁）

果して個人主義が本当に人類普遍の性質であるかは、ここでは重要ではない。問題は田口が見たこともない民族を含めて、「人類」の性質について主張している点である。田口にとって、本来は地球上の殆どの民族を問題にする必要はない。田口にとって実際に重要なのはせいぜい日本と西洋、さらに日本の植民地になりそうな地域のみであろう。それにも拘らず田口は経済学の解釈において「人類」の性質を述べ、それを近代文明において頻繁に主張されるところの「個人主義」だと主張している。

この議論における田口の論拠は、「人類普遍」とうたわれている「経済学」であり「科学」だが、それは近代文明の所産と見なしうる。田口はどの国や民族にも通用する真理を根拠に自らの説を立てようとしていた。田口はこと経済学に関する限り、人類普遍の近代文明の側に立とうとし、前近代的で土着の日本文明にほとんど関心を示さない。田口が「忠義」や「報国」を迷信として解釈するときは、明らかに近代文明から日本の前近代を見ている。またスミスの学説は、イギリスの「前近代文明」が色濃く残る「洋魂洋才」的なものであるが、その「洋魂」をも払拭して、自由交易の理論だけをスミスから抽出する田口の「無魂洋才」ないし「微魂洋才」的な態度は、西洋の前近代からも距離をとる近代化論であった。

以上の観点から両者の経済自由主義を見た場合、本質的な差違が見受けられる。渋沢は主に前近代的な儒教の側から近代文明に対抗、ないしは利用するために経済自由主義を主張したのに対し、田口はほとんど近代文明の側に立って近代文明そのものの代弁者になっている。彼らが衝突していたとすれば、それはまさしく「日本土着の前近代文明」対「西洋生まれの近代文明」という面があったはずである。

佐藤誠三郎は、近代文明と伝統文明の対立に注視するが、文明同士は必ず対立するとは限らないことも忘れずに指摘している（佐藤誠三郎［1997］）。(14) 佐藤は、二つの文明が直面した場合、1、片方の一方的勝利、2、片方が他方を学習して発達、3、対立・拒絶の三種類があると述べる。渋沢と田口も決して常に対立していたわけではなかった。両者は手形の取り引きや『東京経済雑誌』創刊においては協同していた。目的も分野も異なる場合には、相互に干渉しない場合もあった。しかし市場の自由をどれだけ認めるかといった場合には、両者は対立していた。渋沢自身が「或る場合には甚だ親しく、或る場合には甚だ説を異にして」いたと述べたように、彼らの対立は極めて部分的であり、全般的ではない。もし渋沢が西洋近代文明に対して完全に拒絶的な態度を取っていたら、両者は没交渉だったかも知れない。協同していながら対立していたのは、経済自由主義という即物面では共通するも、その思想の基盤が異なっていたからである。つまり両者は、「洋才」においては共通するも、思想の基盤については「国内における文明の衝突」ともいうべき対立をしていたはずである。

先に引用したように、田口は「其利なきものは之を起さずして可なり」と言い、極端な経済自由主義を述べた。利益の出ない商品・産業は淘汰されてしかるべきであると言うのである。この主張は明治一三（一八八〇）年になされたものであるが、この当時彼自身は決して裕福だったわけではない。田口は明治一八（一八八五）年に、自らが主催する『東京経済雑誌』が売れないことを嘆いており、その原因を出版市場の規制に求めていない[15]。売れないものは価値がないという彼の主張自体が市場では売れなかったのであり、本来はこれは「クレタ人は嘘つきだ、とクレタ人は言った」と同様にパラドックスになる。田口がこのパラドックスを全く問題にしなかったのは、彼自身は「近代」の側に立ち、真理を得たと確信していたからであろう。田口は、日本の市場で言論を売る自分自身をも見下ろすような西洋近代文明の高みを想定していたのかも知れない。それだけ彼にとっては市場の自由という「経済学」の真理は、動かしがたいものだったのではないだろうか。田口にとって「近代文明」やその所産である「経済世界の自由」は、彼自身のアイデンティティーそのものだったのかも知れない。

それに対して渋沢は、国益のための自由主義は唱えるが、田口が唱えるような個人主義に対しては否定的である。渋沢はそれを実際に実践してみせた人物であり、前近代文明の未だ色濃く残る明治日本において、理論・活動の両方において明白に土着日本の側で生きた。渋沢は政府に不必要に追従することなどなく、自らの意志で考え自らの意志で行動する「忠君愛国」の実践者であった。渋沢は第一国立銀行・第一銀行における自分の半生を振り返り、「三十五六年未だ株主から一度も苦情を受けたこともない」（渋沢［1913a］一四二頁）と豪語し、次のようにも主張する。

自分が従来事業に対する観念は、自己の利殖を第二に置き、先づ国家社会の利益を考へてやって居た。それであるから金は溜らなかったが、普通の実業家と称せらるる人々よりは、比較的国家社会の為になった点が多からうと自ら信じて居る。此の点から云へば余の主義は、利己主義でなく公益主義といふことが出来よう。斯う言へば如何にも自慢高慢をいふ様であるけれども、衷心自ら左様信じて居る所を遠慮なく告白するばかりである。（同書六二頁）

渋沢はまず国家を第一におき、国家のためを思えばこそ自主的に考えて自主的に行動した。自らの意志で官界から野に下り、「国家社会の利益」のための活動を行なって一度も株主から苦情を受けない実業活動を実践してみせたと言うのである。渋沢のこの自信に満ちた発言は、自らの立場を「近代文明」の個人主義・自由主義と峻別したかったからかも知れない。普通の実業家の中にはそのような人もいたかも知れないが、あくまで自分は儒教的・水戸学的な国家意識つまり「前近代」の側で経済活動を実践したと言いたかったのであろう。渋沢の以上の主張は、財閥を作った他の実業家などを主に念頭においたものであろうが、同時に、田口も含めた他の個人主義的自由主義者に対する渋沢流・「公益主義」型経済自由主義の勝利宣言だったのかも知れない。

Ⅳ　おわりに

以上の分析をまとめると次のように言える。まず渋沢は国家を第一に考えて、全ての立論を行なっている。個人の経済的自由に関しても、まず個人へ国家意識を要求しその上で個人の主体性すなわち自由を認めている。逆に、個人主義的見地から利他心も忠義の概念も合理化する田口は、個人の経済的自由が国家に優先している。渋沢は個人が国家意識を持つことを条件に個人の主体性を認めているが、田口は自由それ自体が「サイアンス」であり真理であるとした。彼らの自由論の相違は、決して市場の規制をどれだけ認めるかといった量的な差違のみではなく、根本的な質的差違をも認めることができる。

渋沢は主に儒教という前近代文明の側に立って、西洋生まれの「近代文明」を制御しようとしていた傾向が強い。彼の自由主義は徂徠学・水戸学の系譜上に位置するものであり、彼は土着日本の側に立って、「近代文明」の科学を利用し、西洋進歩主義流の個人主義には抵抗しようとした。一方田口は個人主義の立場から「忠義」を合理化し、科学の正当性を国家から切り離した。田口は、ボーダーレスで人類に普遍とうたわれる「近代文明」の側に立って、日本を見た傾向が強い。そして田口が日本の前近代文明を見る時は、こと経済に関する限り否定的な見方をする場合が多い。自由と国家の優先順位における両者の差違は、基本的な思想的相違に起因すると推測できる。

その基本的な相違は両者に対立をもたらした。渋沢は西洋近代文明に柔軟ではあったが、近代文明そのものに自らの基礎を移すことはしない姿勢を貫いた。一方田口は「近代文明」から日本を見下ろし、「無魂洋才」ないし「微魂洋才」ともいうべき姿勢であった。渋沢自身の「或る場合には甚だ親しく、或る場合には甚だ説を異にして」いたという証言は、経済自由主義という即物面では一致するも、基本的思想においては両者が文明の衝突を起こしていたことに起因すると考えられる(16)。本章冒頭にある渋沢の証言から察するに、渋沢は田口に向かって「どうも君は間違って居る」と述べ、田口は渋沢に向かって「イヤお前などは学問が無い」と述べたのではないか。

以上が本章の分析であるが、両者の立場がそれぞれ問題を孕んでいることは容易に推測できる。日本人にしろ西洋人にしろ、終始「近代文明」の側にたって生涯をおくることは容易なことではない。田口自身も最晩年には愛国心についてその考えが変化していた可能性があり（本章注（8）参照）、この時代は徳富蘇峰、加藤弘之、夏目漱石など、一度は西洋進歩主義に魅せられ、後には日本主義へ転回したという例は列挙にいとまがない。田口がいかに近代文明の代弁者であることを自認していたとしても、自分のアイデンティティーを完全に近代の側に置き、そこに留まり続けることは相当に困難なことではなかっただろうか。

また渋沢は、前近代的な日本の思想（とりわけ儒教）で西洋近代を制御できると考えていた。しかし渋沢は「近代文明」をどのようにして制御するつもりだったのだろうか。これについては、第六章で再論する。

注

（1）渋沢が田口について名前を挙げて述べているところは、他に渋沢［1923］など。ここでも渋沢は、両者の意見が一致していた点や、田口が貧血を起こして倒れたとき渋沢が介抱した話などを述べている。しかし、ここで渋沢が述べているスミスの解釈は、明らかに田口とは異なるものである。本章注（6）参照。

（2）東湖は次の様に言う。

其勝れたる所を取りて皇朝の助とせん事、何の恥づることや有るべき。鉄砲は西北の夷狄より渡りぬるものなれども、是を取りて用ゆる時は夷狄を防ぐべき良器なり。（水戸学大系第一巻三五八～九頁）

しかし東湖は「北狄の道」までも用いるべきという意見を、「大なる僻事」として批判している。あくまで「道」は日本のもので、「器」は西洋の優れたものでも良いというのが東湖の立場である。

（3）若き渋沢の転回について、小野健知は次のように述べる。

栄一は西洋を訪れて、西洋の素晴らしさを体験するまでは、西洋人を野蛮視し、夷狄視していた。（小野［1997］一〇一頁）（同様の主張、同書一〇三頁）

あるいは三島中洲は次のように述べる。

（渋沢は）やや長じて志士どもと交はり、尊王攘夷を昌ふ。既にして水府の公子に従ひ、西洋に遊び、経済学を修む。因って攘夷の非を悟る。（渋沢［1925a］九三二頁）（原文漢文、引用者書き下し）

他の渋沢の証言では、フランスへ行く船中で徐々に「軟化した」というものもある（渋沢［1903a］三四二頁）。しかし、これは渋沢がまだ自分の過去をよく整理して述べていない段階（明治三六年）での証言と解釈すべきであろう。晩年には次のような証言もある。

もとの浪人にでもならうかと思ふ時に当って、民部公子に従ってフランスへ行けといふ命が降ったのである。全体余は初め攘夷論者であったけれども、四囲の状勢からいつまでも鎖国主義をとることの不可能を知り、機会があらば西洋の事情を知りたいと思うてゐたからして、意を決してお受けをしたのである。（渋沢［1925a］三九八頁）

渋沢自身はもとは倒幕の志士であったが、仕官していた一橋慶喜が将軍になる事を聞いて、一度は切腹まで考えた（渋沢［1937］九六、一〇四頁）。しかし結局もとの浪人になろうと決意していたと証言している（渋沢［1913a］八五四頁）。彼がもし単純な攘夷論者のままであったなら、フランス行き命令を良い口実にして辞職することはできたはずである。彼が洋行命令を受諾したことこそ、それ以前に単純な攘夷論を捨てていた何よりの証拠と解するべきである。

（4）渋沢が二十代の時の洋行を積極的に評価している証言は、次のものがある。

私が政治に志を立てて実業界の発達に微力を尽さうとしたに就いては種々の原因もあるが、フランスに於ける実地見聞に依って刺激された事が、私の実業家に身を投ずる最も大なる動機となったのである。（渋沢［1937］一七六頁）

その他渋沢秀雄［1959］一三二～六頁では、洋行で学んだ三つのことを挙げている。また二十代の時の洋行は効果が薄かったとする渋沢の証言には次のものがある。

海外万里の国々は巡回したとはいうものの、何一つ学び得たこともなく、空しく目的を失うて帰国したまでの事である……（渋沢［1913b］一五一頁）

今日の言葉を仮りて言へば、政治家として国政に参与して見度いといふ大望をも抱いたのであったが、抑々これが郷里を離れて四方に放浪するといふやうな間違を仕出来した原因であった。斯くて後年大蔵省に出仕するまでの十数年間といふ

ものは、余が今日の位地から見れば、殆ど無意味に空費したやうなものであった……（渋沢［1913a］三〇六頁）

この「無意味に空費した」「十数年間」は、当然のことながら洋行も含む。以上のことから、ジョージ・オーシロ（Oshiro［1990］）や鹿島茂（鹿島［1999］）が述べるような、渋沢の二十代の時の洋行を決定的なものとして第一級の重要性を持つと見なす解釈は正当ではない。むしろ渋沢自身の証言から考えても、水戸学を学んだことの方が渋沢の思想の形成においては重要である。

また、フランス行きの命令を受けたがゆえに彼が幕臣に留まったことや、幕臣に留まったにも拘らず日本を離れたために戊辰戦争から疎開したような形になった事なども、洋行の意義として指摘できるかも知れない。しかしこのような指摘は空想の域を出ないのでここでは禁欲する。

（5）渋沢は明治三一（一八九八）年の時点では、まだ比較的単純な経済自由主義を述べていた（渋沢［1898a］一一八頁）。渋沢は明治三三（一九〇〇）年五月に男爵を授けられるが、これを期に転回していた可能性もある。同様に工場法に関する考え方も、これを前後に変化が見られる。第六章参照。

（6）渋沢［1923］。田口のスミス解釈は後に述べるように、スミスの自由貿易論のみを抽出してそれを評価するものである。渋沢は以上の箇所で田口の名に触れながら、スミスを道徳学者と見なして、経済と道徳の一致を述べていたと評価している。ここ（渋沢［1923］）で、渋沢は暗に田口によるスミスの理解自体を批判していると言える。

（7）本章Ⅲ節二参照。本章注（13）参照。

（8）田口の愛国心の重要度は、年を経ていくごとに強まって行ったようにも見える。既に引用したように、田口はその初期において国家への「忠義」の概念を、人間が十分に「開化」していないが故の迷信のようなものと断じていた。しかし最晩年、日露戦争の最中によんだ「征露歌」には次のような一節もある。

王者の国を治むるや／守は四隣にありとかや／清韓守を失はば／皇土も終に安からじ／且君の為め国のため／飽くなき敵を打攘へ／進めよ男児進みて敵を踏破れ／金城湯池固くとも／弾丸鉄火しげくとも／忠義にいさむますらをの／進路をいかで鎖すべき／山桜花かくはしき／名誉ぞ人の命なる／進めよ男児進みて敵を踏み破れ（田口①・八巻五八三頁）

以上の表現のうち「君の為め国のため」とか「忠義にいさむますらを」という表現は、明らかに個人主義者のものではない。もっともこれは歌であるから、このような解釈は正当ではないかも知れないが、この歌自体は愛国心にみなぎっている。田口は日清戦争を契機に衆議院議員になり、日露戦争では更に積極的に国政に参与している。徳富蘇峰など戦争を境に自身の思想を転回させている例が他にもあることから考えると、田口も戦争を境に徐々に転回していった可能性もある。熊谷次郎は、この変化を明確に転回ととらえている（熊谷［1991］）。もっとも田口は日露戦争の最中に病死しており、愛国心については多少の変化もあるものの、過激な自由貿易論は終生変わらなかった。

（9）経済がボーダーレスに展開していくことについて、比較的文化を無視した現代の評論として、中谷巌の著作（中谷［1987］）などがある。

（10）この「近代文明」それ自体をどのようにとらえるかは、興味ある問題である。佐伯の「アメリカニズム」のとらえ方は多く現代の視点に拠っており、米国国内にもある「近代文明」対「前近代文明」の対立が明確に描けていない。また佐藤光の「匿名の普遍的文明」というとらえ方も、近代文明拡大の多くが事実上欧米進歩主義によって担われてきた歴史を軽視している。筆者は両者の議論やニーチェの「最後の人間」の概念（Nietzsche［1883-5］、［1889・95］、［1901］）やユングの思想（Jung［1916］、湯浅［1979］）等から示唆を受け、近代文明の本質は「世俗化したキリスト教」であると考えている。近代文明はキリスト教地域で主に成長したものであるし、市民社会の個人主義や「天賦の人権」論などは、ほぼ明白にキリスト教的な論理構造を保っている。従って近代文明の側の代弁者は、期せずして世俗化したキリスト教徒になっているとも解釈可能である。

この議論は、平成一〇（一九九八）年四月二五日立教大学で行なわれた日本経済思想史研究会において、筆者が「渋沢栄一と田口卯吉の西洋観についての比較研究」という題で研究発表した内容の中心部分である。筆者は、近代文明の側に立った田口卯吉は基本的にキリスト教の論理で世俗的問題を議論してしまっていると考えている。

（11）もちろんのこと、儒教も日本から見れば本来は外来文明である。しかし儒教は日本において、明治時代の時点ですでに千年以上の歴史を持っており、『論語』や『貞観政要』などは長く政治学のテキスト的存在であった（序章参照）。ここでは儒教を日本に土着のものと見なして議論をした。井上、加藤、西村の主張は井上哲次郎［1893］、井上哲次郎［1891］、田畑

[1959]、高橋昌郎［1987］を参考にした。

(12) 福沢、森の日本語廃止論に関する議論は犬塚［1986］、福沢［1872-6］を参考にした。福沢に関しては、今後、漢籍の関点から分析した議論を予定している。

(13) 田口は明治二六（一八九三）年山路愛山との議論で、田口は次のように言っている。

（愛山は）余の経済論を以てマンチェスター派と云はる、是れリカルド、ミル、フォーセットを詛術するものと思はるならん。然るに余は此派に対しては反対論を抱くものなり。余はコブデン等を敬崇す、然れども所謂英国派に対しては異論極めて多し。（田口①・八巻二〇五頁）

本文中における引用は明治三四（一九〇一）年のもので、その間には十年ほどの時間がある。この変化は田口のマンチェスター派に関する知識態度が変化したことに基因しているか、山路愛山がマンチェスター派を誤解していたため、それにあわせて「愛山が言うマンチェスター派」に反対していると表明したものと思われる。川又祐は前者の解釈（川又［1995］五三〇頁）をとっており、熊谷次郎は後者の解釈のようである（熊谷［1991］二七五～六頁）。

(14) 佐藤誠三郎の議論は、基本的には冷戦終了後の現代国際社会を念頭においたものであり、ハンティントンの「文明の衝突」（Huntington［1996］）を批判したものである。しかし佐藤の議論は、二つ以上の文明同士の関係について一般的に述べている面もあり、参考にするべきものがある。また佐藤誠三郎は政治社会論的視点を持つ佐藤光や佐伯啓思らとは異なり、この議論では基本的には「個人のなかの文明の衝突」を問題にしている。

(15) 田口①・三巻二五八頁。その他同書二巻冒頭の解説（福田［1927］）で、福田徳三は、田口が実業家としては活躍できなかったその理由を、田口の政治的被圧迫者イデオロギーに求めている（解説三六～七頁）。つまり福田によれば、田口の理論実践が当時の出版市場で「利なきもの」だった原因は、田口の理論それ自体にある。

(16) その他渋沢は『立会略則』でも述べ、『雨夜譚』（渋沢［1913b］一三三頁）でも主張しているように、日本の国益を追求するために株式会社制度を推進した。田口は田口①・四巻二三六頁にもあるように、株式会社制度は個人主義の観点から見て非現実的であるとして批判している。ここでも公益主義の渋沢と、個人主義の田口の相違を見ることができる。しかし両者がこの相違について議論したかは不明であるし、両者ともこの相違の問題をそれほど深くは掘り下げていない。

また佐藤誠三郎が指摘する通り、人は前近代文明のみで生きることは出来ないし、近代文明のみで生きることも不可能である。渋沢の主張の中にも近代文明の側に立って前近代文明を否定的に見る場合があり（賤商思想批判など）、田口も武士道を肯定している場合がある。このような「例外」の指摘は容易に可能であろうが、ここでの議論は主に経済自由主義に注目していることと、両者の主張の相違を明白にするため、両者の思想的傾向を峻別したにすぎないことを付け加えておきたい。

第四章　渋沢栄一『論語講義』の儒学的分析

Ⅰ　序

筆者はこれまで渋沢栄一の儒学思想を、論理的準備（第一章）、青年期の渋沢思想（第二章）、壮年期の思想（第三章）と分けて分析してきた。今後は晩年の渋沢の著作から、最終的に彼が行き着いた思想を分析したい。本章は『論語講義』の学派的性格について取りあげる。儒者がその晩年に『論語』の注釈本を書くことは多くの事例が見られるが、渋沢の『論語講義』はそれに相当し、渋沢儒学の完成体、渋沢の主著である。

『論語講義』は大正一二年三月より一四年九月にいたるまで、渋沢が講話したものを尾立維孝が筆述し、更に渋沢が手を加えて成立した。(1) 基本的にそれは『論語』の註釈本という体裁であるが、内容は主に、①『論語』の解釈、②孔門の人間模様に関する解説、③日本史（主に人物史）、④渋沢の体験談や個人的信条など、⑤大正当時の世相批判（国際問題も含む）と分類できる。特に個人的体験談を付加したという点においては、独特の注釈本であると評価されることもある。(2)

ところがこの『論語講義』は、現在まで実業家等による読物としての評価は高いが、(3) 純粋に学問的な研究対象にされたことはない。それには以下の三つの理由が考えられる。

まず第一に渋沢は実業家であって思想家ではないから、それは分析するに値しないという見方がある。しかし儒学は、その出発点つまり孔子の生涯を見ても明白なように、本来儒学者と儒学に基づく実践者を峻別しない傾向がある。儒学は一部の朱子学や考証学などを除けば概して実践重視の思想であり、[4]古代ギリシャの哲学などに比べると実践重視の傾向は著しい。我国において実践家が儒学を学んでいた例は、政治家・官僚などにも非常に多い。また逆に言えば、儒学を学んだ者にとっては実践もまた思想の追求・表現・啓蒙と同じである。

第二に渋沢の『青淵百話』、『論語と算盤』や『実験論語』等を見て、これらが学問的ではないから『論語講義』も同様であろうという見解がある。[5]山路愛山は「総じて翁（＝渋沢）の論語に関する議論は思想家としては何等の価値あるものに非ず。……翁の論語に関する説は学問としては取るに足らぬものなり。それを感心するものは蓼喰ふ虫も好きなれば評論の限に非ず」（山路［1928］四九二頁）と述べる。しかし愛山は『雨夜譚』（渋沢［1913b］）、『青淵先生六十年史』（龍門社［1900］）、『青淵百話』（渋沢［1913a］）を読んでそのように評論するが、『論語講義』は愛山の死後に執筆されたものである。また『論語と算盤』は、『龍門雑誌』に収録された渋沢による一般向けの講話を編集したものであり、初めから学問的なものではない。[6]また晩年の渋沢の儒学研究は、大正二（一九一三）年の夏より本格的に始まったが、[7]『青淵百話』は主にそれ以前の講話（明治末期）であり、『実験論語』も大正四（一九一五）年より一一（一九二二）年の直話である。[8]『論語講義』が大正一二（一九二三）年から一四（一九二五）年であることから考えても、また『論語』の注釈本という厳密な体裁をとっているのは『論語講義』だけであることから考えても、『論語講義』を「儒者渋沢栄一」の主著として他書と異なる扱いをすべきであることは、明白である。

第三に『論語講義』の内容に渋沢の体験談などの雑談めいた記述も量的には多いため、正統な『論語』の註釈本と受け取られないこともあげられる。確かに『論語講義』の中に雑談も多いが、内容の註釈は厳密に行なわれており、渋沢が『論語講義』の中で利用している『論語』の註釈本は、皇侃、刑昺、朱熹、劉宝楠、伊藤仁斎、荻生徂徠、安井息軒など有名なものはもちろん、その数は五〇種類を優に超えている。(9) その他必要に応じて『大学』、『中庸』、『孟子』、『荀子』、『史記』、『孔子家語』、『老子』、『荘子』、『礼記』、『淮南子』、『呂氏春秋』、『春秋左氏伝』、『説苑』なども参照している。渋沢自身の証言によれば、彼は関東大震災前に六百種類の『論語』を所有しており、(10)『論語講義』の厳密な正名論は、大正時代に渋沢が儒学の猛勉強をしていたことをうかがわせる。

渋沢の『論語』研究は決していい加減なものではない。しかしそのことを実際に証明するには、彼の儒学がどのような思想の強い影響下にあったかを明白にする必要がある。例えば渋沢の「聖人」、「天」などの解釈は、朱子学者から見れば全く首肯しがたいものであり、陽明学者もそれを受け入れないはずである。彼らから見れば、渋沢儒学は独自性を有しているというより、素人的な突飛に過ぎる思想であると思われるかも知れない。しかしそれは彼の独自性である以前に、渋沢が朱子学や陽明学と異なる儒学の強い影響下にあったことが原因である。彼が影響を受けた思想を明確にできなければ、渋沢の解釈をすべて素人談義とかたづけてしまうこともありうる。そのため、本章では彼の『論語』解釈を朱子学・陽明学・徂徠学・水戸学と比較する。また第六章において渋沢儒学の独自性についても議論するが、これは彼の儒学をめぼしい思想と比較した後でないとその作業ができない。朱子学にない発想を彼が有していたとしても、徂徠学・水戸学では当然の発想を彼が踏襲しているだけかも知れない。この目的のためには、まず渋沢の思想がどの種類の儒学の強い影響下にあったかを分析するべきである。

彼は明治四一（一九〇八）年以降、陽明学会に関わっており、「余は精神修養の糧として陽明学を推薦したいと思ふ」(11)と明治四一年に述べている。しかしこの時点での渋沢はまだ本格的な研究をする前である。彼が陽明学を推奨している理由は、朱子学の空理空論に流れる傾向を批判してのことであり、「知行合一」の思想のみをもってそれに賛同しているだけである。(12) したがって同様に行動重視の思想である徂徠学・水戸学などには一切触れておらず、朱子学・陽明学に関しても、詳細な議論にはなっていない。また、『論語講義』の初めにおいて、渋沢は古注と新注の両方を参照にすべきことを説き、「これ折衷学者の唱道する所にして、余の左端する所なり」[13]と主張している。しかしこれも朱子学に拘泥する弊害を説き、多種多様な理論を参照したという以上のことは意味していない。色々な思想を参照にした学派であれば、水戸学もまた同様であり、これは折衷学派に独特な態度でもない。

本章は、このような渋沢の個々の断片的な発言から晩年渋沢儒学の性格を決定するよりも、『論語講義』の内容を分析することで、晩年渋沢がどの学派に行き着いたかを考察したい。渋沢が何学派を名乗っているかを重視するのではなく、彼の『論語』解釈を直接分析することによって、渋沢の学派を特定していく。第一章で既に述べたように、渋沢の儒教は経世論重視であり、荀学の学統に所属している。しかしこの章では、さらに詳細な正名論や多種の観点より、晩年渋沢が基本的に後期水戸学派と同様の立場になっていることを証明する。若き頃渋沢は水戸学を修めたが[14]、種々迂回しつつも、最終的に渋沢は『論語講義』においてやはり水戸学の基本姿勢を保っている。以下において、渋沢の『論語』の解釈が如何に朱子学や陽明学と異なり、徂徠学やその影響を受けて高度な政治理論となった後期水戸学に近いかを証明したい。

Ⅱ　反朱子学・非陽明学

『論語講義』は如何に朱子学を批判し、また陽明学と異なるか。ここでは『論語』の重要な語を抽出し、その解釈をめぐって渋沢儒学の性格を探る。

1　「天」と「理」

朱子学は禅学の影響を受け、また老荘思想との融合により宇宙論的な「理」を求める学問となった。朱子学の特徴を一言で言うことは困難であるが、やはり「天即理」がその顕著な特徴であると言って良い。朱熹は『論語集註』において、「天」について次のように言う。

天は即ち理なり。その尊ぶところ対無し。奥竈これ比すべきに非ずなり。理に逆らへば、則ち罪を天に獲るなり。あに奥竈に媚びてよく祷りて免れる所ならんや。（三-一三）（朱熹［1177-89］）

小島毅が述べるには、朱熹にとっての「天」は必ず「理」に置き換えられるわけではなく、朱熹の天解釈に定論は存在しない（小島毅［1999］六六頁）。しかし程頤以上に「天理」の語を愛用した朱熹にとって（同書六〇頁）、「天即理」は朱子学の大概を示すものと言って良い。

また陽明学は、朱子学が唯物論的かつ机上の空論的傾向を持つとして批判し、行動重視の思想を唱えた。唯心論的な「天即良知」を主張し、「心即理」ないし「性即理」を唱えた。王陽明は『伝習録』において次のように言う。

心は即ち性、性は即ち理なり。（新釈漢文大系13・八八頁）

我箇の心即理を説き、心・理は是れ一箇なるを知り、便ち心上に来って功夫を做し、去いて義を外に襲はざらしめんと要。（同書五四五頁）

「心即理」という陽明学の理の主張は、確かに朱子学とは異なっている。しかしながらやはり「理」を追求している点では、朱子学も陽明学も同様と言える。王陽明には「人欲を去れば、便ち天理を識らん」(同書一二九頁)という言もあり、近藤康信は「天理を存して人欲を去ることは、宋儒以来の常説であった。陽明も亦これを説いていた点で宋学の外に出るものではない」(同書一二一頁)と述べている。また小島毅も「『漢学』(この場合は「考証学派」のこと——引用者)側から見た場合、朱子学も陽明学も、理気論・心性論にうつつをぬかす、『宋学』という同じ穴の狢であった」(小島毅[1999]viii頁)と述べる。朱子学・陽明学は、理の正体・究明の仕方こそ異なれ、どちらも「窮理」の宋儒であることは同じである。

これに対し、渋沢はそのような「窮理」の姿勢自体を批判する。渋沢は言う。

理を以て聖言を解釈せんとするは宋儒の通弊にて、孔夫子の意と全くあひ反す。孔夫子の学は平易明白、入り易く行ひ易き実説にして、空理を説かれたることなし。論語中に一つの理の字なきにても知るべし。(渋沢[1925a]一七四頁)

渋沢は儒学を窮理の学とすること自体に反対しており、『論語講義』においても「理」の議論はほとんどない。「知行合一」においては陽明学に共鳴する渋沢も、陽明学の「心即理」の主張には何も述べない。

また渋沢は「天」について次のように述べる。

天は理なりと宋儒は説けども、これは僻説なり。然らば天とは果して何であらうか。余は天とは天の命といふ意味であると信ず。人間が世の中に活きて働いてゐるのは天命である。……聖賢と雖もこの天則には必ず服従せざるを得ず、堯の子丹朱、舜の子商均みな不肖にして帝位を継がしむること能はず。これみな天命の然らしむる所

にして、人力の如何ともすること能はざる所である。(同書一一二頁)

さらに「天道」については次のように言う。

人智にて測り知る能はざるもの。日月の運行、四時の循環、及び吉凶禍福の類これなり。(同書二〇七頁)

つまり天とは「人智」、「人力」の及ばぬものであり、その道は「吉凶禍福」の類である。堯・舜の子が帝位を継げなかったことを天命とするように、天は諸個人の政治的位置をも決定せしめる。この解釈は渋沢も言うように、宋儒つまり朱子学・陽明学とはいたって異なっている。

これに対して荻生徂徠は、「天」について次のように言う。

天は至高にして企だて及ぶべからず。至遠にして窺ひ測る可からず、至大にして尽すべからず。日月星辰、森として上に羅なる。(荻生③・一巻八三頁)

天命は啻だに吉凶禍福のみならず。天我に命じて天子と為り諸侯と為り大夫と為り士と為らしむ。ゆゑに天子・諸侯・大夫・士の事とするところは、みな天職なり。君子は天命を畏る。ゆゑにその道に於ける也心を尽くし力を竭くさざること莫き已。(同書二巻二六四頁)

徂徠によれば、天は森羅万象を支配し、その正体は人間には「窺ひ測る」ことはできない。吉凶禍福のみならず、諸個人の政治的・社会的地位も決定せしむるのである。また水戸学では天皇のことを「天日之嗣」と呼び、朝廷を「天朝」と言うことがある。水戸学では天照大神を「天祖」とし、天皇家の祖先を「天孫」と呼んで、天皇家がこの世を治めることになったと解釈している（日本思想大系53・二六五～七頁）。水戸学の「天」も徂徠同様、その深遠さは常人にははかりがたく、天による君臣の名分は動かす可からざるものである。水戸学においても「天」は不可知的存在であるが、諸個人の政治的位置を決定せしめる。ましてやそれが「理」である筈もない(15)。

このように徂徠学・水戸学的な「天」の解釈は、窮理学の天とは異なる。それは万物を支配するが「理」ではない。ある意味では分析不可能な超越的存在であり、諸個人の政治的位置も決定する実際的・即物的影響を持つ存在である。渋沢の「天」も、朱子学・陽明学の窮理的なものではなく、陽明学の「天即良知」は黙殺されている。以上「天」に関しての議論は、渋沢の儒学思想の特徴を特定する上で、特に決定的である。儒教思想の根本とも言える「天」の解釈において、渋沢は宋儒とは一線を画し、徂徠学・水戸学に近い。

2　君子・善人・聖人

儒者は一般に自ら「君子」足ろうと努める。しかしこの君子の概念は、宋学と徂徠学・水戸学では明白に異なっている。例えば「子謂子夏曰。女為君子儒。無為小人儒」（六-一一）における「君子儒」について、朱熹は次のように述べる。

儒とは学者の称なり。程子曰く、君子の儒は己に為さしめ、小人の儒は人に為さしむ。（朱熹［1177-89］）

朱熹が言うには君子儒とは、己の義務に敏感であり、己を高くせしめる儒者のことである。同様に王陽明も君子の学ぶ姿勢について次のように言う。

君子の学は以て己の為にす。未だ嘗て人の己を欺くを虞らざるなり。恒に自ら其の良知を欺かざるのみ。（新釈漢文大系13・三三八頁）

陽明学においては「良知」の概念がからんでいるが、君子の学ぶ姿勢を必ずしも社会論と結びつけずにとらえている点は朱子学と同じである。両者における「君子」は、個人として自己に厳しい存在である。これに対して徂徠は次のように言う。

君子の事とは、謀を出だし慮ぱかりを発し、その国治まり民安んぜしむるを供するを謂ふなり。小人の事とは、徒に籩豆の末を務めて、以て有司の役に供するを謂ふなり。（荻生③・一巻二二九～二三〇頁）

徂徠の言う君子は朱熹や陽明の言う君子とは異なり、経世済民に従事し、民を安んずる者のことである。徂徠は儒学の根本を「民を安んずる」ことと考え、全ての理論をそれに引きつけて解釈するが、君子の概念においてもそれは同様である。渋沢は『論語』のこの章を次のように解釈する。

経世済民を以て我が天職なりとする儒者を指して君子儒と称し、文芸を講ずるのみこれ事とする儒者を指して小人儒とすること。（渋沢［1925a］二五七頁）

ここで渋沢が宋学的な個人道徳の解釈を超えて、徂徠学的な政治・社会論の解釈をとっていることは明白である。渋沢の「君子」は、徂徠同様民を安んずる言動をとることができる人を意味している。

また『論語』中の「子曰。君子和而不同。小人同而不和」（一三-二三）も、議論の分かれるところである。朱熹はこれを釈して次のように述べる。

和する者は乖戻の心無し。同する者は阿比の意有るなり。（朱熹［1177-89］）

阿比とはカモメに似た常に群れをなしている鳥のことであり、君子はこのように群れをなさず乖戻の心がない者である。つまり協調性には富むが、迎合はしない者である。これに対して徂徠はこの章を釈して次のように言う。

君可と謂ふ所にして否有らば、臣その否を献じて、以てその可を成し、君否と謂ふ所にして可有らば、臣その可を献じて、以てその否を去つ。是を以て政平らかにして干さず、民争心なし。（荻生③・二巻一七六頁）

徂徠は「和而不同」を、君主と臣下の議論のことと解釈し、これによって政が円滑になり、民を安んずることができると解釈する。「和」とは君主への忠義、民を安んずる仁の心であり、「不同」とは政治情勢に迎合しない凛とした政治家・官僚の態度を意味している。この章の渋沢釈は次の通りである。

人と交はるに、君子はあひ親しみあひ和らぎて、乖戻の心なきも、その親和はもと公義より出発し、不義を以てあひ阿附しあひ比随することなし。……我が維新の鴻業、固より明治大帝の聖徳によると雖も、輔弼の重臣内に和して、意見を闘はせ、美を聚め善を摭り、以て聖徳翼賛したる功もまた與って力ありといはざるべからず。しかして三条、岩倉両公朝に立ち、木戸・大久保・西郷等、長州その他の忠良野にあって一体となり、以て頼朝以来七百年因襲の武断政治を倒壊す。これみな君子あひ和したる賜にして、この間些かの私見私利を挟まざるなり。（渋沢［1925a］六九四～五頁）

渋沢も「和而不同」を政治論、それも明治維新の政治論に引きつけてこの章を説明する。朱熹の解釈を踏まえながら、その「和」は「公義より出発」すると述べる。藤田東湖に『論語』の註釈本はないが、同様の主張は見られ、「君子の君に事ふるや、これを知れば敢へて言はずんばあらず。これを言へば敢へて尽さずんばあらず」（日本思想大系53・三三四頁）と述べる。水戸学においても、君子はその主体性を保って君主の政治的意見の間違いを正す存在である。

以上明白なように、渋沢の「君子」についての解釈は、朱子学・陽明学のような必ずしも政治・社会論とは結びつけない態度を踏襲していない。むしろ徂徠学・水戸学が主張しているように、君子についての議論を社会的・政治的議論に積極的に結びつけている。

『論語』にはさらに「善人」の語も存在する（一一-一八、渋沢釈一一-一九）。朱熹はこの善人を指して次のように言う。

質は美にして而して未だ学ばざる者也。（朱熹［1177-89］）

また王陽明は「（善悪は）只だ汝の心に在り。理に循へば便ち是れ善にして、気に動けば便ち是れ悪なり」（新釈漢文大系13・一五八頁）と述べる。朱熹は「善」をある秀でた個人の性質において見ているが、王陽明は万人に潜在的に存する要素的なものとして「善」を見ている。しかしどちらにしろ、それはその個人が個人としてどれだけ優秀であるかが基準になっている点では同じである。

これに対して徂徠は管仲等先王の道つまり儒学によらず自己流で国を治め、結果的にはうまく民を安んじた者を指すとしている（荻生③・二巻一一五頁）。渋沢は次のように述べる。

我が邦の事例を徴すれば、これを上にしては源頼朝、これを下にしては織田信長・豊臣秀吉・徳川家康のごとき、みな武家の覇政を開創し、おのおの前人の陳迹を践まず、独自の手腕を振うて以て国家を為め民を安んぜんとす。これ本章のいはゆる善人と称すべし。（渋沢［1925a］五五三～四頁）

渋沢は更に、通常俗語で言う「善悪」とこの『論語』での「善」は異なると断っている。渋沢の「善人」ないし「善」の解釈は、明白に朱子学・陽明学とは異なり、理想的ではないが首尾よく民を治めた人物、「独自の手腕を振うて以て国家を為め民を安んぜんと」した者について言う。

儒学において最高の人間存在は「聖人」である。それは善人はもちろん、君子をも超える。朱熹は「聖人」について「聖人は神明測られざるの号」（七-二二五）と述べる。その性質については次のようにも言う。

聖人の徳、渾然たる天理にして真実なきなし。思勉して待たず、而して従容の道にあたる。則ち亦、天の道なり。（朱熹［1177-89］『中庸章句』20）

朱熹によれば聖人は尋常あらざる存在であるが、それは天理に則っている性質を有していると言える。天理に則っていればこそ、その徳は真実である。陽明学は次のように主張する。

聖人の知らざる所無きは、只だ箇の天理を知るなり。能くせざるところ無きは、只だ箇の天理を能くするなり。聖人は本体明白なり。（新釈漢文大系13・四三三頁）

陽明学の「聖人」は、知らざるところ、せざるところがない。また、『伝習録』には次のような言葉もある。

先生（＝王陽明――引用者）曰く、人は胸中に各々箇の聖人有り。只だ自ら信じ及ばず。都て自ら埋倒す、と。（同書・四一五頁）

王陽明が言うには、人は誰しもその中に聖人ないしその可能性を持っている。ただそれだけでは誰でも可能性があるというだけで、全ての人においてそれが顕在化しているわけではない。この点までは『近思録』などにも類似の主張があり、朱子学にも存在する主張だが（新釈漢文大系37・二三四頁）、王陽明に至ってはその誰でも聖人になれる可能性が既成事実と混同され、次のような主張も存在する。

満街の人の都て是れ聖人なるを見たり、と。先生曰く、此れ亦常事のみ。何ぞ異と為すに足らんか。（新釈漢文大系13・五二五頁）

陽明学において「聖人」とは誰でもそれに達する可能性があるが、その可能性を秘めているがゆえに、全ての人があある意味では既に聖人なのである。これは他の学派には見られにくい、極めて独特な発想である。

荻生徂徠は全ての理論を「民を安んずる」政治学に引きつけるが、「聖人」の解釈も同様である。徂徠は次のように言う。

それ堯・舜・禹・湯・文・武・周公の徳、その広大高深にして、備らざるなき者は、あに名状すべけんや。ただその事業の大なる、神化の至れるは、制作の上に出づる者なきを以て、故にこれに命けて聖人と曰ふのみ。(日本思想大系36・六三頁)

また「聖なる者は作者の称なり」(同書同頁)とも述べ、聖人を「礼」つまり社会規範や道徳の作者と述べている。徂徠はその多くの著作の中で「先王の道は民を安んずるにあり」という表現を頻繁に使うが、先王つまり堯・舜・禹はそのような社会規範を制作して、実際に首尾よく民を安んじた人とされる。同様のことは水戸学の藤田東湖も述べ、東湖は舜など人倫・政の教えを制作した者を「聖人」と呼んでいる。(16)

これに対して渋沢は堯・舜・禹を「三聖」(渋沢[1925a]九一一頁等)と呼び、「聖」を「功を以ていふ」(同書二八四頁)と述べる。また「聖人」を「功業を以ていふ。雍也篇の博施済衆の聖人(先の引用——引用者)に同じ」(同書三五〇頁)とする。その他すでに引用したように、明治天皇の徳を「聖徳」と呼ぶなど、明治天皇にも「聖」を見ていた。渋沢は「聖」ないし「聖人」について、堯・舜・禹など儒の道を作った先王の功績をもってそのように呼び、また明治天皇もそれに比される。これは「天理」をその本質とする朱子学とは異なり、時に万人が既に聖人であるとする陽明学とも全くもって異なっている。渋沢の「聖」や「聖人」は徂徠と多少の距離はあるものの、政治的功業を重視している点で徂徠学に近く、水戸学にはさらに近い。

3　小　括

以上の他、「君子は器ならず」（二―一二）においても、渋沢は「器」の定義を徂徠釈によって朱熹釈を廃している。さらに林家批判、藤原惺窩批判なども展開するなど[17]、朱子学への批判は厳しい。甚だしい場合には、渋沢は「朱子など些へボ漢学者の一人かも知れない」（渋沢［1908a］四一三頁）とまで述べている。また陽明学に対しては、「知行合一」について賛同するところある渋沢も、「心」、「未発の中」の議論は管見の限り存在しない。陽明学独特のある種のオカルト的・唯心論的な議論も渋沢は好まず[18]、「静坐」の習慣も渋沢には無かった（渋沢［1913a］四五九頁）。さらに、朱子学と陽明学の共通項でもある「太極」の概念や宇宙論、窮理の姿勢自体が渋沢には見られない。朱子学・陽明学は孟学の学統にあるため、荀学の学統にある徂徠学や水戸学に比べれば、全ての議論を必ずしも政治・社会論に引きつけていない。宋学は政治・社会論的な傾向が徂徠学・水戸学より相対的に少ないが、渋沢の『論語』解釈は政治・社会論的な傾向が強い。

もちろんのこと、荻生徂徠も朱熹を批判しつつ、必ずしも全ての『論語』解釈において朱熹を駁しているわけではないのと同様、渋沢も『論語講義』において細かいところは朱熹に則っている場合もある。渋沢も徂徠同様に、朱熹を廃することそれ自体を目的にしていない。しかし以上の論証から明白な様に、渋沢は基本的なところでは朱子学・陽明学といった宋学に対して黙殺ないし批判的であり、政治・社会論的な解釈を好む徂徠学・水戸学に接近している[19]。

Ⅲ　徂徠学・水戸学の著しい特徴の踏襲

後期水戸学は徂徠学の影響のもと、高度な政治理論となった（第一章参照）。ここでは両者共通の思想を渋沢が相続していることを示す。

1　忠孝一致

本来儒学において、忠と孝とは別な徳目である。この両者は実際の活動において一致するとは限らず、「忠ならんとすれば孝ならず、孝ならんとすれば忠ならず」という状況に人が直面することもしばしばである。従って朱子学や陽明学では、「忠」は社会論であり、「孝」は修身論として、「理」などを媒介する場合は別にして、直接には必ずしも強い連関をもって議論されることはない。しかし徂徠学・水戸学においては、この両者は一致するものとされ、「孝」は社会論に引きつけて考えなければならない。荻生徂徠は「孝」について次のように言う。

臣下は、必ず、身を立て名を揚げその父母を顕すを以て孝の至りとなす。（日本思想大系36・八五頁）

また「忠」については次のように言う。

忠なる者は、人のために謀り、或いは人の事に代りて、能くその中心を尽くし、視ること己のごとくし、懇到詳悉、至らざることなきなり、或いは君に事ふるを以てこれを言ひ、或いは専ら訟を聴くを以てこれを言ふ。（同

書八六頁）

人のために謀ること、君主に事えることは、首尾よく行えば身を立て名を挙げることになる。その人が民であるならば、ひたすら親に真心を尽くすことが「孝」になるが、臣下は君主に忠義を尽くして功績を挙げることで、即ち親孝行になる。徂徠は『論語』解釈において「孝」について語ることはさほど多くはないが、臣下の「孝」は結果的に「忠」と一致すると考えていた。

藤田東湖は『弘道館記述義』において「忠孝無二」と題する一節を設けて、よりはっきり忠孝一致を述べている。東湖は言う。

> 忠と孝とは、途を冑にして帰を同じうす。父に於けるを孝と曰ひ、君に於けるを忠と曰ふ。吾が誠を尽す所以に至っては、すなはち一なり。（日本思想大系53・三二四頁）

> 進んで君に事へ、その大義を全くするは、すなはち親に孝なる所以なり。（同書三二五頁）

続いて東湖は、親に孝行しようとすれば君主への忠義が疎かになるという主張を批判する。この主張は第一章で既に述べたように、朱子学では比較的重視されなかった『孝経』の主張がその原型であると思われるが（新釈漢文大系35・八一頁）、「孝」を積極的に政治・社会論的解釈に引きつけている点で徂徠の解釈と同様である。

渋沢は『論語講義』において次のように言う。

孝は百行の基にて忠臣は孝子の門より出づ。……我が国風民俗の淳美なる、畢竟忠孝の二道に胚胎す。（渋沢［1925a］五八頁）

孝子の出づるも畢竟我が邦家族制度の美なるによる。しこうしてその根源は皇室を中心とする大家族的組織の結晶といはざるべからず、記して以て世の人の参考に備ふ。（同書六三頁）

渋沢はその他、『青淵百話』（渋沢［1913a］四一〇頁）でも同様のことを言い、『論語講義』（渋沢［1925a］）三八、六一～二、一八〇～二頁等において、自らの孝について述べている。彼は二十代の頃、家を飛び出して国事に奔走するが、これは一見すると忠義ではあるが親不孝である。しかし彼は父の計らいによって不孝を逃れたと、自らについて説明している。渋沢は自分自身の孝について語るときはやや歯切れの悪いこともあるが[20]、上記の引用から考えても、それは忠と孝は一致せしめねばならぬという前提に立っているからであると解釈できる。

また渋沢栄一の実子である穂積歌子は、栄一について「父の壮年時代は、理想に燃ゆる男子は競って都に出て、家も妻子も顧みることが少かった時代でございますから、今のやうな家庭尊重といふ観念は少なかったのでございませう。父もまたその時代に生きた一人でございますゆゑ、家庭の人といふことが出来ません」（白石［1933］八二三頁）と証言しており、同じく実子である渋沢秀雄も「栄一はよき父、よき夫として家になど落ちついていなかった」（渋沢秀雄［1959］上巻六四頁）と述べている。同様のことは幸田露伴も述べており（幸田［1939］二八頁）、渋沢栄一が家庭を犠牲にしてでも天下国家のために奔走したことは間違いない。家庭より政治・社会を重んじる渋沢の行動は、この意味でも荀学的である。

すでに述べたように、徂徠学は全ての議論を社会・政治論に引きつけて解釈するが、水戸学もまた同様であり、渋沢も孝の議論に関しては同様である。孝は渋沢において、社会論と一致させて考えられている。

2　実力者抜擢

徂徠学の著しい特徴として、有能者を抜擢するべきであるという発想を有していることは種々議論になる（例えば、荻生②・三七九～八〇頁、辻達也の「解説」）。しかしこれは徂徠が社会的必要から編み出したというよりは、『論語』の正確な解釈から出てきた発想と言うべきである。その『論語』の節は、「挙直錯諸枉則民服」（二―一九）や「挙直錯諸枉、能使枉者直」（一二―二二）であるが、これを釈して、例えば朱熹は次のように言う。

錯は捨て置く也。諸は衆なり。（朱熹［1177-89］）

この解釈では、優秀な人物の抜擢を否定することにはならないが、どちらかといえば、無能な官僚を罷免することに比重がおかれてしまう。朱熹の釈では、無能な官僚を罷免すれば国民は政府に従順になり、罷免された無能な官僚は反省するという意味になる。これに対して、渋沢は荻生徂徠を引用して次のように述べる。

物徂徠曰く「直きを挙げてこれを枉れるに錯くは、材を積むの道を以て喩をなす。直きものを以てこれを枉れるものの上に置けば、則ち枉れるものは直きものに圧せられて自ら直くなる」と、明解といふべし。（渋沢［1925a］八一頁）

つまりまっすぐな木＝優秀な官僚を上に乗せれば、曲がった木＝普通の人は優秀な人に感化されて国はうまく治まるという発想である。渋沢が引用している徂徠の語は『論語徴』の語を渋沢なりに要約したものらしい。徂徠自身は次のように釈す。

「直きを挙げて枉れるに錯く」は、けだし古語にして、材を積むの道を言ふ者なり。「直」とは、材の良なる者なり。「枉」とは材の不良なる者なり。直きを挙げて之れを枉れるの上に錯けば、枉れる者は直き者の圧する所と為りて自ら直きを謂ふなり。(荻生③・二巻一五〇頁)

同様のことは『論語徴』の他の部分でも述べるが(同書一巻八〇頁)、表現こそ異なれ同じ主張である。「直・枉」は徂徠が重視した『荀子』には、よりはっきりと木材の例えであることが明言されているため(新釈漢文大系5~6・三五七、六九八、八六五頁)、徂徠はこれを『論語』解釈に引きつけたものと思われる。また、この箇所を朱熹は実力者抜擢の意味に解釈しないが、朱熹の解釈自体は徂徠によると包咸(古注の中の一人)の影響による。従って徂徠以前には、この発想は少なくとも『論語』の解釈としては一般的ではなかったらしい。

また『論語』の解釈ではないが、類似の発想は水戸学にも存在する。水戸学はこの徂徠学の発想を明確に相続している。会沢正志斎は次のように述べる。

聖賢天下の俊豪を抜きて、天下の重望を収め、而してこれを廊廟に錯きて、天下の謀議を尽し、天下をして廊廟を仰ぐこと、駿子の父母を慕ふがごとくならしむ。(日本思想大系53・一一〇頁)

藤田東湖も「司徒の属は、民を教ふるに徳行道芸を以てして、その芸者・能者を興ぐ」(同書三二一頁)と言い、同様の発想を持っている。渋沢は儒学の解釈として、徂徠学・水戸学の影響のもとに実力者抜擢を主張したと推測できる。渋沢は上記の引用のあと、舜や徳川家康の実力者抜擢、ドイツのヴィルヘルムⅠによるビスマルク登用、二宮尊徳や西井五猿が抜擢されたことについて言及している(21)。また他のところでも「政をなすには人材を得るを以て第一義とする」（渋沢［1925a］二五九頁）と述べ、自らの経験や岩崎弥太郎、古河市兵衛等の例も挙げて人材抜擢の重要性を説いている。彼の実力者抜擢論は、体験・理論の両道において確固としたものであった。

ちなみに陽明学にこのような発想が乏しいことは明白である。既に考察したが、陽明学では時に万人が「聖人」である。王陽明の弟子が街の人全てが聖人に見えたと述べたら、陽明は「此れ亦常事のみ」と答えたという逸話が残っている（新釈漢文大系13・五二五頁）。実力者抜擢の発想は上下関係を前提としており、その裏を返せば実力のない者は統治される側にまわるべきことを意味している。時に万人を聖人と解釈する陽明学では、実力者抜擢より諸個人の可能性の啓発のほうに比重がおかれていると考えられる。この点は朱子学も類似する。

3　老荘思想批判

儒学に仏教・老荘批判はしばしば見られる。それは朱子学、陽明学、徂徠学、水戸学にそれぞれ形や批判の観点・強弱などは異なれ見いだせる(22)。しかし宋学においては老荘の末端の批判はあっても、老荘思想から完全に解放されることは問題にならなかった。宇野精一が述べるように、儒学は既に漢の時代には道家的な思想が混入してした(23)。これを払拭して政治・社会論の観点から老荘批判を初めて本格的に試みたのは、古学を唱えた徂徠である。徂徠は老子の思想には仏教と同様の性質があると見て、「老・佛は天下の人を以て迷へりと為す。迷へば斯に悟る有り。聖人の道あに是れ有らん哉」（荻生③・一巻二一頁）と言う。徂徠が言うには老子は「礼」を言うものの具体的な議論をしなかった（日本思想大系36・一九二頁）。徂徠はその著作の中で「先王の道は民を安んずるにあり」という表現を頻用するが、民を安んずる政治を語らない仏教や老子の思想は価値の低いものと断定している。

水戸学も儒学の復古主義に習い、日本史の文脈で古代への回帰を唱えた。それは「国体」を説く上で重要な神代の時代への復古であるが、古代の解釈において後の時代の思想を撤去しようとする傾向を持つ。藤田東湖は神代を「虚無の説」つまり老荘思想でもって憶測することを批判し、次のようにも言う。

夫れ上世の事は、年代悠遠にして、固より一を執りて論ずべからず。……後世に至りて、老荘の流、或は軒轅を仮り、許行の徒、或は神農に託して、以てその私説を逞しうす。（日本思想大系53・二六二～三頁）

東湖が述べるには、孔子は古代の治政に戻ることを志向したが、それは堯・舜にとどまり、それ以前の神話じみた皇帝は無視した。しかし老荘思想家・農家はその不確実な神話にその論拠を持っている。「国体」を明らかにする政治・社会論の解釈において、老荘思想からかなり距離を置こうとする東湖の姿勢は、徂徠と明白に通じている。

これに対して渋沢栄一は、老子について次のように言及する。

それ老夫子の説は虚無を主とし活濇を義とす。君臣を蔑みし、父子を蔑し、財宝を認めず、所有権を認めず、今日のいはゆる共産主義者なり、無政府主義者なり。孔子の説は全然これに反し、君臣を認め、父子を認め、財宝を認め、所有権を認め、今日のいはゆる法治主義なり。（渋沢［1925a］五八八～九頁）

渋沢がここで言う「法治主義」は、『韓非子』等の「法家」とはもちろん異なる。また渋沢が共産主義や無政府主義を肯定的に評価していなかったことは、他でも見られる（渋沢［1925a］七七頁等）。ただ彼の姿勢は水戸学同様、あくまで日本においてこのような思想をとるべきでないとして老荘を批判している。共産主義などを過剰に攻撃することに関しては、渋沢も否定的である（同書同頁）。しかし徂徠学・水戸学と同様に、政治・社会論的な観点から老荘思想を儒学に混入することに批判的であることは、上記の引用からも明らかである。老荘思想は、実際の政治には役に立たないと渋沢は考えていた。

4　小　括

以上の他にも、徂徠学・水戸学に独特の論を渋沢が相続している例は見いだせる。徂徠は朱子学・陽明学等の宋学を「道学」と呼んで、次のように批判している。

> けだし先王の道は、みなこの（＝民を安んずる――引用者）術なり。……後世に詐術盛んに興るに及んでのち、道学先生はみな術の字を諱む。（日本思想大系36・四七頁）

徂徠は儒教を「術」であるとしている。渋沢も「余の性質は物の要領を得ることを好む」（渋沢［1925a］三三三頁）と述べ、先に引用したように『論語』の内容は「入り易く行ひ易き実説」と解釈する。彼が宋学の窮理的傾向を批判していることは先にも述べたが、『論語』を実際に個々の場面において具体的に役立つと解釈している点でも、渋沢の立場は徂徠学・水戸学の系譜上に位置している。

また徂徠は「仁は心の全徳たり。故に義礼智信を兼ぬ。……仁なる者は徳なり、性に非ざるなり、いはんや理をや」（日本思想大系36・五五頁）と述べ、仁を他の徳を包括するより重要な概念と考える。これは、朱子学の徳目である「仁義礼智信」といった「義礼智信」と対等な仁の見方とは対立する。また仁は「理」や「性」ではないといった徂徠の主張は、陽明学の「仁は是れ造化の生生して息まざるの理なり」（新釈漢文大系13・一四一頁）や「仁義礼知は性の性なり」（同書三一六頁）といった主張とも対立する。渋沢は仁については次のように言う。

> 孔子は仁を以て、一面倫理の根本とせられたると同時に、他の一面においては政治の本義とせられたり。王政王道もつまり仁から出発したものである。（渋沢［1925a］一三一頁）

渋沢は仁を「倫理の根本」と解釈するが、「政治の本義」ともする。徂徠は全ての立論を「民を安んずる」政治学に引きつけるが、渋沢のこの仁の見方は非常に明白に、徂徠の影響である。この見解は、神武天皇が民を「大御宝」として安んじた政治を「政を発し仁を施したまふ」（日本思想大系53・二七三頁）と評した藤田東湖の立場と矛盾しない。

徂徠は古文辞学という独自の方法論を以て『論語』を解釈し、これによって多くの独特な社会論的解釈を獲得した。さらにその重要な部分は水戸学に相続された。以上はその例を見てきたが、これらは渋沢も相続している。忠孝一致や「直・枉」を実力者抜擢と解釈する態度、政治・社会論的観点からの老荘批判を、徂徠学・水戸学の系譜以外で渋沢が独自に考えついたとすることは、非常に不自然である。特に忠孝一致は水戸学において強調されているが、これは仮に徂徠の方法でもって『論語』を解釈したとしても、必ずしも主張されない。晩年渋沢の『論語』解釈は、徂徠学・水戸学の系譜上に位置していたと判定できる。

Ⅳ　水戸学的かつ非徂徠学的発想

水戸学は徂徠学の大きな影響を受けつつも、徂徠学には全くない発想も有している。渋沢は、その水戸学独特の発想をそのまま踏襲している。

1　日本の中国に対する相違と優位

荻生徂徠の学説は、社会論に限って言えば『政談』や『太平策』等を除くと多くは抽象的な理論である。その理論は日本であれ中国であれ朝鮮であれ、儒教の影響下にある国ならばどの国でも当てはまるような議論である。しかし水戸学はあくまで日本における議論を展開し、日本の国体について考察する。また時には中国に対する日本の優位を説く。これは中華崇拝的傾向すらあった徂徠には（野口［1993］五三〜五頁等）、ほとんど見られない。

例えば中国と日本の国情の相違について藤田東湖は次のように主張する。

> すなはち唐虞三代の道は、ことごとく神州に用ふるべきか。曰く否。……決して用ふべからざるもの、二あり。曰く禅譲なり、曰く放伐なり。虞・夏は禅譲し、殷・周は放伐す。（日本思想大系53・一七八頁）

水戸学も儒学の強い影響下にあるから、当然中国から学ぶ姿勢はとる。しかし国情の違いから学ぶべきではないものを二つ挙げ、一つが君主の地位を世襲せずに禅譲すること、もう一つが民衆の暴動などによる革命つまり放伐とする。これに対して、日本は万世一系の天皇家が君主の地位を世襲してきたのであり、今後もそうあるべきと東湖は主張する。

同様に渋沢も君主の地位は、日本では天皇家で世襲されるべきと考える。彼は「我が大日本帝国にあっては、決して禅譲を許さず」（渋沢［1925a］九二二頁）と述べ、『日本書紀』のいわゆる「天壌無窮の神勅」を引用し、さらに次のように続ける。

支那は堯舜の禅譲に始まり、湯武の放伐これに次ぎ、爾来八百年、或は五百年、或は三百年にして命を革む。万世一系の君を戴く我が邦と同視すべからず。我が邦の大君は国家の元首たると同時に、全国民の家長たり。国民はみな臣民たると同時に、家族たるの親しみあり。（同書同頁）

その他渋沢が日本と中国の国情の相違について言及しているところは、同書二二〇、二三五、四一五、七〇九、八九一頁など、その数は『論語』の註釈本としては非常に多い。このような観点は『論語』解釈に於て抽象的な政治・社会論を主に述べた徂徠には薄弱であり、水戸学の真骨頂である。
また東湖は相違に留まらず、中国に対する日本の優位を説く場合もある。

赫赫たる神祇は、固より夫の西土の牛首蛇身なる者の比にあらず。且つ皇統の自りて出づるところ、神器の由りて伝はるところは、およそ神州の民、その淵源を詳らかにせずべからず。（日本思想大系53・二六三頁）

ここで東湖が言っている「西土の牛首蛇身」とは、古代中国伝説上の皇帝である伏犧や女媧の「蛇身人首」と神農の「人身牛首」を指している（同書一七、二〇、二二頁）。東湖は古代中国の荒唐無稽とも言える伝説を廃し、日本の神のより重要なることを力説している。日本が中国の学問つまり儒学に学ぶべきなのはあくまで、日本の神の道を「培養する」（同書二八一頁）ためである。渋沢にも次のような発言がある。

我が邦と支那とは国体を異にし、年代も大いに隔りをれば、敢て比較し難しと雖も、明治大帝の天下に君臨し給ふや実に巍巍乎として、舜・禹以上の偉大であらせられたことは余の親しく拝観する所である。（渋沢［1925a］四二三頁）

このような発言は水戸学以外の儒者としては、不自然な発言である。通常は舜・禹と他の皇帝を比べること自体が少ないが、渋沢は明治天皇を舜・禹以上であると評価している。このような発言は平田流国学でも可能だが、それ以外では水戸学の影響しか考えられない。

2　水戸学そのものへの言及

渋沢は『論語講義』の中で、『論語』の註釈とは直接関係のない議論も行なっていることがしばしばであるが、その時水戸学独特の概念について肯定的に言及することもある。まず第一に、渋沢は水戸藩や水戸学そのものについて言及している場合がある。渋沢が若い頃学んだのは主に後期水戸学であるが、前期水戸学についても次のように言う。

（水戸黄門は――引用者）大日本史を修して、大義名分を明かにし、兵庫の湊川に「嗚呼忠臣楠子墓[24]」といふ石碑を建て、士気を鼓舞したる、みな我が日本の国体を重んずる尊皇の大義にあらざるはなし。（渋沢［1925a］三八二～三頁）

また渋沢は、光圀が水戸学を興し、それが後に「明治維新の鴻業」（同書三八三頁）に結びついたとも述べる。渋沢は明治維新の原動力を明白に水戸学に見て、明治維新の「唱首としては水戸の黄門義公を推さざるべからず」（同書三八三〜四頁）と主張する。

さらに水戸藩についても、渋沢は次のように言う。

> 水戸藩は勤王の先駆をなし、藤田東湖先生などと申す俊傑を出だし、一時これによって天下に名を成し、薩州の西郷公なども来訪するといふほどであった。（渋沢［1925a］九五頁）

続いて渋沢は筑波事件について触れ、東湖の息子でもありこの事件で切腹した藤田小四郎について述べる。渋沢は「この人は余も両三度面会したことがある」と述べて、その一連の言動を勤王故のものであったと解釈する。渋沢はいざという時は、彼のように一命を捨てでも「我が天壌無窮の国体」の義のために尽力すべきことを説いている。

第二に、渋沢は晩年に至って「尊王攘夷」について肯定的な発言をしていることが挙げられる。尊王攘夷思想は平田流国学の一部でも唱えられたが、通常は水戸学によるものと言って良い。藤田東湖は『弘道館記述義』の中で「尊王攘夷」と題する一節を設けて議論を行なっている。

渋沢は周知の通り若き頃尊王攘夷運動に参加しようとし、テロ計画まで建てている(25)。しかしこれは晩年の渋沢にとって、具体的な計画性はともかく、意気込みそのものは恥ずべき若気の至りではなかった。渋沢は「朝聞道、夕死可矣」（四-八）の釈を述べ、次のように言う。

> 我が邦の尊王攘夷思想に奔走した人々とか、維新時代国事に尽瘁した志士とか申す方は、大抵自己の懐抱する主義を、士道即ち孔子のいはゆる本章の道と信じ、この主義を実行するためには、たとへ一命を棄てて死んでも、敢て意に介せずとし、みな本章の「朝聞道、夕死可矣」の章句を金科玉条として遵奉し、この章句に動かされて

活動したのである。（渋沢［1925a］一六三頁）

続いて彼は自らもテロ計画を立てたことについて触れる。この計画自体について『青淵百話』では、渋沢は「今から見ると寔に笑ふ可き話に過ぎぬ」（渋沢［1913a］七四六頁）と述べることもあるが、『論語講義』のこの箇所は尊王攘夷運動に参加した者として誇りに満ちた発言のようにも見える。

さらに尊王攘夷運動は、彼個人として価値があったものと言うに留まらず、渋沢は明治維新の原動力であったことも強調する。

尊王攘夷の語は、我が明治維新の鴻業を成就せしめたる一大原動力なり。嘉・安以降慶応戊辰に至るまで、志士の心臓を鼓動せしめ、血湧き肉飛び、驚天動地の活計をなし、七百年因襲の幕府を倒し、文明の立憲政治を施行するに至りたる所以のものは、その根源尊皇説にあらざれば、則ち攘夷論にあらざるはなし。故に尊王及び攘夷の二語は我が邦に取っては、瑞祥の吉語なり。（渋沢［1925a］七二五頁）

渋沢は明治維新そのものに対して非常に肯定的な発言をすることが専らだが、ここでは「尊王」ないし「尊皇」攘夷がその原動力であったと説明する。彼によれば「文明の立憲政治」は、尊王攘夷思想によって可能となったのである。確かに実際の政治活動においては、単純な攘夷論は不可能であったので若き渋沢においても撤回されたが、渋沢は国家の変革における原動力としてはこの思想を賞賛する。他にも万世一系の天皇家や日本の国体の重要性など、水戸学と同様の概念について渋沢が肯定的な発言をする場合は非常に多い。

3 西洋の学問に対する態度

水戸学は尊王攘夷を唱えたが、洋学の取り入れ方に関しては、拒否的な態度に終始するようなことはなかった。水戸学によればあくまで根本は大和魂でなければならないが、道徳・政治学は中国のものも参照にし、技術・知識は西洋のものでも優れていれば受容するという姿勢をとっている。例えば藤田東湖は次のように述べる。

其勝れたる所を取りて、皇朝の助とせん事、何の恥づることや有るべき。鉄砲は西北の夷狄より渡りぬるものなれども、是を取りて用ゆる時は夷狄を防ぐべき良器なり。（水戸学大系第一巻・三五八頁）

同様に晩年渋沢も、西洋の学問は大いに入ってきた時代だったので、そのこと自体について異論はない。また逆にそういう時代であるから、積極的に西洋に学べという主張は敢えてすることは少なかった。むしろ渋沢が強調していたのは、大正時代大量に日本に入ってきていた西洋の学説の質を問う事であった。この主張は既に藤田東湖の中に類似のものがある。東湖は風土が似ている中国の「教」を輸入することには賛成し、西洋の「教」の輸入には反対する。

神の道は大和魂の本にて、皇国の元気なり。されば其元気を本とし、風土の似よりたる漢の土の教を取りて大和魂を助け、忠孝の大節明かならしむ（水戸学大系第一巻・三六一頁）

夷的の人は其智巧深くして天文の考へ、鉄砲の製など甚だすぐれたり。……（しかし――引用者）夷狄の人、智

巧はすぐれぬれど、其教に至りては禽獣の道、人に用ゆ可からざるが如く、皇国に用ゆ可からず。（同書三五九頁）

水戸学にとって根本はあくまで大和魂であり、儒教がそれを強化し、洋学は末端を担うもので、東湖はその本末を強調する。中国は風土が似ているのでその「教」は参考になるところが多いが、西洋の「教」や「道」まで輸入することには反対していた。同様に渋沢は大正時代において次のように言う。

今日欧米の新思想や新学説がどしどし我が国に流入するが、よくこれを玩味し、果して我が国體に合し、また我が国民性に適するかを見定めたる上で、その我が国體、我が国民性に適するもののみを取り入れて消化するやうにせねばならぬ。……余はあらゆる物の進歩を望むけれども、説の善悪邪正をよく鑑別する必要があることを信ず。とくに海外思潮の盛んに流入しつつある現代の人にこの注意を促しておく。（渋沢［1925a］四六七〜八頁）

渋沢が西洋の邪説として批判しているのは、単純な個人主義や共産主義・無政府主義などである。渋沢によれば、これらは日本の国体には合わない。あくまで日本の国体を意識し、これに適合するもののみ輸入すべきと渋沢は考える。東湖はそれぞれの「教」の適応範囲を明確にして、相互に混合することを嫌うが、渋沢も「我が儒教には儒教の本領あり。他の老荘や、仏教や、耶蘇教と謀るべからず」（同書八一一頁）と述べる。また東湖は洋学に肯定的であったが、上記のようにキリスト教に対して非常に批判的であった[26]。渋沢も実際の活動などではキリスト者と関わったこともあったが、キリスト教と儒教の根本的相違について次のように述べる。

西洋道徳の大本は、福音書マタイ伝の中に「人は自分で善事をすると共に、善いことはなるべく他人に勧めて行なはせるのが人の務めである」といふことがある。これに反して東洋道徳の大本は「己の欲せざる所は人に施すこと勿れ」といふに存す。則ち一は積極的にして、自分が実行するばかりでなく、あくまで他人にも行はせやうとするので、これを能動といふことができる。他の一は消極的にして、己の欲せざる所は人に施すなといふに止まり、これを受動といひ得べし。根本既にこの差あり。その末は千里の差を生ずべし。（渋沢［1925a］三八一頁）

渋沢がここで引用している『聖書』の言葉は、おそらくマタイ7-12「何事でも人々からしてほしいと望むことは、人々にもそのようにせよ」（いわゆる黄金律）のことである。ここでの彼の発言は『聖書』の解釈としては正しくないが、渋沢儒学のキリスト教に対する態度は明白に現れている。水戸学同様にあくまで儒学を他の宗教と峻別し、特にキリスト教との混合には批判的である(27)。水戸学も渋沢も、ある程度西洋に柔軟でありながら、根本においては西洋との混合は避ける。

4 小括

渋沢は『論語講義』の中で、実際に会ったことはない藤田東湖を「先生」と呼んでいる。また大正五（一九一六）年に実業界を完全に引退する節目の時、彼は東湖の『回天詩史』の一節を引用している（白石［1933］七二六頁）。徂徠の説に関しては、徂徠を名指しで批判するところもあるが（本章「V考察」参照）、水戸学に対する攻撃は見当たらない。直接的ではないが、むしろ水戸学に対する賛同の意を表す方が専らである。次の主張なども「水戸学」という言葉こそ聞こえないが、明白に水戸学的である。

今の時に当りいろいろの新説や左傾説競起伝来すれども、青年諸君は岐路に踏み込まず、これを我が天壌無窮の国體に照らし、これを我が祖先三千年来の経歴に稽へて、その事の義か不義かを断じ、苟くも義と見れば自ら進んでなすこと……この老人は国家のため将た青年諸君のために懇願して已まざるなり。（渋沢［1925a］九七～八頁）

元来日本人は世界無比なる大和魂を備へてゐる国民なれば、青年諸君よ、ますます励みて剛毅の気象を養ひ、進取の意気を培はざるべからず。（同書一三三頁）

「国體」という語は徂徠も使用していたが、(28)より頻繁に、しかも日本の具体的な政治体制を論じる言葉として使用したのは水戸学である。また「天壌無窮」を政治学的に、国体論として積極的に議論し出したのも儒学では水戸学が最初であろう。またそれまでの儒者は日本と中国の国情についての相違については、指摘することはあっても徂徠も含めてその学問の中心課題に据えるまでは至らなかった。しかし渋沢は水戸学と同様その相違について積極的に言及し、『論語』の解釈としては異例なほど水戸学用語や水戸学独特の概念を使用している。

『論語講義』の最後の方では、渋沢は明治天皇や昭憲皇太后の和歌を多く引用している。これ自体は、渋沢の尊皇思想の現れである。儒者であり明治天皇を敬う明白な尊皇家であるとすれば、それは水戸学派の儒者とするのが最も自然である。

V 考察

以上が本章の分析であるが、最後に三つの疑問について考察する。まず第一に、彼はこれほどまでに陽明学とは異なった思想を持ちながら、なぜ朱子学のみを攻撃し、陽明学を正面切って批判しなかったか。第二に彼はほぼ明白に水戸学派でありながら、なぜ水戸学派を名乗らなかったか。第三に彼は徂徠学の大きな影響を受け、水戸学自体も徂徠学の大きな影響を受けているにもかかわらず、なぜ彼は徂徠学派すら名乗らなかったか。

まず第一の疑問は、容易に予想がつく。渋沢と陽明学会や三島中洲との関わりは、彼の陽明学批判を鈍らせたはずである。彼自身が陽明学を推奨するような発言は、（当時の彼自身、陽明学に詳しくないと断りつつも）陽明学会の席上など、明治末期には非常に多い[29]。また『論語講義』中、藤田東湖以外で渋沢が「先生」と呼ぶのは三島中洲くらいであるが、この陽明学者には直接指南を受けた[30]。しかし『論語講義』における三島の説の引用は、ほとんどが論語学的に重要でないところであり、当たり障りのないところで引用していると言っても良い。陽明学会で陽明学を賞揚していたのも、陽明学が朱子学を批判しているという一点のみが論拠であり、彼の当時の議論は「敵の敵は身方」といった大ざっぱなものであった。その後は王陽明についても細論においての批判はあるが（渋沢［1925a］六六〇頁）、陽明学の根本である窮理についてはまったくの無言である。大正時代の猛勉強を経て、恐らく初めて渋沢は万人聖人説や「心即理」など陽明学の正体を知って、以来無言の拒否を続けたものと思われる。

第二の疑問の答えは不明確である。ただ推測すれば、「水戸学」という名称そのものの問題が挙げられる。橋川文三によれば、「水戸学」という名称は水戸学者の自称ではなく、佐藤一斎が論敵である水戸の人士を批判する意味で付けた名前らしい（橋川［1984］）。東湖や正志斎自身もこの名前で自らの学問を呼んでいないことから、「水戸学」

という名称自体が、当の水戸学者達には浸透していなかった疑いがある。実際に渋沢が若い頃に水戸学を修めたのは紛れもない事実であるが、それについてさえ彼は「水戸学」という言葉を使わず「水戸の士風」と言ったり「尊王攘夷論」と述べたりする。[31] 渋沢が「水戸学」の語を使用していた例について、筆者が発見できたものは、数例に過ぎない（渋沢［1913a］六五四頁、［1918b］二三八頁など）。彼は藤田東湖らの影響を自らに認めても、「水戸学」という名称をあまり好まなかった疑いがある。特に『青淵百話』では、「吾が生涯の悔恨事」として自らのかつての攘夷思想を恥じている（渋沢［1913a］六五〇～七頁）。もちろん渋沢は、尊皇思想においては自らの転回を認めない。しかし、かつての水戸学は攘夷という具体策において誤りがあったため、誤解を避けるためにも、晩年の渋沢は水戸学派を積極的に名乗ることは避けたと推測される。

第三の疑問は明白である。渋沢は徂徠が実業と学問を区別したと次のように批判する。

物徂徠に至っては学問は士大夫以上の修むべきものなりと明言して、農工商の実業家をば、圏外に排斥したりき。

（渋沢［1925a］一五頁）

渋沢によれば、孔子自体は商末・賤商思想を述べていない。渋沢は徂徠同様に古学的観点から賤商思想の打破を謀り（同書二八五頁等）、徂徠の方法をより徹底させて徂徠を批判した。しかし不用意な誤解も招きたくなかったであろうし、商末思想には渋沢の憤りさえ感じるほどである。官尊民卑の打破は渋沢一生の目標であり、商末・賤商思想の批判は生涯止むことはなかった。徂徠を賤商思想の主張者と渋沢が解釈したことこそ、渋沢が徂徠学派を名乗らなかった最大の要因であろう。[32] その他、徂徠には強引な説が少々見られ、渋沢はこれらに関してはほとんど無視している。しかし徂徠の高弟太宰春台も徂徠の説全てに従っているわけではないので、これはあまり理由にはならない。[33]

『論語講義』は典型的な水戸学の議論より抽象的で、また水戸学の立場で書かれたというだけでも珍しい『論語』注釈本である。それは渋沢の体験談も交えているので、学問的ではないように見えるが、十分な学問的水準に達している。

なお本章はいくつかの課題を残した。まず三島中洲と渋沢のより厳密な関係、それも晩年渋沢の思想形成についての分析が残されている。また『論語講義』の中で亀井南冥の引用も多く、渋沢による徂徠学の摂取は水戸学経由のみならず、詳細な議論は南冥経由のものもあると推測可能である。しかし、この徂徠学派の学者との連関も本章は省いた(34)。また五十以上利用している『論語』の注釈本を、渋沢はどの程度有効に利用しているか、特に考証学派の成果をどのように踏まえていたのか、本章は注目しなかった。山鹿素行に関する言及も渋沢にはあるが、これも追求の価値ある問題である。さらに渋沢は漢詩文を楽しむ趣味があり、『古文真宝』の後集は特に愛読していた(渋沢[1913a]六三六頁)。その中でも唐代儒者の韓愈は、共鳴するところ大であった(渋沢[1930b]六〇頁等)。これらは引き続き第七・八章で課題としたい。

しかし第六章では本章を踏まえて、『論語講義』が徂徠学・水戸学の系譜上に位置するも、どのような特徴・独自性を有しているかその根本を分析したい。本章の分析によって、渋沢の独自性を検索するには、儒学全般との比較も重要であるが、もっぱら徂徠学・水戸学と比較して彼の独自性を探れば良いことが明白になった。第六章では、晩年の渋沢儒学はいかなる問題を有し、またそれは何に起因しているのかその本質に迫る議論を展開する。

注

(1) 渋沢[1925a]一頁、龍門社[1955-65]四一巻三六〇～一頁等。書簡などから察するに、尾立の筆述したものに渋沢はかなり手を加えたようである。渋沢[1925a]三二〇頁等、尾立が自分の意見を付け加える場合は明白に断っていることから、尾立が特に断っていない所は全編渋沢の思想であると判断可能である。

（2）　宇野哲人は次のように言っている。

近年、論語の注釈をした人はきわめて多いのですが、渋沢栄一の論語講義は自分の体験を附記してあり、穂積重遠の新釈論語はことによくできていますし、私の論語講義も主として朱子の註によって説いたのが昭和漢文業書から出版されました。（宇野哲人［1967］九頁）

（3）　例えば、竹内均の著作（竹内［1992］）や深沢賢治の著作（深沢［1996］）等がある。

（4）　儒学の実践重視の主張は列挙にいとまがなく、『論語』内だけでも二十以上あるが、ここでは次の言葉を挙げておく。

子曰く、まずその言を行なひて、而る後にこれに従う。（二-一三）
子曰く、君子は言に訥にして、行なひに敏ならんことを欲す。（四-二四）
子曰く、君子はその言のその行なひに過ぐるを恥ず。（一四-二九）

これらの事実から、厳密にはどの学派にも実践を重んじる思想は存在すると考えるべきである。

（5）　台湾の王家驊は次のように指摘する。

渋沢栄一の「経済道徳同一説」・「論語算盤説」は、再解釈された儒学倫理である。しかも（「しかし」の誤りか――引用者）、渋沢栄一の再解釈は、文章の字句の解釈から見ても、恣意の展開と論理的証明から見ても、もの足りるほど厳密さを持っているとは言えない。（王［1994］）

しかし王が利用している『渋沢栄一全集』（渋沢［1930a］）に『論語講義』（渋沢［1925a］）は収録されていない。王は『実験論語』を指して上記のように述べるが、この書は確かに厳密性には欠ける。王は資料的制約もあってか、『論語講義』は未読の様子である。また、『渋沢栄一全集』は、資料の出典が不明瞭であり、史料としては、難点が多いこともつけ加えておきたい。

（6）龍門社［1955-65］四一巻三四七頁参照。しかしこの書も、渋沢の主義主張自体がほとんど儒学の影響下にあるため論語学に引きつけて学問的に解釈することは、技術的には可能であると筆者は考える。また逆に渋沢思想の研究は、論語学や儒学で理論的枠組みを持って研究しないと捉え処のないものになってしまう難しさがある。従来『論語講義』の解釈に失敗した研究には、かような共通点もあると筆者は考えている。

（7）渋沢［1914b］参照。晩年渋沢の思想を見ると、この前後では議論の儒学的な厳密さでも大きな差が見られる。

（8）龍門社［1955-65］四一巻三五四頁。『青淵百話』は渋沢［1913a］五九頁などに、講話の年月日が印してある。

（9）本文に掲げたもの以外で、渋沢が『論語講義』で引用している学者の名は順不同で以下のものがある。

何晏、孔安国、胡寅、尹氏、包咸、馬融、鄭玄、王粛、周生烈、袁黄、尹焞、謝良佐、韓愈、毛萇、王充、阮元、蘇軾、郝敬、王弼、応劭、恵棟、李充、程頤、毛奇齢、蔡虚斎、王引之、范寧、范祖禹、張芭山、呉蕎右、胡期僊、葛屺瞻、許白雲、段玉裁、晁説之、劉勉之、王應麟、陸徳明等、

他日本人では、太宰春台、佐藤一斎、中井履軒、太田綿城、片山兼山、広瀬淡窓、岩垣龍渓、猪飼敬所、三島中洲、亀井南冥、亀井昭陽等。

その他にも学者の名前や漢籍と思しき書名も、渋沢の議論の中に散見される。これらの学者は中国では考証学派、日本では折衷学派が多いと思われるが、一二度しか引用していない学者の名がほとんどである。渋沢の考証学派への批判は渋沢［1925a］三一一頁等。

（10）渋沢［1937］九一九頁。龍門社［1955-65］には震災前に所有していた『論語』のリスト二二八種類（四一巻二六二～八頁）と震災後に所有したリスト二四二種（同二七一～七頁）が掲載されている。また渋沢［1922c］三八八頁では一千種類所有していたという証言もある。

（11）渋沢［1908b］四〇九頁。その他渋沢［1912a］一七三頁では「私は陽明学を好むものである」と述べている。渋沢［1913a］四六二～六頁でも「精神修養と陽明学」と題して陽明学を推薦している。本章、注（18）、（29）参照。

（12）渋沢［1925a］の中で「知行合一」に賛同しているところは一五、一七、一八、五九一頁等。

（13）渋沢［1925a］八頁。より厳密に言えば、徂徠学派と折衷学派の理論面による区別は非常に難しいと言える。例えば後に

本文で述べるように、徂徠も朱熹の学説の細かいところまで全てを駁したのではなく、徂徠の高弟太宰春台も徂徠の説全てに賛成していた訳ではない。本章・注（33）参照。

（14）例えば渋沢自身は青年時代の自分の思想について、次のように証言している。

東湖先生を敬慕し、其の著作の常陸帯や回天詩史抔を愛読したものであります。（渋沢［1922b］二〇六頁）

同様の証言は渋沢［1919-23］二三一頁など。序章、第一章参照。

（15）水戸学においても、藤田東湖と会沢正志斎で「天」の解釈は若干相違するようである。吉田俊純が述べるように、後期水戸学は必ずしも学者同士で全ての見解が統一されていたわけではない（吉田俊純［1986］Ⅱ-二）。渋沢は若き頃正志斎も読んでいたが、自身の証言やその内容から東湖の影響の方が強いと思われる。しかし後期水戸学内部の相違については、現在まで十分な研究がなされているとは言いがたいので、本書では特に問題にはしなかった。

（16）日本思想大系53・三一七頁等。しかし水戸学では概して「聖人」に関する言及は多くない。渋沢も同様である。これ自体も、水戸学の特徴を渋沢が踏襲した証拠と言える。

（17）渋沢［1925a］八～九、二二一、四六七、五六五頁等。渋沢の朱子学者への批判は概して厳しいが、一箇所だけ同書八一頁では、徳川家康が惺窩や羅山を登用したことを賞揚している。

（18）渋沢は『論語』の「子、怪力乱心を語らず」を実行しており、「余は一切神いのりといふものを致さぬ」（渋沢［1925a］三三四頁）と述べている。その他渋沢の迷信・オカルト嫌いは渋沢［1913a］四〇～九頁、渋沢［1913b］一三～五頁等。本章注（29）参照。

これに対して、王陽明は次のように言っている場合がある。

僕誠に天の霊に頼って、偶々良知の学を見る有り。（新釈漢文大系13・三六四頁）

渋沢はこのような「天の霊」といった概念を、まず容認しなかったに違いない。その他花の色や竹の子の認識について、陽明は唯心論的な認識論を展開する（同書四八四、五四一頁等）。近藤康信は陽明学の認識論について「唯心論的な当時の人には、理は物に当って直接に感得するものであったろうし、その理も今日の自然科学的理ではなくて、悟りの対象であったのだろう」（同書五四二頁）と述べ、陽明学の根本的な欠点について次のように述べる。

欠点としては、直ちに孔孟の伝を継ぐとしながら、宋学の範囲を脱しないで、道・仏・墨の思想を混入しておること、個人の思惟を尊重する一方で、主観と客観との一致を信じてこれを絶対視する弊があること、直截簡易を標榜したにもかかわらず、理論の不明確のために却って学説の混乱を招くに至ったことなどが挙げられる。（同書一四頁）

また、「知行合一」は、荻生徂徠も賛同しているので（『弁名』「学」の条、日本思想大系36・一六八頁）、渋沢の知行合一賛同論は渋沢が陽明学派である決定的な証拠にはならない。

（19）　しかし晩年渋沢は、朱子学の学習をそれほど十分にしていなかったようである。渋沢は朱子学を誤解して次のように述べる。

宋儒空理空論を説き、貨殖富裕を賤視する、以ての外のことにして、しかして孔聖立教の本旨に違ふの罪を免るること能はざるべし。功利則ち治国安民の事業は孔聖終身の目的なり。何ぞ富利を軽賤せんや。（渋沢［1925a］五五一頁）

しかし例えば朱熹は、『論語』七-一一を釈して次のように言う。

言を設けて富もし求むべくんば、則ち身賤役を為して以て之を求むと雖も、亦辞せざる所、然も命有りていずくんぞ之を求めて得べきに有らずや。（朱熹［1177-89］）

さらに朱熹は民を富ますべき必要についても、一三-九を釈して次のように言及している。

庶をして富まざれば則ち民を生かし遂げざる。故に田里を制し、賦歛を薄くし以て之を富ます。（朱熹［1177～89］）

(20) 例えば自らの「孝」について、渋沢は次のように言っている。

余のごときは敢て孝道を全うしたとは放言せぬが、その心掛けは常に怠らずにゐた。（渋沢［1925a］五九頁）

第一章付論参照。

(21) 渋沢はここで三島中洲も引用しているが、三島の解釈は「賢を好んで不肖を悪む」であり、無能な人材の排除を説いている点で、徂徠や南冥、渋沢の解釈とやや温度差がある。しかし渋沢はそれをここでは無視している。このように三島に義理立てするかのような引用は、『論語講義』中にしばしば見られる。

(22) しかし周知のように、朱子学・陽明学は仏教・老荘思想の影響を脱し切れていない。また王陽明死後、弟子達の間では禅学的傾向が強くなっていった（新釈漢文大系13・五九六～九頁）。

渋沢は個人的には仏教・キリスト教を好かないとしながら（渋沢［1925a］三二三～四頁）、具体的な活動においては多くの仏教団体・キリスト教団体と関わっている（龍門社［1955-65］二六、四二巻等）。渋沢の仏教・キリスト教観は、これらを踏まえるとより複雑である。

(23) 例えば新釈漢文大系53・三五五、四五〇頁の「余説」。

(24) 渋沢は「楠子墓」と述べるが、本当は「楠子之墓」。

(25) 渋沢［1913b］三五頁以下、渋沢［1937］四六頁以下等。

(26) キリスト教批判は、水戸学に限らず荻生徂徠の『政談』にも若干存在する。日本思想大系36・四三四～五頁、荻生②・三三一頁。

(27) 『青淵百話』（明治末期）の時点では、渋沢はまだ儒教とキリスト教の共通点について模索しようとする姿勢が見られる（渋沢［1913a］五七～九、一六五頁等）。渋沢は大正元年に井上哲次郎や森村市左衛門らと、仏教、基督教、儒教を総合した宗教を作ろうとして「歸一協會」を創設した。しかしこの試みは「歸一しないといふ事だけ歸一してゐる」（白石［1933］

五八二頁）と冗談を言われるほど混乱し、失敗する。その後最終的には、渋沢は儒教とキリスト教の根本的差異を重視していたと考えるべきである。従って、プラグマティズムの観点から見ると渋沢の中にキリスト教的発想があったとするジョージ・オーシロの指摘は、再考されるべきものである。Oshiro［1990］参照。

(28) 荻生③・一巻二二五頁など。また唐の時代に書かれた『貞観政要』（新釈漢文大系95～96・四九頁）では「国を体する」の語がある。

(29) 例えば明治四一（一九〇八）年（渋沢［1908b］四〇九頁）、明治四五（一九一二）年（渋沢［1912a］一七三頁、渋沢［1913a］四六六頁）等。しかしこれらの発言は朱子学が空理空論に走ることを批判しているだけで、陽明学についても知行合一説について賛同しているだけである。この時点で渋沢が、陽明学の「聖人＝全知全能説」や「天の霊により良知に致る」や「心即理」を知っていたら、果して陽明学に賛同したであろうか。またこの時点でも既に「静坐」は否定していた（渋沢［1913a］五九頁）。

(30) 三島中洲と渋沢の個人的な関係を浦野匡彦は次のように述べる。

明治一六（一八八三――引用者）年、翁（＝渋沢――引用者）は、夫人の碑文を、大審院長であった玉乃世履氏の紹介を以て中洲先生に依頼した。この碑の縁によって翁と中洲先生との交際が始まったのである。（渋沢［1925a］一頁）

その他両者の関係を述べたものとして井上哲次郎［1941］四五四～五頁、渋沢自身の証言では渋沢［1925a］一五四～五頁、渋沢［1916b］一頁等がある。

(31) 水戸学はその後開国を唱えて、「鎖国・富国強兵」から「開国・富国強兵」へと転回する。例えば会沢正志斎は壮年期の作品『新論』では強攻的な「攘夷」を唱えるが、最晩年の作品『時務策』では次のように開国を述べる。

今時ノ如キハ、外国甚ダ張大ニシテ万国尽ク合従シテ皆同盟トナリ、……是ト好ヲ結バザル時ハ、外国ヲ尽ク敵ニ引受テ、其間ニ孤立ハナリ難キ勢ナレバ、寛永ノ時トハ形勢一変シテ、今時外国ト通好ハ已ムコト得ザル勢ナルベシ。（日本思想大系53・三六二～三頁）

(32) 徂徠に賤商思想の主張は多く、凡人が学問をしても聖人のごとくはなれないという主張も多い。しかしここで渋沢が言っているような、農工商は学問してはならぬと徂徠が発言している箇所は、筆者には発見できなかった。

(33) 小川環樹も述べるように、春台も徂徠を批判している面がある（小川［1994］「解説」三八九頁）。また吉田賢抗も指摘するように徂徠には強引な説も散見され（新釈漢文大系1「解説」八頁）、これは弟子であっても無視せざるを得ないものである。例えば『論語』一〇-一八「色斯挙矣、翔而後集。曰、山梁雌雉、時哉時哉」を徂徠は次のように釈す。

「色のままに斯れ挙す、翔して而うして後集る」逸詩なり。「曰く」以下は、詩を解するの言、孔子の事を引いて以て之を解す。『韓詩外伝』に此の類おほし、疑ふべからず。（荻生③・二巻九四頁）

その他、一七-二五「唯女子と小人とは養い難し」の「女子」を女性の意とはせず、「形を以て人に事ふる者なり」とする等。

(34) 南冥に関して頼惟勤は次のように述べる。

南冥・昭陽の学は、徂徠から来ている。……その内容は批判といっても所謂る高等批判ではなく、あくまで徂徠の立場に立っての批判である。またその表現は、やはり古文辞学に即した形を備えている。つまり内容・表現ともに徂徠の立場で徂徠を扱っている。この点が南冥・昭陽の学の基本的な立場といえよう。（日本思想大系37・五六八～九頁）

また渋沢は南冥の『論語語由』復刻にも関わっている。龍門社［1955-65］四一巻二八一～三頁。

第五章　ヴェーバー理論から見た渋沢栄一の近代資本主義的精神

Ⅰ　序

渋沢栄一は近代資本主義を推し進めた実業家であるが、同時に「論語算盤一致説」を唱えたことでも広く知られている。彼は『論語』の思想が近代資本主義的な経済活動をする上で非常に有効であることを強調し、自らもそれを実践してきたことを述べた。この説は、彼の活動の根本を表わしている思想である。また彼は終生『論語』を座右の書としたが、彼の広範な実業活動と合わせて考えても、「論語算盤一致説」は渋沢栄一による近代資本主義的精神の表現である。

筆者はこれまで、渋沢栄一の思想を儒学的なパラダイムで分析するという姿勢をとってきた。それは決して専門の学者ではなかった渋沢の主張を、渋沢が学んだ儒学の思想を基礎にして読み解いていく方法である。そのため筆者は、渋沢の学んだ後期水戸学と後期水戸学に大きな影響を及ぼした徂徠学の正名論を展開し（第一章）、その後に渋沢の自由主義思想について分析した（第二・三章）。また渋沢の主著についてその学派的性格を分析した（第四章）。

これらの研究の過程で、筆者にはある疑問が浮かんだ。マックス・ヴェーバーは『プロテスタンティズムの倫理と資本主義の精神』や他の一連の著作において、なぜ西欧だけが自主的に近代資本主義を始め、東洋など他の地域はそうではなかったのかを分析した。しかし渋沢は、欧米列強の脅威のもとで近代資本主義を始めた人物である。これはヴェーバーの分析にはない、「非自主的な」近代資本主義化の事例であると言って良い。渋沢の近代資本主義的精神は、ヴェーバーの既存の分析に含まれていない。

またヴェーバーは『プロテスタンティズムの倫理と資本主義の精神』において、前近代キリスト教において否定されていたはずの資本主義が、なぜ後のベンジャミン・フランクリンにおいてそれが「使命」にまで変化したのかという疑問を立てた。しかし渋沢は、『論語』を指針として実業活動を行なったと述べている。つまり前近代思想である『論語』が、近代資本主義と親和的であると渋沢は主張している。これはヴェーバーがキリスト教において見た「前近代キリスト教と近代キリスト教の差異」といったものが儒教にはないということを意味している。渋沢によれば、渋沢の儒教思想は古代儒学と大きな差異はない。

ヴェーバーによればキリスト教が近代資本主義を正当化するに至るまで、その教義は一部、現世否定から現世肯定へと大きく変化している。しかし渋沢によれば、儒教にそのような大きな変化は必要ない。では、彼の儒教理解はそれ以前の儒学と比べて本当に変化はないのであろうか。また、彼の主張に反して変化があるとして、それはどのような変化なのであろうか。日本の「非自主的」な近代資本主義化において、渋沢の儒教思想はそれ以前の儒学と比べてどのような差異があるのか。これが本章が取り上げる問題である。

我々はこの研究の中で、ヴェーバーが彼の疑問にどのような結論を出したのかということより、ヴェーバーの疑問のあり方により多くの興味を持つ(1)。彼の疑問は端的に言えば、それ以前のキリスト教では否定されるかせいぜい容認されるに過ぎなかった資本主義の精神が、なぜ後のピューリタン道徳ではむしろ積極的に肯定されるようになったのか、というものである。本章ではまずこの「ヴェーバーの疑問」を明白にすることから議論を開始したい。そしてヴェーバーの方法論をも明白にし、前近代儒教と渋沢の儒教理解との相違の分析に役立てたい。ここでは議論に支障がない限り、ヴェーバーの観点・方法論を尊重し、それに則って分析を試みるが、ヴェーバーとは異なり、あくまで思想の分析に終始する。ヴェーバーは実際の経済現象の実証も行なったが、本稿における分析は渋沢の具体的な経済活動ではなく、渋沢の「主張」の分析にある。

次にこの観点から、渋沢の主張に反して、前近代儒教はどのような点において近代資本主義に非親和的だったのか、もし親和性を持ちえない部分があったとして、それはどのような思想なのかを分析する。後者はそれが末端の議論であったり、相対的ないし議論の重点による相違であることが確認される。

Ⅱ　ヴェーバーの疑問と方法論

マックス・ヴェーバーの『プロテスタンティズムの倫理と資本主義の精神』は、一九〇三年から一九〇五年にかけて書かれた論文で、彼の著作の中でも特に良く知られたものである。また宗教と近代資本主義の連関について追求した議論としても、この作品は最も有名である。(2) 以下、彼が追求しようとした疑問を明白にし、彼の方法論についても考察する。

1　ベンジャミン・フランクリンと中世キリスト教

先に述べたように、本稿における重要な課題はヴェーバーの疑問のあり方であって、それに対して彼が出した結論ではない。ヴェーバーは自らの疑問を明白にするために、まずベンジャミン・フランクリンの言葉を引用する。彼の引用するフランクリンの言葉は次の如くである。

> 時は貨幣であるということを忘れてはいけない。一日の労働で一〇シリングをもうけられる者が、散歩のためだとか、室内で懶惰にすごすために半日を費すとすれば、たとい娯楽のためには六ペンスしか支払わなかったとしても、それだけを勘定に入れるべきではなく、そのほかにもなお五シリングの貨幣を支出、というよりは、抛棄したのだということを考えねばならない。／信用は貨幣であることを忘れてはいけない。……貨幣は生来繁殖能力と結実力とを持つものであることを忘れてはいけない。（Weber ⑥・梶山・大塚訳一一三頁）[3]

以上の文章の中に、ヴェーバーはある「エートス」（同書一一五頁）あるいは「倫理的な色彩を持つ生活の原則」（同書一一六頁）、つまり「近代資本主義の精神」（同書同頁）を見る。そしてフランクリンの主張する「貨幣の獲得を人間に義務づけられた自己目的、すなわち『使命たる職業』、とみるような理解は他のどの時代の道徳感覚にも背反する」（同書一三四頁）と述べている。

　彼はフランクリンとは異なって、前近代的キリスト教が「近代資本主義の精神」とそりが合わないという事実は、「ほとんど証明を要しない」（同書同頁）と述べ、そのことについては証明していない。しかし確かに中世キリスト教思想を見ると、それはフランクリンの主張とは全く異なるものであることは確認できる。例えばキリスト教世界で『聖書』の次に多く読まれたと言われるトマス・ア・ケンピスの『キリストにならいて』には次のような言葉がある。

> たとえ聖書のすべてを外面的に知り、あらゆる哲学者のいったことを知るとしても、神の愛と恵みとがなければ、その全てに何の益があろう。神を愛し、それだけに仕えること、それ以外は、空の空、すべてが空である。この世を軽んずることによって天国に向かうこと、これが最高の知恵である。（Kempis・大沢訳一五～六頁）

またイエスの言葉として次のような表現もある。

わが子よ、私の恵みは貴いもので、世間的な物事や、地上の慰めなどと一緒くたにするのは許されない。……全世界を無価値なものと考えなさい、そして神へのつとめをあらゆる外面的なことより大切にすべきである。（同書二〇四頁）

これらの主張は、ヴェーバーのいう通りフランクリンの思想とは全くもって相反する。神を愛しそれに仕えること以外は全てが空であり、地上の慰めを軽視するこれらの主張は、アンセルムスやアウグスティヌス等、他の古代・中世キリスト者においても基調は同じである（Anselmus・古田訳、Augustinus・服部・藤本訳）。ケンピスは多少譲歩した場合でも「たとえ富をもつとしても、それを誇ってはならない」（Kempis・大沢訳一三三頁）と述べるに留まっており、資本主義の精神とも言いえる要素は高々容認されるに過ぎない。つまり中世キリスト教は現世的事物を否定することによって、資本主義を「使命」として積極的に推進しなければならない主張と本質的に対立している。(4)

それらを受けてヴェーバーは、自らの疑問を次のように述べる。

このような道徳的にはせいぜい寛容されるにすぎなかった利潤の追求が、どうして、ベンジャミン・フランクリンの意味における「使命としての職業」にまでなったのであろうか。（Weber ⑥・梶山・大塚訳一三六頁）

ヴェーバーが言うには「使命としての職業」という考え方こそ、近代資本主義の属性であった。彼は近代資本主義を定義する上で「正当な利潤を使命（すなわち職業――原文）として組織的且つ合理的に追求するという精神的態度を、われわれはここで暫定的に『近代資本主義の精神』と名づける」（同書一二八頁）と言及している。さらに「使命」にこだわらなければ、「資本主義の精神」自体は古代にも中世にも、また欧州以外にも存在したと述べている（同書一一六頁）。

また彼は『一般社会経済史要論』においては、近代資本主義を合理的資本計算によって日常需要が満たされることとしている（Weber ②・黒正・青山訳下巻一二〇頁）。両者の定義は、異なるものであるが、ここでは「近代資本主義」について考える時、双方の定義に配慮したい。ここで重要なことは、どちらの定義を採用しても近代資本主義的精神は、現世否定的な前近代キリスト教とは本質的に対蹠的であるという事実である。先に引用した中世キリスト教の主張は、どちらの定義とも相容れない。

2　ヴェーバーの方法論

ヴェーバーは、斯様な分析における「使命としての職業」の概念について、それが資本家の営利追求の精神なのか労働者の勤勉なのか明白に区別していない[5]。彼は「ピュウリタニズムの担うエートスは、合理的・市民的経営と労働の合理的組織のそれであった」（Weber ⑥・梶山・大塚訳二六一頁）と述べる場合もあり、近代資本主義のエートスを「経営と労働」の両方において見ている。この点は彼の議論の中でも頻繁に批判を浴びる点の内の一つである。しかし本章における議論の際、この無区別性はそのまま相続することにしたい。それは彼の議論の欠点かも知れないが、一つの特徴と解釈することも可能だからである。ヴェーバーの方法論は、無限に複雑な歴史的諸事実を一面的に定式化することであると彼自身は述べている。

われわれに与えられた課題は、まさにこれらの不明瞭な諸事実をできるだけ明瞭に――すべての歴史現象につきものである無限の多様性にもかかわらず可能なかぎり明瞭に——定式化することでなければなるまい。（Weber ⑥・梶山・大塚訳一一〇頁）

彼の方法論は、歴史現象の「無限の可能性」から明瞭な「定式」を生み出すことにある。それは逆に言えば、その定式化において区別されない諸概念が生ずることも意味する。つまりある勤労者が背が高いか低いか、目の色が青色か茶色かは明白に区別できる事柄であるが、議論の観点・定式化によってはこれらの区別はその議論の課題ではないとして無視される。aとbといった明白に区別できる概念でも、ある観点から見た定式化ではAにまとめられる場合がある。ヴェーバーは『社会学の根本概念』において「すべて一般化を行なう科学に見られるように、社会学の諸概念は、その抽象性のゆえに、歴史の具体的現象に比べて、内容の乏しいものにならざるを得ない」（Weber ⑤・清水訳三二頁）とも述べている。ある側面を「明瞭」にするためには、別な側面はその明瞭さを犠牲にしなければならない。それは論理の不徹底というよりも、その議論における課題が異なるからに他ならない。ヴェーバーがここでの議論で追求したのは、あくまで近代資本主義を肯定するようなキリスト教的主張の発生であって、それが労働者に活用された場合と資本家に活用された場合の差異は、また別な論考を必要とする。

また同様にヴェーバーは、経済現象の変化が宗教の変化に影響するといった観点が、社会学の研究としてありえることを否定するわけではない。ヴェーバーのここでの観点は宗教の変化が中心であるが、その観点は先にも述べたように「暫定的」なものである。ヴェーバーは次のようにも言っている。

一面的な「唯物論的」歴史観にかえて、これまた同じく一面的な、文化と歴史の唯心的な因果関係を定立するつもりなどは、もちろんない。両者ともひとしく可能なのであるが、両者とも、もし研究の準備作業としてでなく、

結論として主張されるならば、歴史的真理のためにはひとしく役立たないのである。（Weber ⑥・梶山・大塚訳二九一頁）

唯物論的な観点や唯心論的な観点は、どちらも技術的には「ひとしく可能」である。しかしそれは暫定的になされる見方なのであって、唯一可能で他者を許さないような「結論」ではない。ヴェーバーはここで相対主義の立場に立っているが、これは強固な唯物論者に対して配慮した結果と思われる。

Ⅲ　儒教の倫理と近代資本主義

ヴェーバーの疑問は、それまでのキリスト教がせいぜい資本主義を容認するに過ぎなかったのに、なぜベンジャミン・フランクリンにおいてはそれが「使命」にまで変化したのかというものであった。本章はそれを儒教において考察する。そのためにはまず、彼の問題設定を渋沢栄一の儒教思想の研究に合うように再設定することから始めなければならない。以下、その再設定とその観点からの分析を行なう。

1　問題設定

ヴェーバーの問題設定は観点としては重要であるが、彼が「キリスト教」と言っているところを「儒教」と言い換えれば渋沢についての議論が成り立つかといえば、そのように簡単ではない。まず問題にされるべきことは、前近代の儒教が前近代のキリスト教のように、近代資本主義とまったく親和性を持ちえなかったのかということである。後に引用するように、渋沢栄一が最も強く主張したことは、『論語』の精神が実業に応用できることであった。『論語』

は言うまでもなく、古代中国で記された文献である。渋沢の主張がほとんど正しいとすれば、儒教は古代から近代資本主義と潜在的に親和的であったことになる。渋沢儒学の中に近代資本主義的精神があったとしても、それは決して渋沢にユニークなものでも近代以降の儒学解釈において顕著なものでもなく、『論語』が記された時代から存在していたことになる。

ヴェーバーも『儒教と道教』で再三主張するように、儒教は元来現世肯定的な宗教である。(6) これは前近代キリスト教と比べて著しい対比である。ヴェーバーが前近代キリスト教が近代資本主義的精神と親和性を持ちえないことについて「ほとんど証明を要しない」と述べていたのは、キリスト教が元来現世否定の宗教であったことが原因であろう。しかし儒教は現世肯定なのだから、前近代儒教が近代資本主義の精神と親和性を持ちえないことについて「ほとんど証明を要しない」とは言いえない。前近代キリスト教が本質的に近代資本主義と相反するのに対して、前近代儒教の非・近代資本主義的主張は、少なくとも前近代キリスト教よりは部分的であると言える。

つまりまず問題にされるべきことは、「前近代儒学はいかなる点で近代資本主義に対して否定的か」ということである。もしそのような点があれば、渋沢はそれを否定したはずである。そして結論を先に述べると、前近代儒学を古代儒学についてのみ議論を限定した場合、それは商末・抑商思想の存在に集約される。古代中国の儒学つまり古学は、商末・抑商思想を除けば使命としての資本主義、合理的資本計算によって日常需要を満たそうとする近代資本主義が、理論的には可能である。以下、まずそれを証明したい。次に商末思想は如何に儒学の中で末端の議論であり、儒教の中で重要な位置を占めていないかを分析する。非・近代資本主義的主張が末端の議論であるということは、儒教は本来近代資本主義の成立に対して親和的であり、渋沢が『論語』で近代資本主義を主張していたとしてもさほど特異な議論ではないことが確認される。またここでは、さらに前近代儒学を、渋沢が批判して止まなかった「朱子学」に限定して考える。朱子学は概して政治・社会論を「末」としてとらえており、この点において政治・社会論重視の渋沢と相違していることが確認される。

2　前近代儒学と近代資本主義的精神

(1) 古学と近代資本主義

渋沢栄一は、『論語』の思想は近代資本主義と親和性があると考えていた。渋沢自身はそれについて次のように述べる。

近年漢学の再興につれて論語も大分読まれるやうになって来たらしい。併し乍ら論語を読んでも、同じく旧来の如く富貴功名を卑しむべきものであると解釈して居ては、何の役にも立つものではない。之を読むに方っては、余が所謂「論語と算盤」との関係を心とし、これに依って致富経国の大本を得んと志してこそ、初めて真に意義あるものとなるのである。「論語読みの論語知らず」といふことは、最早前世紀の言葉である。今は之を読んで一々活きたものとして使用しなくてはならぬ。然るに今日でも生意気の青年なぞになると、時としては論語を目するに旧道徳の残骸を以てし、旧時代の遺物として殆ど之を顧みない者がある。これは甚しい誤解である。聖人の教は千古不磨のもので、必ずしも時代に因って用不用のあるべきものでない。余は明治時代に生活し、而も論語を行為の指導者として来たが今日迄は更に不便を感じなかった。して見れば旧時代の遺物でもなければ、旧道徳の残骸でもない。今日に処して今日に行なひ得らるる所の処世訓言である。世の貨殖致富に志しあるものは、宜しく論語を以て指針とせられんことを希望する次第である。（渋沢［1913a］一六〇～一頁）

彼は『論語』の解釈自体は「旧来の如く」ではいけないと言う。これは後に分析するように専ら朱子学を意識したものだが、彼の批判はあくまでその解釈の仕方のみであって『論語』そのものではない。儒教の教えは「千古不磨のものので、必ずしも時代に因って用不用のあるべきものでない」。彼自身は明治時代に実業家として活動したにも関わらず、『論語』を精神的な指針としてまったく不便を感じなかったと述べている。

では渋沢が述べるように古代中国の「聖人の教」は、近代資本主義と親和性があるのだろうか。荻生徂徠は「孔子の時を去りて近き者には、孟子の外には唯荀子あるのみ」（荻生①・一巻二三七頁）と述べ、『論語』の精神は『孟子』『荀子』までは正確に伝えられたとしている。ここでは以下、『論語』『孟子』『荀子』の思想より、それらの主張と近代資本主義が如何に親和的であるかを証明したい。(7)

(a)天命論

儒教において諸個人の役割は、「天命」によって決定する。『論語』においては天命に関して次の記述がある。

孔子曰く、君子に三畏あり。天命を畏れ、大人を畏れ、聖人の言を畏る。（新釈漢文大系1・三七〇頁〔一六―八〕）

『論語』の以上の主張は、諸個人の社会的役割までは明示されていない。これは『論語』中のほかの表現でも同じである。しかし『荀子』には次のような記述がある。

人の命は天に在るも、国の命は礼に在り。人に君たる者は礼を隆び賢を尊びて王たり、法を重んじ民を愛して覇たり。……天に従ひて之を頌むるは、天命を制して之を用ふるに孰與ぞや。（新釈漢文大系5～6・四九一頁）

荀子が述べるには、人の命は天にある。人の行なうべきことは天が決める。それに対して国が行なうべき具体的なことは「礼」つまり古代から決められている社会規範や政治道徳によって決められている。荀子によると、人の成すべきことは天によりある程度決められてはいるが、それを前提としつつ人は自らの生を切り開くべきである。孟子には有名な次のような表現がある。

天の将に大任を是の人に降さんとするや、必ず先づ其の心志を苦しめ、其の筋骨を労力せしめ、其の體膚を餓ゑしめ、其の身を空乏にし、行ふところ其の為さんとする所に拂亂せしむ。（新釈漢文大系4・四三九頁）

この言葉は吉田松陰なども座右の銘とした。天がある人物に大任を降そうとすれば、天はその人物をあらかじめひどく苦しめるはずである。これは現在苦痛の状態にある人物を励ます効果のある言葉であるが、同時にある人物の社会的役割が如何に天によって決められるか明白に物語っている。

以上の記述から、古学においては「天命」によって諸個人のなすべきことが、少なくともある程度は決定すると言える。それは具体的で詳細な事柄についてまで諸個人を縛るものではないにしろ、ある人物が天命として実業活動を行なう可能性を示している。もちろんそれは孟子と荀子で温度差のあるものであり、孟子より荀子のほうが人為による可能性を大きくしている。しかし荀子であっても、人々の命を司る天命を否定するものではない(8)。

(b) 物質面の安民

儒教において、君主は民を安んずる義務を負う。この義務は先の『荀子』の引用にもある通り天命によるが、臣下もまた天命によって君主に忠義を尽くす義務を負う。君主への忠義とは、実質的には君主の義務を部分的に代行することであるが、これは民を安んずる義務に他ならない。つまり民を安んずる義務は、君主と臣下が負うものである。この民を安んずる義務とは、決して精神面のみではない。為政者は物質面においても民を安んずる義務を負う。『論語』には以下のような言葉がある。

百姓足らば、君たれと與にか足らん。百姓足らずば、君たれと與にか足らん。（新釈漢文大系1・二六七頁〈一二-九〉）

重んずるところは民の食、喪、祭。（新釈漢文大系1・四三一頁〈二〇-一〉）

君主には「百姓」つまり民を安んずる義務がある。それも「民の食」を重視する義務がある。民の食が足りない状態で、どうして君主が裕福であるなどと言えるだろうか。祭りなど精神面においても民を安んずることは重要であるが、物質面においても民が窮するようなことがあれば、それは民を安んじていることにはならない。同様に『荀子』は次のように言う。

王者は民を富まし、覇者は士を富ます。（新釈漢文大系5～6・二二四頁）

豊ならざれば以て民の情を養ふこと無く、教へざれば以て民の性を理むること無し。（同書七九二頁）

荀子の以上の主張はより明白である。王者は民を富ますものであり、民を豊かにしなければ民を安んじている事にはならない。為政者は民を安んずるために、物質的富を追求しなければならない。

以上のことから、君やそれを補佐する臣等為政者にとって、民を物質面において安んずることが「天命」でありうることは明白である。つまり為政者は、「天命」として物質的富を追求することがある。それは自分たち自身のためではなく、民のための行動であるが、その場合は為政者が国民を富ますことは「天命」であり義務である。

(c) 諸個人の禁欲

ヴェーバーは近代資本主義において、諸個人の消費面に於ける禁欲にも注目した。古今東西ほとんどの宗教はなんらかの禁欲を説くものであるが、古代儒教もこの点では例外ではない。『論語』には次のような言葉が在る。

子曰く、君子は食飽くことを求むるなく、居安きことを求むるなく、事に敏にして言に慎み、有道に就きて正す。（新釈漢文大系1・三三頁〔一-一四〕）

子曰く、君子、道を謀りて食を謀らず。耕して餒其の中に在り。学べば禄その中に在り。君子は道を憂へて貧しきを憂へず。（同書三五六頁〔一五-三二〕）

同様に諸個人の禁欲を説く主張は『論語』内だけでも十以上在る。第一章付論で述べたように、儒教は修身論に於て一般に禁欲的である。

これらの主張は孟・荀双方に見られる。両者は次のように主張している。

> 孟子曰く、……豈惟口服のみ飢渇の害有らんや。人心も亦皆害有り。人能く飢渇の害を以て心の害と為すこと無くんば、則ち人に及ばざるも憂と為さず、と。（新釈漢文大系4・四六五頁）

> 是に於て又用を節し欲を禦し、収斂蓄蔵して、以て之に繼ぐなり、是れ己が長慮顧後に於て、幾甚だ善からずや。今夫の偷生淺知の属、曾て此をしも知らざるなり。（新釈漢文大系5〜6・一一五頁）

この種の主張は、荀子には十以上存在している。儒教は経世論的目的に於ては利の追求を謀るが、修身論に於ては非常に禁欲的である。

(d)為政者の主体性

為政者に民を富ます義務があっても、為政者諸個人の主体的活動が許されなければ、成果は薄い。もし臣が君の命令以外では何もできないような状態では、現実的な問題として「近代資本主義」は成立しにくい。通俗的には君主への「忠義」とは、君主への絶対服従のように解釈されているが、これは第一章で既に論じたように儒学の本来の主張と相容れない。君主は臣下の主体性を認め、臣下が自らの主体性を保つことは義務である。『論語』には以下のような表現がある。

> 如し不善にして之に違ふこと莫きや、一言にして邦を喪ぼすに幾からずや。（新釈漢文大系1・二九二頁〔一三―一五〕）

君子は和して同ぜず。(同書二九九頁〔一三-二三〕)

孔子が言うには、もし君主が不善であっても、臣下が誰一人としてそれをとがめないようでは、その国は遠からず滅んでしまう。為政者は「和」を尊ぶが皆と「同」であってはならない。君主は臣下の主体性を認めて自らの過ちについて指摘させ、臣下たちも皆「同」じ言動をとってはいけない。孟子も臣下の主体性について次のように述べる。

君過有れば則ち諫め、之を反覆して聴かざれば、則ち去る。(新釈漢文大系4・三七七頁)

臣下が君主の過ちを指摘することは義務であり、もしそれがどうしても聞き入れられなければ、臣下はその君主に仕えることを辞める。荀子も君主が臣下の主体性を認めるべき点について次のように述べる。

主を尊くし国を安んぜんには賢義を尚べ。諫を拒み非を飾り、愚にして同を上べば、国必ず禍あり。……賢を遠ざけ讒を近づけ、忠臣蔽塞すれば、主の勢移る。(新釈漢文大系5~6・七二五頁)

君主は自らの尊厳を高く保ち、国を安んずるためには賢くて義に則った人物を重視するべきである。そのような優秀な臣下の諫めを拒んで自らの非を飾り、愚かにも皆が自分に同調するような状態を尊べば、その国には必ず禍が起きる。君主が臣下の主体性を認めることは、民を安んずる上でも、自らの尊厳を保つ上でも不可欠なことである。

以上の主張より、臣下たちは自らの義務として主体的な言動を行なう可能性が示唆される。為政者は民を安んずることが「天命」とされるが、そのために物質的富を追求することが、場合によっては主体的に行なわれるべきとされている。

(e)技術面の問題

以上のことがありえても、諸個人があくまで自分たちの技術にこだわり、近代資本主義に必要な技術を外国など他者から輸入することを拒むようでは、その成果が出るのは遅れてしまう。もし既存の技術のみで近代資本主義化が可能であるならば、この条件は必要ないが、本章の課題は「非・自発的な近代資本主義化」であり、技術の輸入は重要な用件であると言える。

古学はこの点においても積極的である。『論語』には次のような言葉がある。

樊遅稼を学ばんと請ふ。子曰く、吾は老農に如かず。圃を為るを学ばんと請ふ。曰く、吾は老圃に如かず。（新釈漢文大系1・二八四頁（一三‐四））

孔子は穀物の栽培方法や野菜の栽培方法を聞かれた時、その様な技術的なことはベテランの農民に聞くべきであると答えている。また『論語』には「下問を恥じず」（五‐一五）、「人を以て言を廃せず」（一五‐二二）という言葉もある。儒教のあるべきエリートは、具体的な事柄に関してその知識を吸収することに貪欲でなければならない。同様に荀子は、為政者がどのような身分のものにも積極的に知識を求めることを重視して次のように述べる。

天下国ごとに俊士有り、世ごとに賢人有り。迷ふ者は路を問はず、溺るる者は遂を問はず、亡人は独を好む。詩に曰く、我が言を維れ服へ、用て笑ひと為すこと勿れ、先民言へること有り、芻蕘に詢る、とは博く問ふことを

言へるなり。（新釈漢文大系5～6・七九四頁）

荀子が言うには、天下には必ずどの時代にも優秀な人がいる。道に迷ったり川で溺れたりする人は、通るべき道や渡るべき浅瀬を人に尋ねないからである。『詩経』にも「芻蕘に詢る」つまり草刈りをしている人やきこり等身分の低い者にまで物事を尋ねるとあるように、広く物事を問うことは為政者の当然の義務である。

為政者は民を物質的に安んずる「天命」を遂行するために、禁欲的かつ主体的な言動をとることが義務付けられていた。さらに必要とあれば、近代資本主義に関する技術の知識を集めることも義務づけられている。これはヴェーバーが『一般社会経済史要論』で主張した「合理的資本計算」に関する技術の輸入も含みうる。

渋沢栄一は『論語』と近代資本主義における実業活動が親和的であることを主張したが、それは以上の分析から見ても、論理的に不都合はない。儒教は古代の理論においてすでに、近代資本主義を可能とする議論を潜在的に展開している。必要な条件は民の生活が脅かされるような具体的脅威であり、この脅威さえあれば、儒教の「臣」は民の生活を守る「天命」を果たすために、合理的・組織的な利潤追求に必要な諸々の技術を主体的に輸入しうる。これはヴェーバーも主張したが、儒教が本質的にエリートの現世肯定的な行動を説いた思想であることに符合する（Weber ③木全訳二五六～七頁）。儒教のエリート達の活動は、現世肯定的であるがゆえにより即物的で、決して現世超越的ではない。

⑵商末・抑商思想

既に述べたように儒教には古代より、商末・抑商あるいは賤商思想と言われる考え方がある。商業は卑しく見なされるべき産業であり、国政において常に抑制されなければならない。この主張は荀子以降、殆どの主要な儒学に見いだせる。例えば荀子は次のように主張する。

上利を好めば則ち国貧しく、士大夫衆ければ則ち国貧しく、工商衆ければ則ち国貧しく制数度量無ければ則ち国貧し。（新釈漢文大系5〜6・二八三頁）

荀子が述べるには、工商の民が多ければその国は貧しくなる。この種の主張は、それ以前に成立した『論語』『孟子』には見いだせない。商業が社会に及ぼす影響は、春秋戦国時代末期に至って始めて議論されたのであろうか。荀子の弟子である韓非子も、この思想は明白に相続している。韓非子は次のように述べる。

夫れ明王の治国の政は、其の商工遊食の民をして少なくして名卑しからめ、以て本務を舎てて末作に趨る者を寡くす。（新釈漢文大系11〜12・八五七頁）

荀子はその著作において三カ所で賤商思想を述べ（新釈漢文大系5〜6・二五九、二八三、三六九頁）、韓非子も三カ所でこの議論を展開する（新釈漢文大系11〜12・一六七、一八八、八五六〜七頁）。同様の主張は、後に引用するように、『孔子家語』、『近思録』などの重要な漢籍でも、また渋沢に大きな影響を与えた荻生徂徠や水戸学の中にも見いだせる。(9) およそ儒学において社会論を展開する思想家は、荀子以降の人であれば殆どの思想家がこの抑商思想を主張する。

この商末・抑商思想は、説明を要しないほど明白だが、「近代資本主義」とは相反する思想である。先に分析したように古学は、ほとんど近代資本主義を成立可能とする思想であったが、抑商思想はそれに歯止めをかけるものである。中世キリスト教が近代資本主義と親和性を持ちえなかったのは、その現世否定的性格ゆえであったが、前近代儒教の場合は、この抑商思想がその非親和性を体現している。よりあからさまに商業を否定することによって、儒教圏の国々は欧米文明と接触する前に、少なくとも自発的には近代資本主義化を遂行することがなかった。儒教圏の国々は、古代の儒教が近代資本主義と潜在的に強い親和性を持っていたにもかかわらず、この抑商思想によって近代資本主義に蓋をしていたような状態であった。

しかし渋沢栄一は実業家であった。日本における近代資本主義の草分け的存在である彼は、当然この抑商思想には反発する。彼がその論拠としたのは、他でもなく『論語』の主張であった。渋沢は抑商思想が、儒教の大本である『論語』には存在しないことを根拠に、商業者と政治家の対等であるべきことを説く。渋沢は江戸時代の身分制を批判して次のように言う。

> 家康は孔子によって人心を善導し、忠孝を奨励して、封建制度を確立せんとしたのである。然らば士農工商の階級制度もまた孔子教の反応なるかといふに、これは頼朝以来多年封建制度が発達してきた自然の結果に過ぎず、孔子教に農工商を圧服する文字は存せざるなり。治者と被治者の別を明白にし、被治者をして少しも治者の権限を犯さしめざるは武断政治の常套手段なり。（渋沢［1925a］二八五頁）

通常の儒学の議論において、商末・抑商思想は農本思想と対比で説かれ、荀子以降の思想家も農業との対比で商業の抑制を説くことが多い。しかし渋沢は前近代の抑商思想を武士の特権と対比させて、士農工商の平等なることを説く。また彼は儒学の議論の中に存在する抑商思想を批判するのではなく、現に日本で行なわれてきた身分制を批判し、これが孔子の教えに反すると説く。渋沢の思想は儒教で説かれてきた商末・抑商思想を直接攻撃したものではないが、身分制の打破を説き、商業の低い地位を改善せしめようという点では、反・抑商思想である。

渋沢は他にも『論語』（七-一一）「富にして求むべくんば、執鞭の士といへども、われもまたこれをなさん」の解釈において、農工商が卑しめられたのは封建制によるのであって孔子の教えによらないと述べている。渋沢は「封建制度の樹立せられぬ前は、農工商も決して賤しめられず、実業家は朝廷よりも国のみ宝なりと賞賛せられ」（同書三一五頁）たとも言う。渋沢の反・抑商思想は、江戸時代生まれである彼の実体験が基礎にあるのかも知れないが[10]、渋沢は抑商思想の非なることについて、その論拠として「孔子の教えではない」ことを繰り返し説く。渋沢によれば、商業を賤しむことは決して『論語』の教えではない。

孔子は「有教無類」（『論語』一五-三八）という言葉を残しているように、どれだけ教育を受けたかが重要であって、出身の身分は重要ではないと考えていた。『論語』に抑商思想が無いことを考えても、渋沢の主張は確かに正しい。彼は、孔子本来の教えに帰るといった儒学者がしばしば主張する方法で商末思想を否定しているに過ぎない。この意味では渋沢の近代資本主義肯定論は、決して儒学の中で突飛な解釈ではない。

また渋沢の抑商思想批判が儒学の中で突飛でない理由は、もう一つある。抑商思想は『論語』の中にないことのみならず、荀子以降の儒学書においてもそれが末端の議論としてしか説かれてこなかった。抑商思想は、『荀子』のなかで三カ所にだけ登場するに過ぎない。君のあるべき姿、臣のなすべきことについて膨大な議論を費やしている荀子は、工商抑制の主張をたった三カ所でしか述べていない。

同様に『孔子家語』においても「政を治むるに理有りて、農を本と為す。……末を豊にするを務むること無かれ」（新釈漢文大系53・一九五頁）とあるが、この主張は『家語』の中でも一カ所だけである。また朱子学の入門書である『近思録』でも「本を敦くし末を抑へば、以て先王の遺法を推す」（新釈漢文大系37・四八七頁）とあるが、これも『近思録』のなかで他に同様の主張が存在しない。しかもこれらは「末」としか言っておらず、商業全体が果してこの「末」に入るのか否かは議論の余地がある。これらは確かに農本「商末」思想と解釈可能であるが、明白に商業全体を否定しているわけではない。現代の「近代資本主義」においてもネズミ講など悪質な商業は禁止されている。この「末」は悪質な商工業のみを指している。

北条政子や徳川家康等が重視した『貞観政要』にも「政を為すの要は、必ず須く末作を禁ずべし。伝に曰く、雕琢刻鏤は農事を傷り、纂組文彩は女工を害ふ、と。古より聖人、法を制するや、節倹を崇び、奢侈を革めざるは莫し」（新釈漢文大系95〜96・四六一頁）という主張がある。同書には重出で同様の表現がもう一つあるが（同書九二四頁）、これもその分量を考えて、全体から見ると極めて末端の議論である。また上記の引用からも明らかだが、ここでの「末作」は明白に奢侈品の生産を指している。これは「工商」全体を指していると言うより、奢侈に相当する工商を指している。また荻生徂徠も『政談』など具体的に政治を論ずる場合は抑商思想を説くこともあったが、彼の主著である『論語徴』では、抑商思想を説くことはない。抑商思想は徂徠にとって、あくまで儒学の本筋とは直接関係のない議論だった。

商末・抑商思想は『論語』も含めた四書には存在せず、荀子以降の主要な著作でも殆どが各々の漢籍の中で一カ所か数カ所程度で述べられているに過ぎない。またそれはしばしば「末」と説かれているのみであって、明白に商工業全体を指しているわけでもない。儒教は古代の論理において既に近代資本主義と親和性を持っていたが、この抑商思想によってのみ、近代資本主義は抑制されていた。しかし、この抑商思想自体が末端の議論であり、儒教の中においてその重要度は相対的に低いと言える。渋沢は『論語』に帰るという方法で抑商思想を打破したとも言いえるが、荀子以降の儒学の中で末端の議論を消去しただけであるとも解釈可能である。

つまり渋沢の「近代資本主義の精神」は、抑商思想が存在しない『論語』に帰るといった復古的な「精神」か、荀子以降の儒教の中において、ある末端の議論のみを否定する「精神」であった。渋沢は欧米列強の具体的脅威のもと、

『論語』により忠実であることによって「近代資本主義の精神」を主張したに過ぎなかった。その意味では彼の『論語』解釈は、決して特別独創的なものでもなく、またさほど突飛で身勝手な解釈でもない。渋沢は実際の活動においては不世出のものがあったが、その思想は正統な儒教の枠から外れるものではなかった。

(3)朱子学と近代資本主義

渋沢は『論語』に帰るという復古的な方法で「近代資本主義の精神」を主張した。これは渋沢から見て最近の儒学が、孔子の本来の教えに忠実ではなかったと渋沢が判断したことによる。その最近の儒学とは、朱子学であった。朱子学は江戸時代において正式な官学とされていた。江戸時代の時代精神を朱子学一辺倒とすることはやや単純に過ぎるが、朱子学の大きな影響を受けていたこともまた否定できない。また少なくとも渋沢は、江戸時代を含めた封建制の体制イデオロギーとして朱子学を見る場合が殆どである。渋沢の朱子学批判は数が多いが、そのうち朱子学の本質的な部分に迫る批判では次のような主張がある。

我国の国民性をつくる上に於て、朱子学は偉大な貢献のあったことは認められなければならぬが、それと同時に又富貴貨殖と仁義道徳とは相容れないものであるとの、誤った思想を蔓延させた弊も掩ふ可らざる事実である。併し一世の大儒たる朱子すらも猶且つ左様であるから、況や後の凡儒者流が之に雷同して、孔子の本領を誤らしめたことは蓋し無理なきことであろう。

元来孔子を解釈して一個の道学先生であるとして仕舞ふからこんな間違も生じて来たのである。孔子の本体は後の儒者の目するごとき道徳のみを以て能事とする教師ではなかった。否、寧ろ堂々たる経世家であった。孔子を目して経世家なりと断定するのは、必ずしも吾人の一家言ではない。それは孔子が四方に遊説した事実を調査

して見れば何人も了解に苦まぬ所である。（渋沢［1913a］一五八～九頁）

渋沢は、朱熹が孔子の道を誤解していたと考えている。孔子は本来道徳のみを説いていた人物ではない。むしろ積極的に政治・社会論をも説いていた思想家であった。朱熹の学問は修身論としての色彩が強いが、孔子の本来の主張は政治・社会論であると渋沢は述べている。

第一章で既に述べたように、朱子学は荀子と孟子では孟子の方を正統とした。『近思録』にも「荀子は極めて偏駁なり」（新釈漢文大系37・六二一頁）とあり、「孟子は醇乎として醇なり」（同書六二六頁）とあるように、朱子学は孟子を正統とするいわゆる「孟学」である。これに対して、渋沢も大きな影響を受けた荻生徂徠は（第一・四章参照）、荀子の影響を多く受けた。小川環樹は徂徠と荀子について次のように述べる。

二程子と朱子を代表とする宋の儒者は『孟子』を正統とし、『荀子』を斥けた（その点では伊藤仁斎も同じであった——原文）。『孟子』を宗とする宋儒の学問を「孟学」とよぶならば、徂徠の学問は正に「荀学」と呼ばれるべきである。つけくわえて言えば、『論語徴』（および二辨など——原文）の文章は『荀子』の文章にすこぶる似たところがある。徂徠は中年以後まず李攀龍・王世貞の古文辞を学んだが、次いで経学に潜心してからは荀子の文章を刻意して学んだとおもわれる。（小川［1994］三七五頁）

渋沢は徂徠学・水戸学の系譜上で経済自由主義を述べ（第一章参照）、最晩年に至っても水戸学の強い影響下にあった（第四章参照）。渋沢を孟学か、荀学かに分類するとすれば、彼は荀学の学統に所属すると言って良い。これは朱子学が孟学の学統に所属することと明白に対照となっている。

通常孟子は性善説、荀子は性悪説と言われる。これは決して間違いではないが、ここではこれ自体はあまり重要ではない。むしろこの人間観の相違から来ているかも知れない、別の本質的差異がここでは重要である。(11) まず孟子には次のような主張がある。

孟子曰く、人恒の言有り。皆曰く、天下国家、と。天下の本は国に在り。国の本は家に在り。家の本は身に在り、と。（新釈漢文大系4・二四六頁）

これは通常「修身、斎家、治国、平天下」とまとめられる主張の根拠とされる章句である。この議論によると、天下を安んずる本は「身に在」る、つまり修身にある。『孟子』にはこのほかにも、「人々其の親を親とし、其の長を長とせば、天下平かなり」（同書二五八頁）との主張もある。人々が修身に気をつければ天下は太平になる。孟子は政治・社会的な問題も、その根本は諸個人の修身にあると考えている。小島毅も「朱子学のなかにおいては、理念としての修己治人が圧倒的な重みをもっていた」（小島毅［1999］一三三頁）と述べ、朱子学が統治制度を重んじる型の儒学と大きく異なっていたことを指摘している。

一方、荀子には次のような主張がある。

身を修むるを聞く、未だ嘗て国を為むるを聞かざるなり。……人主強固安楽を欲すれば、則ち之を民に反するに若くは莫く、下を附し民を一にせんと欲すれば、則ち之を政に反するに若くは莫く、政を修し国を美にせんと欲すれば、則ち其の人を求むるに若くは莫し。（新釈漢文大系5～6・三四六頁）

荀子は、今まで諸個人が身を修める必要については聞いたことがあるが、そのような道徳論とは別の議論である政治・社会論については聞いたことがないと述べている。もし国を強固にしたいのであれば、それは君主自身の修身のみではなく民について考える以外にはない。民について考えるには、政治制度について考え、優秀な人材を政界に求めるより他はない。荀子は諸個人の道徳を軽視するわけではないが、修身論とは別の領域である政治・社会論が存在することをはっきりと主張している。荀子は別の所では「士より以上は、則ち必ず礼楽を以て之を節し、衆庶百姓は、必ず法数を以て之を制す」（同書二五九頁）とも述べ、道徳論とは異なる「法」による行政について論じている。つまり孟子は修身論重視であるのに対し、荀子は経世論重視と言うことができる。

この相違は、朱子学と徂徠学にも容易に見いだせる。朱熹は『大学』の注釈において次のように言う。

徳を明らかにするを本と為し、民を新にするを末と為す。（新釈漢文大系２・一一七頁）

朱熹によれば、「徳を明らかにする」つまり修身が「本」であり、「民を新たにする」つまり政治・社会論は儒学においては「末」の議論である。朱子学の重要な入門書である『近思録』にも次のような言葉がある。

凡そ史を読むには、徒に事迹を記するを要するのみならず、須らく其の治亂安危・興廢存亡の理を識るを要すべし。且く高帝紀を読むが如き、便ち須らく漢家四百年の終始治亂は当に如何なるべきかを識り得べし。是も亦学なり。（新釈漢文大系37・二二三頁）

『近思録』によれば、歴史書から国家の「治亂安危・興廢存亡の理」を知ることは、「是も亦学」である。つまり政治・社会論も「亦」学問である。朱子学においては修身論が中心であり、政治・社会論は付随した学問であると考えられた（第六章・注（9）参照）。しかし荀子ならば、歴史から政治・社会論を抽出することも「亦」学問であると言わず、それこそが学問と考えるはずである。

荀学の系譜上にある荻生徂徠は、以上のような朱子学の主張とは明白に異なり、『弁名』において次のように述べている。

学んで徳を成す者は、おのおの性を以て殊なりといへども、その学ぶ所はみな聖人の道なり。聖人の道は、要は民を安んずるに帰す。（日本思想大系36・五四頁）

徂徠が述べるには、儒学を学ぶものは聖人の道を学んでいる。聖人の道つまり儒学は、「要は」民を安んずることに帰すると述べる。徂徠によれば「儒学は、要は政治・社会論である」ということになる。徂徠は主要な著作において「先王の道は民を安んずるの道なり」という表現を口癖のように頻繁に述べている。(12)

先に引用したように、渋沢は朱子学を批判して、朱熹は儒学を修身論中心としてしか解釈していないと述べた。朱子学のこの特徴は孟子から引き継いだものである。渋沢の儒学は徂徠学・水戸学の系譜上にあるというのが今までの本書の結論であり、渋沢の儒学も徂徠・水戸学同様に政治・社会論的な色彩が強い。それは先に引用したように、渋沢自身も述べる。朱子学と渋沢儒学の本質的差異を求めると、それは修身論中心の儒学か政治・社会論重視の儒学かといった相違点を認めることが出来る。

渋沢は荻生徂徠以降の荀学の発展において、初めて荀学儒学の立場で大規模な社会的実践をした人物であった。江戸時代後期に徂徠学が風靡し、江戸時代末期には水戸学が風靡することによって、明治日本では荀学的な発想は、ほぼ共通の理解が得られた思想だったと言って良い。彼が現実の日本で大きな影響力を持った事実から考えても、彼の思想は特別突飛なものではなく、当時の時代精神に沿ったものであったはずである。渋沢の儒学は、細かい点では種々問題を孕むものの、ほぼ正統な荀学、政治・社会論重視の儒学であり、それは当時の日本で共通の理解が得られた思想であったがゆえに、彼は広範囲な活動ができたのではないだろうか。

ではこれは「近代資本主義」といかなる関係にあるか。この問題は即座に答えは出せない。しかしおそらく社会制度の変革という点で、それは大きく関わる。既に分析したように、儒教は抑商思想さえ取り除けば、古代の儒学でさえ近代資本主義を肯定することが出来た。儒学は全ての議論が古代儒学を基礎にして成立しているので、この条件は朱子学でも同じである。ところが、現に今ある経済制度が抑商思想に基づいていて、近代資本主義に適した「制度」ではなかった場合、そして近代資本主義に適した「制度」を導入しなければならない場合はどうか。政治・社会論的傾向の弱い議論と強い議論では、どちらのほうがその制度を迅速に首尾良く変革することに成功しうるか。

孟学では道徳論が重視されることから、一人一人が身を修めることで問題を解決して行く傾向が強い。荀学ではこれに対して国家・社会の「制度」について考える傾向が強く、本田済も荀子の思想を「甚しく統制的国家主義的」（本田［1960］一〇〇頁）と述べる。もし近代資本主義にまつわる制度を導入しなければ、国家の治安・存続が危ぶまれる状態であるならば、荀学のほうがより迅速に対応できる。現に、渋沢達当時の儒教圏の人々にとって「近代資本主義」とは、輸入すべき制度だった。近代資本主義を成立させようとすることは、儒教圏においては諸個人の経済観の変化のみではなく、国家・社会の制度を改革しようとする「精神」をも不可欠としたと言えなくない。荀学はそのような「制度変革の精神」を促す(13)。

もっともこの孟学と荀学の差異は、「社会変革」一般に対しての差異であるので、必ずしも近代資本主義の「成立」にだけ関わることではない。ある社会制度を大きく変化させなければならない場合一般でも、恐らく荀学の方が制度変革に対してより親和的である。

Ⅳ　おわりに

本章はヴェーバーの疑問を参考にして、前近代儒学と渋沢儒学の相違点を見いだすことを目指してきた。ヴェーバーは、前近代キリスト教では否定ないしせいぜい容認されるに過ぎなかった資本主義が、なぜベンジャミン・フランクリンにおいては「使命」になるほど積極的に肯定されるようになったのかという疑問を提示した。本章はこれを儒教における議論に応用して、「近代資本主義を肯定した渋沢に対して、前近代儒学はいかなる点で近代資本主義に否定的であるか」という問いを立て、渋沢はその否定的な点を否定したはずであると考えた。またその議論は可能な限りヴェーバーの方法論に則って、宗教が諸個人の経済活動に及ぼす面を抽出する方法をとった。

その結果、古代儒教でも商末・抑商思想さえ除けば、使命としての資本主義・近代資本主義は可能であるとの結論を得た。またこの商末・抑商思想は、荀子以降殆どの儒学の書物に見られる主張であるが、『論語』には存在せず、儒学全体の中でも常に少量しか述べられていないことから、相対的に重要性の低い主張であると判断できた。また前近代儒学の代表を朱子学とした場合、荀学の学統に所属する渋沢儒学とは異なり、朱子学は孟学の学統であることが確認できた。孟学は修身論重視であるのに対し、荀学は政治・社会論重視である。これは近代資本主義へ制度を変革しなければならなかった過去の儒教圏の国々において、制度変革への親和性を示すものである。渋沢の近代資本主義的な精神とは、より『論語』に忠実でその意味では復古的であり、また荀学の学統に所属することによって政治・社会論的視点を重視する精神であった。

しかしヴェーバーの観点から渋沢を見た場合、ヴェーバーは「近代」の行く末を楽観していなかった事実にも注目すべきである。ヴェーバーは、近代の行く末には「精神のない専門人、心情のない享楽人」（Weber ⑥・梶山・大塚訳二九〇頁）つまりニーチェの言う「最後の人間」が現れることを憂慮した。しかし近代資本主義を推し進め、またそれを『論語』によって正当化した渋沢にはこの種の憂慮はどの程度あったのか。これは儒教と「近代」そのものの関わりとしても重要であり、第六章の課題としたい。

注

（1）ヴェーバーの提示した疑問は、後に本文で述べるように、「それまでのキリスト教が資本主義を否定ないしせいぜい容認するに過ぎなかったのに、ベンジャミン・フランクリンに至って、なぜそれが『使命』として遂行しなければならないまでに変化したのか」というものであった。これに対してヴェーバーの出した結論は、次の通りである。

プロテスタンティズムの世俗内的禁欲は、こだわりのない所有の享楽に全力をあげて反対し、消費、ことに奢侈的消費を圧殺した。その反面、この禁欲は心理的効果として財の獲得を伝統主義的倫理の障害から解き放ち、利潤の追求を合法化するのみでなく、これを……直接神の意志にそうものと考えることによって、その桎梏を破砕してしまった。（Weber ⑥・梶山・大塚訳二七五頁）

また同様のことを更に分かり易く『儒教と道教』では次のように述べている。

合法化されたすべての禁欲に特徴的な方式で現世の「なかで」生活しはするが現世を「糧として」は暮らさないところの、宗教的に体系化された、他を顧慮することのないこの（ピューリタンの――引用者）功利主義が、職業人層のあのすぐれた合理主義的諸能力と、またその「精神」をつくり出すのを助けてきたのであった。（Weber ③・木全訳四〇九頁）

キリスト教は本来現世否定であるが、彼によればピューリタンは生活の糧においてはその非現世的な世界に留まるものの、財の獲得活動においては現世的な発想を持った。このような一部の現世肯定化、それも財の獲得における現世肯定化こそ、近代資本主義の生成であったとヴェーバーは結論する。また『一般社会経済史要論』では、その状態を禁欲的な対内道徳と営利肯定的な対外道徳の「二元的対立」と述べている（Weber ②・黒正・青山訳下巻二四〇頁）。

しかしこの結論自体がどれほど正しいかは、今だ未知数の部分がある。なぜならヴェーバーのこの議論は非常に批判が多いからである。例えばトーニーによれば、ヴェーバーはカルヴァン主義とピューリタンの相違を過度に軽視しており、一七世紀のピューリタンにおいてもさまざまな種類の主張があったことを無視している（Tawney [1926] 出口・越智訳二六〇～一頁）。また椎名重明も、イギリス・カルヴィニズムとピューリタン道徳の結合は史実にも合致せず、論理的にもおかしいと述べ（椎名 [1966] 七二頁）、ヴェーバーの利用している史料が一七世紀後半のものだけである点も指摘している（同書二七四頁）。もっともヴェーバーの出した「結論」は西欧の自主的な近代資本主義化に関する議論なので、本章の以下の議論には影響しない。また、この「ヴェーバー問題」に関して、筆者なりの別の解答があるが、ここでは論じない。

（2）ヴェーバー以外にこの種の研究をしたものとして Troeltsch [1907] 小林訳、Tawney [1926] 出口・越智訳等。日本人では沢崎 [1965]、椎名 [1996] の議論から、本章は多くの示唆を得た。

（3）以上の訳は、英語→ドイツ語→日本語といった経路を経ているので、単純な原文より少々難解な表現になっている。フランクリンは若い人向けのためか、むしろ分かり易い英語でこの文章を書いている。例えば「貨幣は生来繁殖力と結実力を持つものであることを忘れてはいけない」という部分の原文は、

Remember that Money is of a prolific generating Nature.

である。「貨幣は富を生むものだということを忘れてはいけない」程度の意味である。原文は Franklin [1748] pp. 306。

（4）厳密には、古代・中世キリスト教にも現世肯定的な側面は一部あったとも言える。ニーチェによれば、イエスの教えに現世肯定的な面はなかったが、パウロが教会を作った時点で現世肯定化が始まった。ニーチェは「『福音』は十字架で死んだのである」（Nietzsche [1895] 原訳二二二頁）と述べて「パウロは（現世の人々に語りかけようとする――引用者）目的を欲した、したがって（教会などの現世的な――引用者）手段をも欲したのである」（同書二二九頁）と主張する。またアンセルムスの『神はなぜ人間となられたか』（Anselmus・吉田訳）においても、現世の超越と現世に即する面の両面が語られている。アンセルムスによれば、神が人間の姿をして人類を救いに来た理由（つまりイエス伝説のこと）は、全人類の負債

を償うためであるが、人類の罪を償えるのは神のみであり、負債は人間のものである。従って神であって人間である存在（＝イエス）が必要であったとしている。この論理は「神の栄光の称讃」（同書四七〇頁）という現世超越的側面と、「人間救済」（同書同頁）という現世的側面との両方を含んでいる。

（5）この無区別性について尾高邦雄は、次のように指摘する。

まさにこの点に、この論文の最大の難点もあったように思われる。賃金労働者の勤勉さにまで適応されうるような広い意味をもつ合理主義的禁欲的な職業専念の生活態度と、元来きわめて特殊な価値志向と行動原理——たとえば、仮借ない営利追求——を意味するはずである「資本主義の精神」とを等置するということは、「風変わり」どころか、一つの飛躍であり、このことばの不当な拡大解釈であったのではないであろうか。ヴェーバーらしからぬこうした不正確なことばの使いかたのゆえに、この論文はいろいろに誤解され、また批判されたのではないだろうか。……ただしある意味では、この仕事専念のエートスを、あえてこのように呼んだことのゆえに、この論文は、発表後まもなく世界的声価を得たともいえるであろう。（Weber ⑥・解説八七頁）

また椎名重明も、この点は指摘している（椎名［1996］二七〇頁）。

（6）儒教の現世肯定的性格について、ヴェーバーは次のように述べる。

儒教は、仏教とはもっともきわだって対照的に、もっぱら内現世的な俗人の人倫であった。しかも、仏教とはもっといちじるしく対照的に儒教は、現世とその秩序と因習への適応であった。いやそれどころか、ついには、もともと、教養ある世俗人たちのための政治的準則と社会的礼儀規則との巨大な法典にすぎなかったのである。（Weber ③・木全訳二五六～七頁）

ただしヴェーバーは、「儒教」についての考察の際、中国のある時代に敷かれていた具体的な制度と儒教それ自体を混同しているように見える。史料の使用や証明自体も少々雑な場合が多い。しかし彼が漢文をまったく読めなかったハンディも考慮すべきである。儒教は古代中国の治政を理想とし、伝統を大切にしたがゆえに近代資本主義を自主的には達成しなかったという彼の結論は（同書三九九頁）、概ね本書も与する。

（7）『論語』は、その内容をどのように解釈するかで大いに議論の分かれる書物である。その議論は、儒学の発展そのものを表わしていると言っても良い。しかしここでは、代表的で対立的な注釈である朱熹の『論語集註』（朱熹［1177-89］）と荻生徂徠の『論語徴』（荻生③）を参照にし、両者の解釈に大きな差異がない箇所に限って「最大公約数的な主張」とし、その主張を採用する方法をとった。

『孟子』『荀子』の解釈も、ここでは新釈漢文体系の解釈にそのまま従った。

（8）荀子は「天論篇」において、「治亂非天」（新釈漢文体系5～6・四八二頁）と述べ、天を自然現象として把握しようとする傾向を持つ。しかし本文の引用にもある通り「人の命は天に在る」（同書四九一頁）と述べている以上、孟子などとは全く接点のないほどに天の解釈が異なっているわけではない。内山俊彦は「荀子のいう『天』とは、自然（nature）以外の何ものでもない」（内山［1999］七九頁）と述べ、「荀子が、人間の運命を、人間の外にある諸自然現象とともに、自然の一環として見ていた」（同書八六頁）と主張するが、この釈はここではとらない。荀子の主張をそのように無矛盾的に把握することも可能であるが、ここではそのような三段論法的な解決はとらない。中国思想によくあるように、ここでは両者を両側面とする解釈をとり、荀子は自然現象としての天と人の命を司る天とで、天の異なった側面を見ていると解釈する。荀子の「天」はネイチャーとしての性格を強く認めるものの、そのような傾向が相対的に強いのみで人の命を司る面も忘れていないとするのが本書の立場である。

（9）荻生徂徠は『政談』において、次のように賤商思想を述べる。

都鄙ノ彊ヒ無キトキハ、農民次第ニ商売ニ変ジ行キ、国貧シク成ル者也。農民ノ商売ニ変ズルコトハ、国政ノ上ニハ古ヨリ大ニ嫌フコトニテ、大切ノ事也。（日本思想大系36・二六五頁）

水戸学の大家会沢正志斎も『新論』において、次のように述べる。

農は民命の係るところなり。故に末を抑へ本を貴び、……（日本思想大系53・一〇九頁）

また徂徠は抑商思想を説いたが、商業そのものの社会的役割には肯定的である。徂徠は次のようにも述べる。

世界の物體を士・農・工・商之四民に立候事も、古の聖人の御立候事にて、天地自然に四民之有り候にてハ御座無き候。農ハ田を耕して世界の人を養ひ、工ハ家器を作りて世界の人につかはせ、商ハ有無をかよハして世界の人の手傳をなし、士ハ是を治めて亂れぬやうニいたし候。各其自の役をのミいたし候へ共、相互に助けあひて、一色かけ候ても国土ハ立申さじ候。されバ人ハもろすぎなる物にて、はなれはなれに別なる物にて之無き候へハ、満世界の人ことごとく人君の民の父母となり給ふを助け候役人ニ候。（荻生①・六巻、一七六～七頁）

各々が「役人」という主張は徂徠が俗解をなすためにした方便で、物事の一側面を強調しているのみであり、国民全員が国臣足りうるという主張ではない。徂徠には「苟くも殊ならずんば、何を以て之れを官にせん」（荻生③・二巻一〇一頁）という主張もあり、優秀者のみが「国臣」足りうることも徂徠が強調した点である。

また、かような徂徠の主張を、彼が生きた時代の経済状況と引きつける解釈も存在するが（川口［1990］五二～三頁）、本書では既に本文で引用した小川環樹の指摘の通り、荀子の影響と解釈する。荀子は先に引用したように賤商思想も述べるが、次のような主張も荀子には存在する。

君臣・父子・兄弟・夫婦、始まれば則ち終り、終れば則ち始まり、天地と理を同じくし、萬世と久しきを同じくす。夫れ是を之れ大本と謂ふ。……君は君、臣は臣、父は父、子は子、兄は兄、弟は弟たるは一なり。農は農、士は士、工は工、商は商たるは、一なり。（新釈漢文大系5～6・二三六頁）

（10）渋沢は少年時代に農民であるがゆえに、代官より邪険に扱われたことをひどく恨んでいた（渋沢［1913b］二五～八頁）。またフランスに留学した際、ヨーロッパでは実業家と軍人が対等に話していたことに驚いた（同書二一九～二二〇頁）。彼が後に実業教育に力を入れたのも、官尊民卑・賤商思想の打破を目指したがゆえである。しかし山路愛山は、渋沢による江戸時代の官尊民卑についての議論に批判的である。愛山は「翁が昔の日本は官尊民卑の極端なるものなりなどと云ふも、其説法は翁の慶喜論と同じく大割引して聞くべきものにて必ずしも事實に非ず」（山路［1928］四七六頁）と述べる。

（11）荀子の思想の特徴に関して兒玉［1992］は、荀子は性「悪」説を述べていたのではなく、人間には教育が必要であるとする性「朴」説であったと述べている。しかし兒玉の議論は、荀子の議論に政治・社会論的傾向が強いということにあまり注目していない。

また渋沢は性善説と性悪説では、性善説をとると表明している場合もある（渋沢［1922a］五一頁）。しかし彼の儒学は第四章で証明したように、徂徠学・水戸学の影響が強く、荀学とするべきである。また渋沢は、孔子が経世論的言動をとったのに対して、孟子においてはその実践の程度が薄かったと指摘している。渋沢は次のようにも言う。

孔子は世の中を治めんとしたもので教授を以て自ら任じたのではありません。……かくて孟子は孔子と異なって居る様に思はれます。（渋沢［1915］三四〇頁）

（12）そのほかこの表現は荻生③・一巻二三二頁、日本思想大系36・九六頁など。

（13）日本と中国・朝鮮を比較して、日本のみが近代化に成功した要因を探る研究は、戦前より盛んである。もっとも大きな要因は、中国と比較した場合、欧米列強が太平天国の乱やセポイの乱に業を煮やし、次に接触を謀った日本に対しては柔軟な態度をとったことであるというのが従来の通説である。また半島や大陸では洋学が発達しなかったが、日本ではそれが発達し、当時東アジアで最も欧米の情報を持っていたのは日本であったことも種々議論にある。しかし今一つ大陸・半島と日本の相違点を儒教の中に求めると、荀学が発達したのは日本だけであるという点も指摘できる。日本では江戸時代後半に徂徠学が一世風靡し、折衷学派にしろ、幕末に風靡した水戸学にしろ、徂徠学の大きな影響を受けている。荀子は中国では不遇であり（新釈漢文大系36・解説二頁）、清代の考証学も当時の政治情勢から考えると内容の解釈は乏しかったと思われる。社会論重視の儒学が日本において先に発達した事実も、日本近代化の議論に組み入れられるべきである。

第六章　晩年渋沢栄一の商業擁護論に関する根本的問題

Ⅰ　序

渋沢栄一は、明治時代に広範囲に渡って活躍した実業家として知られている。しかし渋沢は「論語算盤一致説」を説いたり、最晩年に『論語講義』を記すなど、思想家としての側面もあったことは否定できない。渋沢は一般向けの『論語と算盤』や『青淵百話』など通俗的な本も記しているが、『論語講義』は『論語』の注釈本という専門的な体裁をとっている。渋沢は儒者の作法に則ってこの本を記しており、自らを儒者足らしめようとしていた面もあった。

本書のこれまでの分析によると、渋沢の儒学は徂徠学・水戸学の学統にあり、政治・社会論重視のいわゆる「荀学」の学派に属している（第一、二章）。彼は若き頃水戸学を修め、晩年に記した『論語講義』もその内容は水戸学の強い影響下にあった（第四章）。彼の儒学は一見通俗的で語り方も口語的だが、論語学的に重要な点は決して焦点を外しておらず、正統な荀学に則っている。

しかしながら、徂徠学・水戸学に薄い主張を、渋沢が強く主張していたこともある。女子教育、民間外交など具体的な例は列挙にいとまがないが、渋沢が生涯に渡って強く主張したものとしては、商業の積極的な正当化が挙げられる。荀子・徂徠学・水戸学には、為政者が利を求めることの必要性を説いたり、商業の社会的役割を是認する発想が存在したが、賤商・抑商思想も存在していた。渋沢はこれとは対称的に抑商思想を説くことはなく、むしろ積極的に商業を正当化していた。このような態度は、儒者としても特殊である。

渋沢の晩年には財閥が巨大な権力を持ち社会問題となっていたが、彼はこれを法律で対処するべき課題と見なさなかった。これは儒者として問題であるのみならず、現状認識としても問題であったと言える。本章で問題とするのは、このようにある種過剰とも言える渋沢の商業擁護論である。しかも問題とされるのは、彼の主張が具体論において転回しているとか曖昧な点があるとかの次元ではない。議論されることは、この主張はどのような論理で行なわれ、またそれはどんな問題を孕んでいるのかといったことであり、より根本的な次元である。

渋沢の商業擁護論は荀学儒学としても、彼のその他の経済政策に関する見解と比較しても、様々な問題が指摘される。それは末端の矛盾と言うべきものではなく、より本質的・根本的な問題と言うべきものである。本章では渋沢の商業擁護論を、彼の現状認識と儒学思想の両方を鑑みて、その矛盾の根本的な原因は何かを分析する。

Ⅱ　商業正当化の論理

1　渋沢による商業の正当化

渋沢は国家のためを思って実業家になったのであって、実業家になった後に初めて商業を正当化するようになったのではない。彼は実業家になる前、官僚時代に既に国家における実業の必要性を察知していた。明治四年に『立会略則』（渋沢［1871］）を執筆して、銀行と商社の運営方法をその基本的な心構えから説いていたことからもそれは明白である。

渋沢の商業擁護論は数が多いが、その論理を端的に示す発言には次のようなものがある。

　愛国の心ある者は言ふ迄も無く君に忠なるものである。君に忠なるものは愛国の心深きものである。けれども役人にならねば愛国の実は挙がらぬ、官吏でなければ忠君の道は立たぬといふ法は無からうと思ふ。官吏であらうと、軍人であらうと、弁護士であらうと、教育家であろうと、將た又商業者であらうと、国家を愛する心、君に忠なる点に至っては皆同一である。（渋沢［1913a］九三頁）

渋沢によれば、権利と義務に関して商業者と官僚に差違はない。大切なことは愛国心であり、君主への忠なる心である。渋沢は商業者も官僚と同様に国家の忠臣足りえ、またそれゆえに商業者は官僚よりも卑しいものではないと主張している。

この論理は彼の最初期の著作である『立会略則』でも同じである（第二章参照）。渋沢は『立会略則』で、まず初めに商業者に対して国家意識・公的意識を持つべきことを説く。その後にそのような公的意識を持つ実業家に対して、国家はその主体性を認めるべきであることを主張する。これは商業者を無条件に卑しいとする風潮を念頭に置いた主張であるが、同時に欧米列強の脅威のもと、急速に近代化しなければならなかった切迫した状況をも反映している。彼はこの時点では、実業家の啓蒙を目指しつつ、十分に国家意識を持った実業家には主体性を認めるべきであると、二つの主張を同時にしている。

また彼の主著である『論語講義』においても、彼は次のように述べている。

孔子教の感化が維新前の国民をして、富を軽んじ農工商を賤しむ風を生ぜしめたがごとき観がないでもない。然れども封建制度において、農工商を賤しむ傾向の生じたのは、士の一階級のみを重んずる封建制度そのものの罪であって、孔子教の影響ではないのである。封建制度の樹立せられぬ前は、農工商も決して賤しめられず、実業家は朝廷よりも国のみ宝なりと称賛せられ、……決して軽視せられず。（渋沢［1925a］三一五頁）

渋沢が言うには、本来日本において士農工商はみな平等であった。商業者も「国のみ宝」だったのであって、「農工商を賤しむ傾向」は孔子の教えではない。渋沢は、儒学者が頻繁に述べる「孔子本来の教え」という形で官尊民卑を批判している。

確かに『論語』には「有教無類」（一五-三八）[1]という思想があり、どれだけ「教え」を受けたかが大切であって出身の身分は大切ではないという発想がある。渋沢はこれを愛国心に置き換えて考え、どれだけ国益を考えているかが大切であって実際の職業に差別はないと述べている。渋沢の商業正当化論は、最初期から最晩年に至るまで一貫して、商業者に官僚と同等の国家意識の義務を与えることによって、官僚と同等の権利を商人に保証させようとするものであった。

2　荀学とその商業に関する主張

渋沢の儒学は荀学、つまり徂徠学・水戸学の学統であった。それは彼の主張を細かく分析しても得られる結論であるが（第四章参照）、それを更に端的に示す彼自身の発言として次のものがある。

我国の国民性をつくる上に於て、朱子学は偉大な貢献のあったことは認めなければならぬが、それと同時に又富貴貨殖と仁義道徳とは相容れないものであるとの、誤った思想を蔓延させた弊も掩ふ可らざる事実である。……元来孔子を解釈して一個の道学先生であるとして仕舞ふからこんな間違も生じて来たのである。孔子の本体は後の儒者の目するごとき道徳の講釈のみを以て能事とする教師ではなかった。否、寧ろ堂々たる経世家であった。孔子を目して経世家なりと断定するのは、必ずしも吾人の一家言ではない。それは孔子が四方に遊説した事実を調査して見れば何人も了解に苦しまぬ所である。（渋沢［1913a］一五八〜九頁）

渋沢によれば朱子学は修身論重視であるが、本来儒学は経世論重視である。彼は別の所でも儒教は「経国済世」を重んじ、江戸時代にはこれを武士にだけ教えていたが、大正時代においてはこれを「実業方面にも注入」すべきであると説いている（渋沢［1916a］一八八〜九頁）。彼は儒教が本来経世論を重視していると述べているが、これは彼自身の儒学が経世論を重視しているものと解釈すべきであろう。

孟子は「天下の本は国に在り。国の本は家に在り。家の本は身に在り」（新釈漢文大系4・二四六頁）と述べているように、本来修身論重視である。孟子によれば、天下国家の問題は個々人の修身に還元される。そして朱子学は「孟子は泰山巌巌の気象なり」（新釈漢文大系37・六一八頁）と述べて孟子を賞揚し、「荀子は才高ければ、其の過ち多し」（同書六二六頁）と主張して荀子を否定している。朱子学が孟学の学統にあると言われる所以である。従って朱熹もまた、「徳を明らかにするを本と為し、民を新にするを末と為す」（新釈漢文大系2・一一七頁、朱熹［1177-89］）と主張し、諸個人の修身論が本で政治論は末であると述べている。孟学はその特徴として修身論を重視し、社会問題も諸個人の修身問題に還元して考える傾向がある。この点に関して言えば、朱子学を厳しく批判した陽明学でさえも同様に修身論重視である。(2)

これに対して荀子は「身を修むるを聞く、未だ嘗て国を為むるを聞かざるなり」（新釈漢文大系5〜6・三四六頁）

と述べ、「学ぶ者は、聖王を以て師と為し、案ち聖王の制を以て法と為し、其の法に法とりて以て其の統類を求め、以て務めて其の人に象效す」（同書六四七頁）とも述べる。荀子は修身論を否定するわけではないが、経世論の重視すべきことを説いている。同様に荀学の雄である荻生徂徠は「聖人の道は、要は民を安んずるに帰するのみ」（日本思想大系36・五四頁）と述べる。徂徠によれば、先王の道つまり儒教は、要は民を安んずるための政治学である。渋沢の儒学も、徂徠学・水戸学の学統の下にあり、経世論重視の儒学であった。先に引用した朱子学批判も、渋沢の言うように渋沢の個人的な見解ではなく、荀学から見た孟学の批判と解釈すべきである(3)。

では、この荀学において商業はどのように考えられているのか。それは大きく分けて三つの捉え方をされていると言って良い。まず第一はいわゆる賤商・抑商思想である。商業は社会的に問題の多い産業であり、可能な限り抑制されるべきであると荀学では考えられている。例えば荀子は次のように述べる。

田野の税を軽くし、関市の征を平かにし、商賈の数を省き、力役を興すことを罕にし、農の時を奪ふこと無し。是の如くなれば則ち国富む。（新釈漢文大系5～6・二五九頁）

また荻生徂徠も『政談』で次のように賤商思想を展開する。

都鄙ノ彊ヒ無キトキハ、農民次第ニ商売ニ変ジ行キ、国貧シク成ル者也。農民ノ商売ニ変ズルコトハ、国政ノ上ニハ古ヨリ大ニ嫌フコトニテ、大切ノ事也。（日本思想大系36・二六五頁）

この賤商思想は徂徠学の大きな影響を受けた後期水戸学にも相続され、例えば会沢正志斎も『新論』において「農は民命の係るところなり。故に末を抑へ本を貴ぶ」（日本思想大系53・一〇九頁）と述べて商業の抑制を説く。またこの主張は荀学に強いが、孟学にも若干存在し、『論語』には存在しない。(4)

第二に儒教では、先の徂徠の引用にもある通り、為政者は民を安んじなければならない。それは民のために利を求めることが、時に必要であることを意味している。為政者が民を物質面において安んずる必要について、荀子は次のように言う。

豊ならざれば以て民の情を養ふこと無く、教へざれば以て民の性を理むること無し。……詩に曰く、之に飲ませ之に食はせ、之に教へ之に誨ふ、と。（新釈漢文大系5～6・七九二頁）

また徂徠もこの思想は明白に相続しており、次のように述べる。

道にして民を利せざれば、亦あに以て道と為すに足らん乎。孔子の罕に之を言ふゆゑんの者は、争ふところは見るところの大小に在りて、しこうして聖人の利を悪むにあらざるなり。（荻生③・一巻九頁）

渋沢が学んだ水戸学においても、為政者が金銭計算をする必要が説かれている（日本思想大系53・一八九頁等）。これらは皆、為政者が民を安んずるために行なう経済政策と言え、孟学にも『論語』にも存在する主張である。この主張を先の賤商思想と合わせて考えると、民間の商人を安易に信用すべきではないが、政府の経済活動等は重要であることを意味している。

しかし荀学においては、民間の商業はただ抑制されるべきと考えられていない。それはある程度抑制されなければならないが、同時にある程度の社会的役割を是認されたものでもある。徂徠は次のように述べる。

世界の惣體を士農工商之四民に立候事も、古の聖人の御立候事にて、天地自然に四民有之候にてハ御座無キ候。農ハ田をたがやし世界の人を養ひ、工は家器を作りて世界の人につかはせ商ハ有無をかよはし世界の人の手傳をなし、士ハ是を治めて亂れぬやうニいたし候。各其自の役をのミいたし候へ共、相互に助けあひて、一色かけ候ても國土ハ立申サジ候。（荻生①・六巻一七六～七頁）

徂徠によるこの商業の社会的役割を是認した主張は、川口浩によれば江戸時代当時の経済状況の反映と解釈される（川口［1990］五一～二頁）。しかし、これは同時に荀子の次の言葉を徂徠なりに解釈したものでもある。

君臣・父子・兄弟・夫婦、始まれば則ち終り、終れば則ち始まり、天地と理を同じくし、萬世と久しきを同じくす。夫れ是を之れ大本と謂ふ。故に喪祭・朝聘・師旅は、一なり。貴賤・殺生・與奪は、一なり。君は君、臣は臣、父は父、子は子、兄は兄、弟は弟たるは一なり。農は農、士は士、工は工、商は商たるは、一なり。（新釈漢文大系5～6・二三六頁）

荀子によれば、君は君として臣は臣として、農は農として商は商として、それぞれ根本にあるべき精神つまり「大本」は一つである。これは各産業の単純な平等を説いたものではなく、それぞれの存在意義を認めた主張であると言える。またこの種の主張は、孟学にはあまり顕著ではない(5)。

以上、荀学においては1抑商思想、2為政者による経済活動の義務、3民間の商業の社会的役割の是認の三つがあると言える。既に述べたように渋沢は、このうち1は否定ないし無視している。渋沢は民間の商業者に官僚と同等の権利・義務を与えることによって商業を正当化したが、これは2と3を融合させて商業の必要性を説いたと解釈できる。つまり商業者に為政者と同じ国家・国民を安んずる義務を与え（2）、同時に民間の商業者をより強く社会的に是認させる発想（3）である。

Ⅲ　渋沢の矛盾

1　荀学としての矛盾

渋沢の儒学は政治・社会論重視の荀学であった。しかし彼の商業擁護・正当化論は、従来の荀学にない議論を展開しているため、そこに矛盾を生じてしまっている。それは決して具体論や末端の議論における矛盾と言うべきものではない。むしろより理論的、本質的矛盾である。

修身論重視の孟子に比べて荀子は政治・社会論重視であったが、具体的にはそれは道徳ではなく「法」によって民を制することを重視するものである。荀子は次のように言う。

士より以上は、則ち必ず礼楽を以て之を節し、衆庶百姓は、則ち必ず法数を以て之を制す。（新釈漢文大系5～6・二五九頁）

これは修身論重視の孟学には薄い発想である。このような「上下」を意識した政策論は、道徳を説くだけでは世の中を治めることが出来ないと考える現実主義的な発想であり、荀学の真面目とも言える。

通常の儒学では、商人は一般的に「民」に入るはずであり、法で制せられる対象である。これに対して渋沢は、後に述べるように工場法や産業振興策においては、法による商業への介入を認めるものの、財閥など巨大化した産業の抑制そのものは説かない。彼の晩年にはいわゆる「財閥悪玉論」が浮上し、財閥の巨大化そのものが問題になっていた。しかし渋沢のこれに対する反応は、もっぱら商業者に道徳を説くのみである。渋沢は例えば大正時代後期に記した『論語講義』において、次のように述べる。

> この生産貨殖は第一に得失を先とするからややもすると道理を誤り、徳義を滅するといふことが多い。得失から目が眩むといふことは普通ありがちである。これは何か一つの厳守するものを定めてその趣旨は必ず動かさぬといふ心を以て実業界に立ったならば、得失によりて道義を滅するやうなる過ちはなからう。即ち道徳によって実業を進めてゆきたい。就ては誠に浅薄の学問ではあったけれども論語といふ書物は修身は勿論、人に対し事を処するに細大となく応用し得る基礎となすに足るものである。つまり孔夫子の教旨とする論語によって実業界に立ち、銀行を経営して見たいといふのが私の理想で、爾來この覚悟を以て進んだのであります。悲しいかな私の力の乏しいためこの主義に応じてくれる実業家が比較的少い。反対に……政治界の通弊に倣うて政治は力なりと同じやうに、商業は金力なりといふ風に傾くので、私は心苦しく感じてをるのであります。(渋沢［1925a］七四九頁)

また彼は「成金者流」が放蕩していることを批判し(同書四二一〜二頁)、一般人の贅沢や(同書六一六〜七頁)当時における個人主義の風靡も非難する(同書七〇八頁)。渋沢の政商に対する道義的批判は他にもあり(渋沢［1914a］

五〇一頁、渋沢［1914c］五八七頁）、その例は列挙にいとまがない。しかし「商業は金力なり」とする富豪に対して道徳を説くのみであることは、現実的にはいかにも効力が弱い。「道徳によって実業を進めてゆきたい」とする渋沢の考えは間違いではないが、それだけで実業界の問題が解決されるはずはない。また、これでは荀学としても不十分である。

渋沢の商業正当化論を荀学的に解析すると、商業を「上」ないし「士」と対等とすることによって、商業者に為政者と同じ国家意識の義務を与え、同時に為政者と同じだけの裁量を与える論理構造を有している。第二章で述べた通り、『立会略則』で彼が明治初期に主張した政府の市場不介入論も、この論理構造である。政府は商業者も臣と見なして、その主体性を認めなければならない。これを先ほどの荀子の主張に単純に当てはめると、商業者も「士」なのだから「礼楽」で制し、「法」で制しなくて良いということになる。これは形式的には、彼が抑商思想を説かず、商業そのものの過剰な拡大に対して道徳しか説かなかったことに符合する。

しかしそれではまず第一に、彼の主張が孟学と同様になってしまい、全ての人に道徳を説くという修身重視の主張になる。これは先に引用した渋沢による朱子学批判と完全に矛盾する。渋沢によれば、朱子学は修身重視であるがそれは間違いであり、儒学は本来は経世論だったはずである。民を法で制しない経世家とはどのような経世家であろうか。行き過ぎた勢力は、荀学では法で制せられるべきと考えられる。渋沢は別なところで「孔子の説は……今日のいはゆる法治主義なり」（渋沢［1925a］五八九頁）と述べる事もあったが、行き過ぎた財閥の勢力を法で制するべきとは考えなかった彼の主張は、明らかに彼の中でも矛盾している。渋沢は客観的に見て荀学的思想を展開していたのであったから、やはり財閥の問題に法的対処を考えるべきであった。

また第二に渋沢のこの発想は、「民」そのものを廃止するかのような発想でもある。渋沢は先に述べたように「農工商」を「士」と対等にすべきと考えていた。しかしそれは国民全員を「国臣」にしようとする発想であり、論理的に

は「民」を廃止してしまう。これは「民を安んずる」ことを最終目的にする、荀学儒学そのものを崩壊させかねない。(6)

2　渋沢の転回との矛盾

渋沢は、明治時代初期と資本主義が成熟し始めた明治時代後期以降で、具体的な政策に関して意見を変えている例がままある。これらは渋沢思想の「根本的矛盾」というよりは、状況に応じての変化であると考えるべきであるが、同時にその変化は共通性があると見なしうる。彼は往々にして、経世論的観点から自らの転回を説明している。

例えば明治時代初期には実業それ自体を社会に是認させるべく、彼は比較的単純な自由主義を述べていた。明治四年の『立会略則』(渋沢［1871］)の主張がその代表格であるが、彼の市場不介入論のうち一番最後と思われるものは明治三一年のものであり、彼は「唯自然に任せて僅かに其の妨害を除くと云ふことを務めたいと考へる」(渋沢［1898a］二一八頁)と述べている。

しかし渋沢は、明治三四年には次のように述べた。

> 私は元来国家からある事物を保護して行くといふことは、甚だ面白からぬことである、成るべく好まぬことであるといふ論者であるが、併し一国の富を進めて行くといふ側から考へるといふと、或る重要なる事物に就ては余程其点に注意して、助くべきものは助け、進むへきものは進めるといふことは、甚だ必要であると思ふ。(渋沢［1901a］二八五頁)

これは島田昌和によれば、当時の国際状況に反応した故の転回である(島田［1999a］六〇～七三頁)。渋沢自身はその転回の理由について説明していないので明白な理由は不明であるが、少なくとも明治時代後期にはただ手当り次第に実業を推進するのではなく、国家によるインフラの整備など、その計画性を問う時代になっていたはずである。またここで重要なことは、渋沢のこの転回が決して修身論から発生したものではなく、経世論的観点から発生したという点である。彼はここで明白に国家を経営する視点、「一国の富を進めて行く」観点から状況を判断して、自らの新しい説を述べている。

さらにより明白な転回として、渋沢は初めは反対していた工場法を後には賛成している。渋沢は明治二九年に、これは「学理一方ニ傾イテ立法スル」（渋沢［1896a］五一九頁）ようなものだと批判し、「唯一遍ノ道理ニ拠ッテ、欧羅巴ノ丸写シノヤウナモノヲ設ケラルルト云フコトハ絶対ニ反対ヲ申上ゲタイ」（同書五二〇頁）と述べている。さらに明治三一年には、それが日本の家族主義的な経営に対して「妄リニ雇傭関係ニ干渉スルカ如キアラン」（渋沢［1898b］三四六頁）と述べてやはり反対している。

しかし渋沢は、明治四〇年になるとこの法律に賛成する。彼は「私はもう今日は尚ほ早いとは申さぬで宜からうと思ふ」（渋沢［1907］三七三頁）と状況の変化を理由にして賛成している。その具体的な変化の原因について渋沢は説明していないが、次の主張はその根拠が興味深い。

若し今の実業界に於ける人々が、真正なる孔孟の道を以て王道を行ふと云ふ観念で世の事業に処して行きましたならば、貧富共に其宜しきを得て、決して社会政策学会の御厄介を蒙らずに、平和に沿って行くと私は思ふのでありますが。併し多数の人が左様に一人一個のやうになり得られぬから、則ち政治も要らう学理も要らう。（同書三七〇頁）

渋沢は「真正なる孔孟の道」が、修身として諸個人全員に行なわれればかような法律は不要であるが、現実にはそのようにならないからこの種の法律は是認されるべきであると述べる。これは修身論の限界を意識した、明白に荀学的な発想である。渋沢の思想が荀学であることの左証と言って良い。

これらの変化を象徴しているのが、彼の男爵授爵である。彼は明治三三年五月に男爵になるが、これについて渋沢は次のように解釈している。

私に対する授爵の祝宴は、唯單り私の栄光を祝せられる計りでなく、我国の商工業の地位と信用とを高うした証拠であるから、商工業の為に祝すべしとの趣意に出られたものである事を知って、初めて宴に列し、祝賀を受くることを満足し且つ歓喜を得たのである。（渋沢［1937］六七五頁）

渋沢が明治初期の『立会略則』で強調したことは、国家意識を持っている実業家は信用に値するということであった。彼によれば彼の授爵は、「我国の商工業の地位と信用を高」くした結果であり、また商工業者の社会的地位も認知された結果である。明治日本を近代化するため実業界で奔走した渋沢の仕事は、賤商思想と明白に相反するこの授爵によって一段落着いた形となった。彼の商業正当化論は、これによって一応の成功を収めたと言って良い。単純な自由市場の主張も工場法反対も、時期的にこの男爵授爵を境に変化している。

しかしそれでは、なぜ成金問題や財閥悪玉論等が噴出した大正・昭和初期において、彼は行き過ぎた商人の権力を抑制・制御する側に回らなかったのか。授爵によって商業の正当化、抑商思想の打破は一段落着いたはずである。山路愛山もこの問題を考え、渋沢には小資本家の代表として「大資本家と小資本家の折合を付て餘り喧嘩をせず對等に利益を分つやうに骨折ること」（山路［1928］四九七頁）を期待した。しかし財閥の巨大な権力や奢侈に流れる風俗、「成金者流」を見て、渋沢が先に引用したような道徳論しか説かなかったことは、明白に不十分であると言わざるを得ない(7)。彼が「商業は金力なり」とする社会状況を強く憂えていたならば、また荀学的観点を保持していたならば、彼はそのような商業者を法で制することを説かざるを得なかったはずである。工場法の正当性を認めた渋沢は、なぜ行き過ぎた商人の法的抑制を想定できなかったのか。

Ⅳ　矛盾の発生源

1　現状認識の問題

渋沢は終生『論語』を座右の書としたが、『論語』には国富増大について次のような思想がある。

子、衛に適く。冉有僕たり。子曰く、「庶きかな」。冉有曰く、「既に庶し。また何をか加えん」。曰く、「これを富まさん」。曰く、「既に富めり。また何をか加えん」。曰く、「これを教えん」。（新釈漢文大系1・二八八頁〔一三-九〕）

儒教には「既に富めり」という発想が存在している。儒教による国家経営では、十分に豊かになったら次は教育に力を入れるべきと考えられ、永遠の国富増大という発想はない。しかし渋沢は『論語と算盤』において次のように述べる。

明治が大正に移ったところで、往々世間では、もはや創業の時代は過ぎた、これからは守成の時代という人があるけれども、お互いに国民は、さように小成に安んじてはならぬ、版図は小さく人口が多く、なおおいおいに人口が増殖して行くのだから、そんな引込思案ではおらぬ、内を整うると同時に、外に展びるということを工夫しなければなるまい。（渋沢［1916b］一三四頁）

渋沢は大正時代において、経済成長を更に続行するべきことを説いている。これは何をもって「既に富めり」とするか状況判断にも拠るが、以上の主張からはそのような発想は読み取れない。儒教はいずれの学派であっても古代中国における伝説上の皇帝の治政を理想としているので、未来へ永遠に発展していくことを理想とすることはない(8)。

欧米列強の脅威のもとに晒された明治初期には、確かに日本は物質面で成長しなければならず、「富国強兵」を遂行する必要があった。渋沢が実業を正当化しようと躍起になった所以である。しかし明治末期には、日本は日露戦争にも勝利して一等国になり、第一次世界大戦の特需によって「既に富めり」と言うべき状態になったとも解釈可能である。昭和二（一九二七）年に発行された『青淵回顧録』でも、渋沢は「吾々は大国民になった」（高橋・小貫［1927］一〇八三頁）と述べている。ところがこの時期でも渋沢は、経済成長そのものを再考しようとはしていない。

渋沢は近代資本主義を輸入・創始することはできたが、その後の産業の制御を経世論的に考えたであろうか。彼は明治時代末期にはほとんどの重役を退き、大正時代初期には完全に実業界を引退した。その後、彼は実業界の状況に非常に疎くなったようである。彼自身は大正一五（一九二六）年に第一国立銀行の経営状況について意見を求められ、次のように答えている。

私は丁度取締役を辞しまして以来、十一年目になると記憶します。大正五年に辞しましたやうに思ひますが、十年も殆ど経済界の事に関係致しませぬと、朝に晩に新聞など見ては居りますけれども、どうも実際のことに甚だ疎くなりまして、……さういふ点に対して意見を申し上げて、諸君を役することの出来ぬのを深く恐縮に存じます。（渋沢［1926］二二〇頁）

渋沢は昭和二年には当時の金融恐慌と、それに対する政財界の対応の成果について意見を求められたが、「私はもう十年以上銀行の方を引いて居りますから、現況を申上げる限りではありませぬ」（渋沢［1927a］六七頁）と述べている。この時の演説も殆ど内容が無く、誰が何をして金融恐慌に対処したのかどうやら本当に知らなかったことを窺わせるものである。かような渋沢の主張は、謙遜して述べたものであることも差し引くべきであるが、彼は実業界を引退してから本当に実業界に疎くなった。彼が最晩年に実業家に対して道徳のみを説き、彼の言う「成金者流」についての問題を経世論的に議論しなかった原因として、経済状況について現状認識そのものが甘かった事が指摘できる。

また渋沢が「経済道徳一致説」「論語算盤一致説」を説いていたのは、実業そのものが卑しいという通俗的な批判に対処するためであったが、彼の最晩年には、これはいささか過剰反応に過ぎた観もある。彼の晩年にはどれほどかような批判が存在していたのか。渋沢は昭和四（一九二九）年に次のように述べている。

私の年来の主張である所の何事も道徳によらねばならぬと云ふ理屈が総て何処へ行っても能く貫徹するかと云ふと、時々迷を生ずる人が有るやうです。私などは若い時分からさう考へて自分は疑ひませぬけれども、此道徳経済合一並に道徳経済合一に就ては頻に私が主張しても、私の世話内の人々さへ、さうは言ふけれども斯うなる、斯うなると損ではありませぬかと云ふやうな疑念を持つことすら有る位です。（渋沢［1929a］八六頁）

渋沢は、自らが男爵を授爵したのは自らの実業活動が社会的に認知されたからであると述べていた。彼は更に大正九年には子爵すら授爵している。だとすれば上記のような反論は、本来は取るに足らないものと解釈できる。この時点で更に経済道徳一致説を正当化しなければならないと考えることは、その種の批判に対する過剰反応ではなかっただろうか。この点においても、彼は現状認識を誤った観が否めない。彼は荀学の学統でありながら、「商業は金力なり」と考える実業家を法で制することを考えなかった。その原因は、第一に彼は最晩年にはそもそも実業界の現状に疎くなっていたことが窺える。彼は財閥の問題をある程度は知っていたが、道徳を説く程度で対処できると考えていたようである。最晩年の渋沢は、現状を熟知できなかったがゆえに儒教の論理を現状に正しく応用できなかった。

2　儒学理論上の不備

渋沢は、財閥の行き過ぎた力を法律で制することを考えなかった。しかしそのような現状がなかったとしても、彼の商業正当化論は論理的に不備があり、彼の儒学理解の中にその原因が見いだせる。それは彼が目指した「官尊民卑の打破」と「抑商思想の打破」の双方に理論的に関係するものである。以下、渋沢の⑴抑商思想の解釈と⑵民の廃止について分析する。

⑴抑商思想の解釈

先にも引用したように渋沢は、実業界が「商業は金力なりといふ風に傾く」（渋沢［1925a］七四九頁）風潮を道徳的にしか批判せず、法律で対処すべき問題とはしなかった。しかし、工場法について彼は荀学的判断を下し、誰もが君子足りえないことを前提にこの法律を正当化した。荻生徂徠も「人各おの資質有り。聖人といへども之れを強ふること能はず」（荻生③・二巻一〇一頁）と述べるように、荀学においては法律で制するべき対象の存在は否定されえない。

儒学においては、既に述べたように抑商思想が伝統的に存在している。荻生徂徠以前は、儒学における政治論は歴史書によるところが大きかったが(9)、政治学的に非常に重要視された歴史書である『貞観政要』には、次のように抑商思想が語られている。

政を為すの要は、必ず須く末策を禁ずべし。伝に曰く、雕琢刻鏤は農事を傷り、纂組文彩は女工を害ふ、と。古より聖人、法を制するや、節倹を崇び、奢侈を革めざるはなし。（新釈漢文大系95〜96・四六一頁）

以上の主張で押さえられるべき「末」は、商業全体というよりは、奢侈に当たる物品を生産・販売する産業であると解釈できる。抑商思想自体は、必ずしも商業を全面的に否定するものではなく、『貞観政要』のように、悪質な商業のみを抑制するべきと明言している場合もある。既に述べたように、荀学においても商業は抑制されるべきと説かれながら、その社会的存在価値は是認されている。抑商思想は商業者全体の敵ではなく、渋沢の言う「商業は金力なり」と考える悪質な商業者の法的抑制と解釈しても、理論的に矛盾はない。そのような抑商思想の一歩踏み込んだ解釈と、渋沢は無縁であった。

渋沢は先にも引用したように「孔子教に農工商を圧服する文字は存在しない」と述べていた。しかし『論語』の主張は、正確には官尊民卑の打破であり、渋沢はこれとは別に抑商思想を批判することがない。彼は、そもそも官尊民卑とは別の概念として抑商思想を認識していたであろうか。彼は抑商思想を官尊民卑の一種と考えていた節がある。彼は次のように述べる。

士農工商の階級制度もまた孔子教の反応なるかといふに、これは頼朝以来多年封建制度が発達してきた自然の結果に過ぎず、孔子教に農工商を圧服する文字は存せざるなり。治者と被治者の別を明確にし、被治者をして少しも治者の権限を犯さしめざるは武断政治の常套手段なり。（渋沢［1925a］二八五頁）

彼は商業の圧迫を「治者と被治者の別」による「階級制度」ととらえ、また「封建制度」によると解釈している。彼は「農本商末」については触れず、商業を賤しむ傾向は、農民を賤しむ傾向と同様のものと考えていたようである。これは彼の実家の家業が農業でも商業であったためかも知れないが、(10) 彼の主張の中には政策技術としての抑商思想は理解されていない。農民の抑制は確かに渋沢の言う通り儒教によるものではなく因襲によるものだが、商業の抑制は『論語』には存在しないものの、政策技術としてその後の儒教には存在する思想である。

つまり抑商思想は社会に害となる悪質な商業を抑制するものであって、政策上の技術的な主張であること、それゆえ民の生活を圧迫するよりそれを守ることが目的であることを渋沢は理解しなかった。「有教無類」に応じた官尊民卑の打破は儒学において重要なものであるが、これは後に述べるように実力者を抜擢するための議論であり、政策の技術を語る抑商思想とは別な種類の議論である。彼は抑商思想の柔軟な解釈を行なわず、これは被治者を圧迫するものとして官尊民卑と一緒に破棄してしまった。その結果、商業者の権力にどう対処するか政策的な議論に疎くなり、「成金者流」や財閥の問題を法律的に解決する発想が彼に生まれにくかった。

⑵「民」の廃止

儒教においては、官尊民卑を打破する思想が存在する。しかし同時に荀学においては、徂徠も「人の知は、至る有り、至らざる有り。聖人といへども之を強ふること能はず」（荻生③・一巻三二一頁）と述べるように、全員が国家の官僚足りうるほど優秀者になれるとは考えない。荀学においては、法で制せられる「被治者」の存在は無視されない。被治者である「民」について、徂徠は次のように説明する。

民の務むる所は、生を営むに在り。故にその志す所は一己を成すに在りて、民を安んずるの心なし。（日本思想大系36・一八二頁）

徂徠によれば「民」は、「一己を成す」ことを志し、「民を安んずるの心」はない。民は積極的な国家意識を持たず、あくまで受け身である。ましてや国家意識ゆえに、進んで自ら国のために命を投げ出すようなことはしない。為政者である「君」や「臣」とは異なり、被治者である「民」は、国家に多数存在している。

しかし渋沢は次のように言う。

萬一日本が危ふいやうになった時は、外国にある者はみな帰り来て、父母の危邦に入り、祖国のために防護の任務に就かざるべからず。また既に祖国にある者は、あくまで踏み留まって努力盡瘁せねばならざるのみならず、場合によっては一命をも捧げざるべからず。決して外国に逃げ出すとか、籍を他国に移すとかいふことを許さぬ。萬一亂邦となるやうなことがあれば、進んで国家の改造善導に努めねばならぬ。余は更に一歩を進めて、日本臣民は誰でもみな積極的に常に国家のために勉め、危邦もしくは亂邦たることから避けしめねばならぬとするものである。（渋沢［1925a］四一七頁）

渋沢は商業者も国家意識を持つことによって、官僚と同等の権利・権限が認められるべきであると考えたが、ここではその主張が更に拡大している。彼によれば国民全員は国臣として、いざという時は国家に「一命をも捧げ」るべきである。元々水戸学では「民」に関する考察が徂徠学に比べて微少であったが（第一章参照）、渋沢はその特徴を相続するばかりか拡張させている。彼の主張は、官尊民卑の打破を更に通り越して、国家から被治者つまり「民」を廃止する思想になっている。

儒教には確かに「有教無類」の思想があり、有能者は身分を超えて抜擢する必要があると説く。しかし『論語』にも「民は之に由らしむべし。之を知らしむべからず」（八-九）とあるように、儒教では政策の全てを国民に理解させることは不可能であると考えられている。儒教における理想の治政は堯帝による「鼓腹撃壌」であり、少なくとも一般の国民全員に政治をむりやり意識させようとするものではない。実力者はその出身の身分を問わないが、現に誰もが実力者足りうるとは決して考えない(11)。

強引に全ての国民を優秀者として「国臣」とすることは、まず荀学として論理的に矛盾である。荀子も徂徠も「被治者」の存在は無視しない。またそれのみならず、「民」を廃止して全員を「臣」とすれば、政治は一体何のためになされることとなるのか。徂徠は「先王の道は、民を安んずるの道なり」と頻繁に述べたが、民がいなくなれば、儒教による政治はその根本的な目的を失ってしまう。民を安んずる君主の「仁」の心、その君主への「忠」もその内容が空虚化する。徂徠によれば「仁」は孔子の教えの中心であるが、これは「民」を安んずる心である（日本思想大系36・五三、五五、五八頁等）。民を廃止すれば、儒教の中心概念ですらその内容を持たなくなってしまう。つまり国民全員を「臣」と見なすことは、儒学の論理の完全な崩壊をもたらす。

また第一章で述べたように、徂徠は民の宗教である仏教を経世論的観点から攻撃し、この傾向は水戸学も渋沢も踏襲している。渋沢自身は「耶蘇教は勿論のこと、東洋教たる仏教すらも好まない」（渋沢［1913a］七頁）と述べている。『青淵回顧録』収録の「諸名士の渋沢子爵観」では、多くの識者が渋沢の偉大さを称讃しているが、唯一曹洞宗の来馬琢道のみは、渋沢が仏教に理解のなかったことを批判している（高橋・小貫［1927］一四一一～四頁）。渋沢の反仏教的傾向は、明らかに民の精神性を軽視する傾向である。渋沢自身はかような宗教なしでも不自由しないかも知れないが、民が現に不可欠にしている宗教に理解が少ないことは、経世家としては明白に不備である。民を安んずることを儒教の最終目的にしていながら民の宗教である仏教を攻撃するという荻生徂徠の根本的矛盾は、渋沢にもそのまま踏襲されている。

しかし渋沢は別なところでは「我が邦現下、各官衙の長官上官や、各銀行会社の重役をみよ。君子人もあらん、小人もあらん」（渋沢［1925a］七〇〇頁）と述べたり、「君子なるか、將た小人なるかを甄別するは、極めて重要のことなり」（同書同頁）と述べたりする。儒教にはこの「小人」の概念があり、国民全員を安易に実力者とは見なさない。渋沢の先の主張は小人を全員啓蒙しつくすことが可能であるかのようなものであるが、これは明らかに彼の主張の中でも矛盾している。この主張は、単純な啓蒙万能主義に与している。また無理にでも国民全員を臣下とすれば、衆愚的・ファッショ的で極めて不安定な政治体制とならざるを得ない。渋沢の晩年には日本はその道を走りつつあったが、先に引用した渋沢の主張はそれを裏づけている。

渋沢は「臣」・政治的エリートの権利・義務と、「民」等被治者の権利・義務をあまりにも同一視しすぎた。「国臣」の義務を担いうる商人の権利を彼は強調したが、「小人」でしかありえない商人の治められるべき義務について関心が薄すぎた。彼は、結局は儒教における「官尊民卑の打破」を、正確に理解せずに主張していた。彼は実力者抜擢を目的とする「官尊民卑の打破」を、時に「民の廃止」という形に完全に履き違えている。それゆえに被治者である「商」の抑制されるべき場合があることを考慮せず、「小人の商」についての考察を怠ったのではないだろうか。渋沢自身は国臣の商人足りえたが、それほどの力量のない商人に対して彼は啓蒙するばかりで、現実的に商業の抑制について考えなかった。

V　明治後期以降の時代精神

渋沢が青年時代に学んだ後期水戸学では、欧米列強の世界進出に対して日本は富国強兵に努めるべきことが説かれていた。会沢正志斎は「およそ国を守り、兵備を修むるには」（日本思想大系53・一〇七頁）と述べて、そのために「邦国を富ます」（同書一一二頁）必要があると主張している。後期水戸学は国防の必要ゆえに、食料備蓄制度の改良や人材抜擢などの政治改革を説いていた。

ところがこれが明治後期になってくると、国防のみではなく更なる発展が説かれるようになってくる。例えば井上哲次郎は、教育勅語の注釈本である『勅語衍義』を記したが、その中で次のように主張している。

今日東洋ニアリテ屹然独立シ、権利ヲ列国ノ間ニ争フモノ、唯々日本ト支那トアルノミ。然レドモ支那ハ古典ニ拘泥シ、進歩ノ気象ニ乏シ独リ日本ハ、進歩ノ念、日月ニ興リ、方法如何ニヨリテハ驚クベキ文華ヲ将来ニ期スルヲ得ベキナリ。（井上哲次郎［1891］日本近代思想大系6・四〇九頁）

この『勅語衍義』は明治二四（一八九一）年に刊行された文部省公認の教育勅語注釈であり、代表的な勅語注釈である。この中で井上は、日本が「屹然独立」するために「進歩」が必要だと述べているようにも見えるが、同時に「驚くべき文華を将来に期する」ために「進歩」が必要であるかのようにも解釈できる。本来幕末において富国強兵が説かれたのは、前者の解釈つまり日本の独立を保つためであったが、『勅語衍義』はそれを相続しつつも、さらなる「進歩」をも主張するようになっている。井上の言う「将来に期する」「驚くべき文華」とは結局どのようなことなのか、『勅語衍義』では明白になっていないが、「進歩の気象」それ自体を井上が肯定してしまっていることは、上記の引用から明らかである。

教育勅語は水戸学と同様「和魂漢才」の論理構造を持っており、この意味では水戸学の後裔に属していると言って良い。しかし水戸学を初め儒教やその強い影響を受けた思想は、永遠に進歩して行く歴史観を持っていない。本田済は「大体中国人の世界観は、法家の系統を除いて、下降的である。古えを良しとし、今を品下れるものとする」（本田［1960］一一二頁）と述べるが、これは儒教思想にも当てはまる。井上の歴史観は、これとは異なるものを含んでいる。これはすでに述べたように、渋沢の主張にも当てはまる。

また教育勅語では「一旦緩急アレハ義勇公ニ奉シ以テ天壌無窮ノ皇運ヲ扶賛スヘシ」とあるが、これも従来の儒学では「臣」にのみ要求され、「民」には要求されない。井上は「一旦緩急アレバ義勇公ニ奉ジ」を釈して「自利心ヲ棄テテ国家ノ為メニ務ムルハ、即チ愛国ノ心ニシテ、人々当ニ養成スベキ所ナリ」（井上哲次郎［1891］四三九頁）と述べる。これも徂徠の説では「臣」には要求されるが「民」には要求されない用件であった。民は自分のためにのみ自分の人生をおくる存在であり、「一己を成す」存在である。徂徠はこのような「民」の存在を忘れるべきではないと述べたが（荻生③・二巻二六七頁）、井上や教育勅語はこの「民」を啓蒙して、全員を「臣」にしようと志向している。渋沢も同様に、国家から「民」を廃止して、全員に国家意識を持たせようとする主張をした。

儒教の強い影響を受けている教育勅語の主張は、基本的に儒教の倫理を説いているが、従来の儒学では考えられない主張も含んでいる。この事実は、明治後期には当時の儒教そのものが変形し始めていたと解釈できる。明治後期には、従来の儒学とは異なり、「民」を廃止して国民全員を「臣」にし、対外情勢とは関係なく日本を進歩させていくことが儒教の論理を借りて語られるようになった。教育勅語と『勅語衍義』だけからこのような事実を断定することには慎重になるべきだが、両書の影響力を考えると、これが当時の時代精神であった可能性は無視できない。

これがもし時代精神であったのなら、この時代精神は渋沢も共有していたはずであった。渋沢自身の影響力を考えると、彼が時代精神に影響を与えた面もあるだろうが、時代精神から影響を受けた面も強いだろう。渋沢の商業擁護論の中には「民」を廃止してしまうという従来の儒学では全く考えられない主張や、永遠に発展していかなければならないかのような主張も存在していた。しかしこれらについては、渋沢の主張を明治後期以降の時代精神の典型としても見ることが出来る。渋沢が常に儒教を根拠に持つ主張をしながら、一部従来の儒学と異なる論理を持っていたのは、必ずしも渋沢独りが責められるべきものではないかもしれない。

VI　おわりに

渋沢は明治初期には、実業を正当化するため商業者に官僚と同様の愛国心の義務を説いた。また愛国心を持つ商業者には、官僚と同等の権利が与えられるべきであると考えた。しかし彼の晩年は財閥等が力を持ち、社会問題となっていたが、彼はそれに対しては道徳を説くのみで、法による抑制を説かなかった。彼の商業正当化論は、その晩年には現実的にも妥当ではなく、荀学の論理としても不備があった。

その原因として、第一に彼は晩年において、実業界の現状認識そのものが甘かった。彼は実業界引退後、そもそも現状を詳しく理解していなかったため、商業の膨張が社会問題となっても道徳しか説かなかった。彼はこの財閥問題に関して言えば、現状認識の不備から儒教の思想をうまく応用できなかった。彼がもし正しく現状を認識できていたなら、工場法を最終的には正当化したように、財閥の法的抑制をも説く可能性はあった。第二に彼は、荀学の抑商思想や官尊民卑を正しく理解しなかった。抑商思想を政策の技術論とせず、官尊民卑の打破に関する議論も、民を廃止して儒学を崩壊させるほうへと解釈してしまう場合もあった。彼の思想は、客観的には荀学の学統にあったのだから、抑商思想を正しく理解して、財閥問題に対する「明治版・抑商思想」を説くべきであった。彼はまず現状認識を誤り、かつ儒学者としても主張に不備があったことは否めない。商業者に官僚と同等の権利・義務を要求した彼の商業正当化論は、儒学思想としても現状へ応用する主張としても、もう一つ精緻かつ重厚に構築されるべきであった。

しかし彼は近代資本主義を輸入・開始した世代である。彼の晩年には時代が急変したが、彼は資本主義を成熟させるまでは手が回らなかった。一人の人間に「開始」から「成熟」までを望むのは、あるいは酷かも知れない。また思想的に不備があったとしても、彼は晩年まで慈善事業等に奔走し、忙しい人物であった。彼は大正時代に『論語』の猛勉強をするが[(12)]、それ以外の漢籍までは十分に手が回らなかったようである。彼は荀学の学統にありながら抑商思想などを正確に理解できなかったのは、彼が『論語』にしか頼れなかったことも原因かも知れない。彼は晩年に実業界を引退して慈善事業や民間外交に尽力したが、これは大正・昭和における実業界の現状認識と儒学思想の正確かつ柔軟な理解の両面においては、むしろマイナスに作用した。

また当時の時代精神が、儒教を大きく変化させようとしていたのであれば、この特徴が渋沢に現れていたとしても不思議はない。「民」を廃止して国民全員を「臣」にする主張や、進歩それ自体を求めるかのような主張は、明治後期の儒教的な主張として他にも例があった。これらが渋沢独りの特徴ではなく、当時の時代精神であれば、これらは三つの大きな問題を儒教に突きつけている。

一つは近代社会においても、抑商思想は依然として破棄されるべきではないということである。抑商思想は本章の分析によると政策の技術を語るものであるが、商業が時に行き過ぎた勢力となることは歴史的にも明白である。市場が拡大した近代社会においても、市場は野放しにされるべきではない。もちろん前近代社会と全く同じように抑商思想が説かれるべきではないが、その本質的な重要性は近代社会においても再検討されるべきである。

第二に国民全員に国家意識を持たせることを、荻生徂徠は不可能と判断したが、渋沢や井上はそれを志向していた。

しかし後の歴史を見ると、渋沢達は失敗したと言って良いであろう。国民全員に国家意識を持たせて国臣にすることは、教育制度の普及した近代社会ですら不可能である。また結局、国家意識は一部のエリートしか持ちえないのであれば、国家意識を持つ国臣の役割の重要性が、儒教の論理の中でも改めて認識されるべきである。

第三に前近代儒教に進歩史観は存在していなかったが、渋沢や井上はこれと儒教を習合させようとしていた面があった。進歩史観は外来思想として輸入されたものであったが、両者においてその習合は、恐らくは明白に意識にのぼったものではない。渋沢は「幕府時代は制度悪しかりしも、人の精神美なりしかば精神を以て制度を補ひ得たり。今は制度美なるも、人の精神悪くなりたれば、制度の美もその用を完うせず」（渋沢［1925a］六一〇頁）と述べている場合もある。渋沢は精神においては退歩史観であり、制度においては進歩史観であった。元々古代に理想を見いだそうとする儒教の退歩史観的な歴史観と、この進歩史観はいかなる形で折り合いをつけるべきか。この問題は容易に結論は出せないが、重要な問題である。

注

（1）朱熹はこの文を性善説に引きつけて解釈しており（朱熹［1177‐89］）、徂徠は必ずしも性善説に結びつけない（荻生③・二巻二五二頁）。しかし「出身の身分よりも、どれだけ学問を積んだかが大切である」という点では、両者の説は同じである。

（2）王陽明は次の様に述べている。

終始の説は大略是なり。即ち民を新たにするを以て民を親しむと為し、而も徳を明かにするを本と為し、民を親むを末と為すと曰はば、其の説も亦未だ不可と為さず。但だ当に本末を分ちて両物と為すべからざるのみ。（新釈漢文大系13・五八四～五頁）

陽明によれば、修身が本で経世論が末であるという朱子学の説は正しいが、その本と末をあたかも二つのもののように分けすぎてはいけない。しかし、その「本末」の順序は朱子学と変わらない。

（3）渋沢自身は、自らが荀学の学統にあるという明白な意識はなかったようである。彼は性善説と性悪説では性善説をとるとし、次のように述べる。

孔子の道が二千余年の間伝はって来たうちには、色々な変遷もあり之を伝へるには種々な人物が出たのであるが、就中斯の道を世に宣伝するに効果の多かったのは孟子其人である。孟子は当時告子が人の性は善もなく悪もなく恰も水の如きものであると説いて居たに反して、人の性は善なりと高唱して孔子の道を宣揚するに努めた。其の後荀子が出て性悪説を主張したが、孔子の道は性善説であり、自分も全然之に賛同するものである。（渋沢［1922a］五一頁）

性善説をとる彼の主張は、渋沢の儒学が経世論重視の荀学であることと矛盾するかも知れない。しかし上記の性善説賛同論は、必ずしも経世論と矛盾するわけではない。荀子の性悪説についても様々な解釈があり、例えば兒玉［1992］は、荀子を性悪説ではなく性「朴」説であったと解釈している。また本田［1960］は、中国思想にはそもそも西欧的な意味での「悪」の概念は存在しないとしている（同書三〇三～五頁）。性善説と性悪説の選択と、修身論重視と経世論重視の選択の関係は、本田済がその関係を示唆しているが（同書・九四頁）従来の儒学においても未だ詳細な分析は存在しないようである。本章注（6）参照。

また渋沢には性善説を否定していたともとれる発言が所々に存在する。例えば渋沢は次のように言っている場合がある。

孔子は人間の性は善であると言うて居るが、其の半面には物我が宿って居って、終始頭を出そうとして居る。（高橋・小貫［1927］一〇三九頁）

私の信ずる處によれば、人の性は善であるけれども、人欲が終始妨げをなす故、己に克って禮に復らぬと人欲を壓迫する事は出来ない。（同書一〇九九頁）

このような発言は、彼が自身では気がつかない潜在的性悪説論者であったとも解釈可能である。また渋沢は『古文真宝』の後集を愛読しており（渋沢［1913a］六三六頁）、なかでも韓愈をしばしば演説にも引用している（渋沢［1930b］等）。韓愈は唐代の儒者であり、老荘・仏教の思想を廃しつつ古代の自由な散文の復古を目指した。韓愈は荀子よりは孟子の方がより正統であると認識している（新釈漢文大系16・三八九頁）。しかし、士・農・工・商（賈）にそれぞれ社会的役割があると明白に認識しており（同書三七九頁など）、これは後に本文で述べるように荀学に顕著な思想である。これは引き続き検討を要する問題であるが、渋沢が好んだ詩文家が、荀子より孟子の方が正統であるとしながら、主張に荀学的特徴がある事実は注目に値すると言って良い。しかし渋沢についてはもちろん、漢詩文一般とその思想性の社会論的側面の連関は、まったくと言っていいほど研究されていない。

（4）朱子学の入門書である『近思録』では、次のように商末思想が語られている。

本を敦くし末を抑へば、以て先王の遺法を推し、当今の行ふ可きを明かにするに足る。（新釈漢文大系37・四八七頁）

しかしこれは後に本文で述べるように「末」としか言っておらず、明白に「商」全体を指しているわけではない。

（5）孟子には荀子ほど商業の社会的役割を積極的に是認する主張はないが、商業がある程度は正当化されることを潜在的に前提とした主張はいくつか存在している。例えば孟子は次のように述べる。

市は廛して征せず、法して廛せざれば、則ち天下の商、皆悦びて其の市に藏せんことを願はん。（新釈漢文大系4・一〇七～八頁）

その他、同書三九頁にも市場が盛んになることを肯定する主張や、市場に課税することを批判する主張が、同書一四七～八頁等にある。『論語』にも（九-一三）等、民間の商人の存在意義を認めているかのような発言がある。荀子は、これらの側面をより強く注目して議論を深めた。

（6）その他、既に引用したように渋沢は儒教を経世論の思想と解釈しておきながら（渋沢［1922a］五二頁）、別の所では性善説を採るとしている（同書五一頁）。しかしこれは既に注で述べたように決定的矛盾とは言いがたく、渋沢は確かにこの問題を詳細に議論していないが、性善説を採りながら経世論重視という立場も論理的にはありえることかも知れない。例えば荻生徂徠は、明白に荀学の学統にあるが「人生るるの初は、聖人と殊ならず」（日本思想大系36・五五頁）と、性善説をとっていると解釈可能な発言をしている場合もある。第一章注（2）参照。

（7）渋沢は数々な人物評価を残しているが、これは全体的に見ると実業家に対する評価だけは甘く、政治家や学者に関しては是々非々的で時に人格批判にまで及ぶ厳しいものである。たとえば江藤新平や星亨、原敬は、人の意見を聞かずに力ずくで政治を行なった人だと評し（渋沢［1925a］五四頁）、副島種臣も同様であったと述べる（渋沢［1937］三七一頁）。また渋沢は西郷隆盛のことを基本的には尊敬していたが、「仁愛に過ぎて、その結果過失に陥った」（渋沢［1925a］一五九頁）と述べる。勝海舟については、人の上に立つというよりは人に使われる器であったと述べ（渋沢［1937］三五七頁）、福沢諭吉については実際に会った印象として「一風変わった人」と評価し（渋沢［1917a］五四二頁）、大隈重信は大風呂敷の人であったと回想している（渋沢［1937］七九七頁）。さらに大久保利通については、「虫が好かぬ」とまで述べている（同書二七八頁）。その一方、実業家である三野村利左衛門や古河市兵衛、田中平八は無学成功の人として賞揚し（渋沢［1913a］五六九頁以下）、大倉喜八郎も渋沢が本来嫌うはずの贅沢をする実業家であったが、倹約の人として賛美している（渋沢［1925a］三七四〜五頁）。実際の活動においては対立していたと言って良い岩崎弥太郎でさえも、渋沢は繰り返し賛美している（同書三三、七七、二六〇、三七五頁）。この傾向は、彼が長年実業界にいた経歴を考えればやむを得ないかも知れないが、判断の客観性は失われている。

（8）ヴェーバーは、儒教のこの性質について次のように述べる。

儒教と（ピューリタンとの――引用者）対照は明らかである。二つの倫理には、非合理的なものに根拠をもつという性格があった。すなわち儒教においては呪術、ピューリタニズムにおいては超世俗的な神の結局は極めがたい決意がそれである。しかし呪術から結果的に生じたのは、（儒教の場合は――引用者）伝統の不可侵性ということであった。どうしてそうなるのかといえば、鬼神の怒りを避けるにさいして、確かな呪術的手段と、結局は、すべての伝来の形態の生活様式とは、変えることのできないものであったからである。（Weber ③・木全訳三九九頁）

ヴェーバーは儒教の「礼」のことを「呪術」(der Zauber)と呼んでおり、中国のある時代に敷かれた制度と儒教それ自体を混同している場合などがある。しかし儒教が伝統重視であり、「現世への適応」(同書同頁)を目的としたため進歩史観にはならなかったというヴェーバーの主張は、概ね是認されるべきものである。

また渋沢は、「既に富めり」という国家状態そのものを認めていなかったかも知れない。『論語講義』のこの箇所の注釈も、国富増大と教育の必要性を述べているだけであり(渋沢[1925a]六七一~四頁)、「既に富めり」については殆ど内容に触れていない。さらに「私は確信する。人類は結局進歩するであらう。遂には黄金の世界に達するものであるとかう期念してをるのであります」(同書七五〇頁)と唐突に述べることもあった。彼は国富増大など物質面においては、儒教には存在しない「進歩史観」の概念を採用していたかも知れない。渋沢には「幕府時代は制度悪しかりしも、人の精神美なりしかば、精神を以て制度を補ひ得たり。今は制度美なるも、人の精神悪くなりたれば、制度の美もその用を完うせず」(同書六一〇頁)という発言もある。彼は精神面に関しては儒学の尚古主義を保持するも、制度面においては進歩史観を採っていたようである。

(9) 朱子学の経世論に対する態度として、端的に示したものとしては『近思録』の中に次のような主張がある。

凡そ史を読むには、徒に事迹を記するを要するのみならず、須らく其の治亂安危・興廢存亡の理を識るを要すべし。且く高帝紀を讀むが如き、便ち須らく漢家四百年の終始治亂は當に如何なるべきかを識り得べし。是も亦学なり。(新釈漢文大系37・二二三頁)

上記の引用から二つのことが読み取れる。一つは朱子学が歴史から「治亂安危・興廢存亡の理」を読み取っていたこと、つまり徂徠学のように抽象的な経世論を議論するのではなく、具体的な歴史的出来事から経世論を論じていたことが窺える。第二にそのようなことも「亦」学問であると強調しなければならないほど、経世論は朱子学において忘れられがちであった。

元来中国人は、歴史書を単なる過去の叙述とは考えず、限りなく思想書に近いものと認識していたと言って良い。司馬遷の『史記』についても、稲葉一郎は次のように述べる。

注意しなければならないのは、彼ら（司馬談・司馬遷親子――引用者）がこの書をいわゆる歴史叙述だとは考えていなかったことである。太史公自序によれば、父談はこの著述を周公や孔子の事業に匹敵するものにしようと考えていたし、司馬遷も自ら完成した著述に太史公書と名づけ、一家言を盛った著述として認識していた。太史公書は太史公（令――原文）の職にあったものの著わした書という程度の意味であり、天人相関説にもとづき、天文観察によって得た知見を具体的な歴史事実で立証しようというのが彼らの目標であった。（稲葉［1999］二八四頁）

(10)　渋沢の実家の生業について、渋沢は次のように説明している。

一四、五の歳までは読書・撃剣・習字の稽古で日を送りましたが、前にも申す通り父は家業についてははなはだ厳重であったから、一四、五歳にもなったら、農業商売に心を入れんければならぬ、……農業にも、商売にも、心を用いなければ、一家の益にはたたぬといわれました。／さてその農業というのは、麦を作ったり、藍を作ったり、または養蚕の業をするので、商売というのは、自分の家で作った藍は勿論、他人の作ったものまでも買入れ、それを藍玉に製造して、信州や上州、秩父郡辺の紺屋に送って、追々に勘定を取る、俗にいう掛売商売と唱えるものであります。（渋沢［1913b］一八～二一頁）

また渋沢は、江戸時代に差別されていたものは実業家と女と俳優であると述べて、「封建時代に実業家を賤しめた事は諸君も御承知の通りだ、町人百姓といへば殆ど人間ではないやうに云って居た」（渋沢［1908c］四三七頁）と主張する。ここでも渋沢は商人が賤しめられていたことと、農民が賤しめられていたことを区別しないで論じている。

(11)　朱子学や陽明学では、誰でも努力すれば「聖人」になれる可能性はあると解釈する。『伝習録』において、王陽明は「良知良能は、愚夫愚婦も聖人も同じ。但だ惟だ聖人のみ能く其の良知を致して、愚夫愚婦は致す能はず」（新釈漢文大系13・二三九頁）と述べる。ただしある弟子が、街の人全てが聖人に見えたと述べたら「此れ亦常事のみ。何ぞ異と為すに足らん」（同書五二五頁）と陽明が答えたという逸話もある。後者の解釈によれば、全ての人が聖人になれる可能性があるのみならず、その可能性ゆえに全ての人が既に聖人であるということになる。しかし後者の解釈においても、陽明は全ての人に国家意識の義務を説いているわけではない。

また国の構成員全員が国臣であるという主張は、不明確ながら『孔子家語』に「凡そ封内に在るもの、皆臣子なり」（新釈漢文体系53・五九六頁）とあり、『春秋左氏伝』に「苟も社稷を主らば、国内の民、其れ誰か臣たらざらん」（新釈漢文大系30～33・一九四頁）、あるいは「普天の下、王土に非ざるは莫く、率土の濱、王臣に非ざるは莫し」（同書一三二〇頁）（『詩経』小雅・北山にも同文）とある。また渋沢が愛読した『古文真宝』の後集にも「聖人の時を得て、億兆を臣妾にするに及んで、天下孰か焉に加へん」（新釈漢文大系16・一八八頁）とあり、渋沢が演説にも引用した（渋沢［1908d］）韓愈の「原道」においても、民（農・工・商）は「上に事ふる」（新釈漢文大系16・三八二頁）べき存在であるという主張がある。以下本文で論じる問題は、儒教が古代から持つ根本的な問題なのかも知れない。また、渋沢が好んだ韓愈の漢詩文は、渋沢思想にどのように影響しているのか、追求の価値ある問題である（第七章・八章参照）。詩文はしばしば文学的表現の都合上、正確さを欠いた言い方をするが、これを渋沢が額面通りに解釈したとすれば、そこに歪曲が生じた可能性もある。

（12）本書第四章、渋沢［1914b］七三〇頁等参照。また渋沢自身の証言によると、彼は関東大震災前には、六百種類の『論語』を所有していた（渋沢［1937］九一九頁）。また渋沢［1922c］三八八頁では、一千種類所有していたとも証言している。

第七章　渋沢栄一「『論語』と算盤」思想の分析

Ⅰ　序

渋沢栄一は、明治時代に数百にも及ぶ企業の設立・運営に関係し、日本資本主義の父とも呼ばれる人物である。それゆえ、一般に渋沢は実業家として把握されることが多い。しかし渋沢自身は、自らについて「私は真の商売人ではありませぬ、而して性来国家観念が強い」（渋沢［1920］一七九頁）と述べたり、「本筋の商売人ではなかった」（渋沢［1918c］一三二頁）と述べていることもある。渋沢は慈善事業や大学の設立、民間外交等にも関わり、実業以外にも活躍の場を持った人物であるが、これらの証言はそれを意味しているのではない。彼は、自らの実業活動自体にも特別な意義を付加していた人物であった。

渋沢は明治二（一八六九）年より、静岡において株式会社制度で実業を展開しようとした。彼が生涯関係した事業のうち、独占を目指した例は希であった(1)。商法が施行されたのは明治後期であり、独占禁止法は太平洋戦争後である。さらに渋沢は実業界だけでも多方面にわたって活躍したが、ついに財閥を作ることがなかった。これらの事実は、渋沢の先見の明を誉めるべきであると言うより、より中立的に見て、渋沢には独自の価値観があったことに注目するべきである。渋沢は自身で真の商売人ではないと言う通り、純粋に自己の利殖に専念した実業家ではなかった。

渋沢は、実業における自らの思想を「『論語』と算盤」という標語で表わしている。(2) 渋沢によれば、実業活動は道徳に則っていなければならず、また実業と道徳は両立できる。しかし彼は時に「銀行取引に論語のことを一から十まで引当てると云ふことは出来ませぬ」(渋沢［1917b］二一三頁)と述べている。では渋沢は、実業のどのような活動をもっぱら意識してこの標語を述べたのであろうか。言い換えれば、渋沢は『論語』と算盤を如何に結びつけていたのであろうか。ここで言う「論語」も「算盤」も、当然のことながら象徴として言われているに過ぎない。「論語」は彼の好んだ儒教に関する漢籍とその思想全体をも指し、算盤は実業活動のシンボルである。渋沢は各々をどう解釈し、どのように結びつけたのか。これがここでの課題である。

まず第Ⅱ節で、渋沢の「算盤」について分析したい。渋沢はどのような能力を持ち、どのような形で実業界の仕事に従事していたのか。彼の証言をたどりながら、実業人としては特殊である渋沢の特徴を明らかにしたい。次に第Ⅲ節では、渋沢の「論語」を明らかにしたい。彼の『論語』解釈は、先に第四章で分析したので、ここでは彼の漢詩文に関する趣向から渋沢の儒教思想への接近を謀りたい。この考察によって、渋沢の『論語』解釈と漢詩文の趣向が一致することが確認される。第Ⅳ節では、これらを総合し、渋沢の実業活動と彼の儒教思想がどのように連関するかをまとめたい。

なお以下の分析においては、渋沢や同時代人の証言を重視することを前提とする。序章でも述べた通り、従来は、あらかじめ用意された特定の概念道具や研究者の主観に渋沢を当てはめ、渋沢の証言を軽視する研究が存在した。(3) これらの方法は客観主義を標榜している場合が多いが、むしろ研究者の主観が際立つ場合が多い。ここではこの種の研究とは一線を画し、まず渋沢や同時代人の発言を大量に観察することを議論の前提とする。我々の考察や推測は、あくまで渋沢達が十分に証言していない部分を補うことに留めたい。つまりここでの目的は渋沢達の主観を明白にすることであって、外在的に渋沢を把握することではない。渋沢達の主観を現代人の価値観で評価することは、少なくとも渋沢達の主観が明白になった後に行なわれるべきことである。本書の課題は、我々の価値観ではなく、当時の価値観で渋沢自身の主張を明瞭に整理することである。

従って、渋沢が具体的に何をしたのかは、ここでの中心課題ではない。ここでの焦点は、渋沢自身が自らの活動を本質的にどのように把握していたのかということである。渋沢の各企業における詳細で具体的な活動についての分析は、他論に譲りたい。本書において渋沢の具体的な活動は、その本質を明らかにする上でのみ重要であり、その追求はあくまで議論の補助的な位置を占めるのみである。従来の研究では、渋沢の活動が実業・慈善事業・教育・民間外交・芸術支援など多岐にわたっているため、その本質を捕え損ねる場合が多かった。彼の多方面に渡る広範な活動を本質的に把握するためには、細部にこだわらない鳥瞰的視点が要求されるはずである。本章は筆者の一連の課題に沿って渋沢の本質に迫ることを目的としており、儒教において名取りであった渋沢の思想の解明を求めている。

Ⅱ　渋沢栄一の「算盤」

1　生前における渋沢の貨殖についての評価

渋沢は、多くの企業の設立に成功した人物である。それは起業家として彼の才能が尋常ではなかったことを想起させる。しかし生前は、必ずしも渋沢は商売が特別に上手な人とは思われていなかったらしい。三井・三菱家などに比べれば、渋沢家の富は格段に少なかった。(4) 渋沢の友人である三宅雪嶺も「日本にも昔からの三井の他新に岩崎とか、安田とか、大富豪が輩出したが、渋沢翁は金持ちとなるに於て、必ずしも大成功と称し得ない」(野衣［1928］三二八頁）と述べている。

また山路愛山は、渋沢の生前に次のように述べている。

或人より渋沢男と安田善次郎氏に就き足下の意見を聞きたしとの注問あり。因て思ふ所を述べんに、我等は二君は始より同じ模型の人物に非ず、従って同じ尺度を以て寸尺を比較すべき人柄にも非ずと信ずるものなり。仔細は世間は渋沢男も安田氏も均しく金持なりと思ひ其金持たる點より一様に見做すものもある様子なれども我等の見る所にては、渋沢男は決して金持に非ず。又金持として成功したる人にも非ず。単に金持として男を論ずるは甚しき見当違なりと思へり。日本帝国小なりとは申せども今は二〇億円の国債を背負って立ったる国民なり。渋沢男ほど持ちたるものをも金持と云はば随分金持の多きに困るべし。（山路［1928］二五九頁）

山路が言うには、渋沢は実業家として成功して「金持」になった人物ではない。勿論先祖からの財産を持っていた人物でもなく、渋沢程度の財産を作った人物は他にも多く居ると山路は主張する。渋沢の本質はむしろ別な部分にあると山路は考えた。これらの評価に、恐らくは渋沢も賛意を評したはずである。渋沢は、決して金銭に対して強い執着心を持った人物ではなかった。

渋沢は、自分の息子に「金は働きのカスだ。機械が運転しているとカスがたまるように、人間もよく働いていれば金がたまる」（渋沢秀雄［1959］下巻二一〇頁）と述べている。また「人間は力行すれば必ず其の報酬はあるものである」（渋沢［1913a］七八頁）と言ったり、「働きさへすれば何人にも相当の生活を営むことが出来る」（同書同頁）と主張する。働けば報酬があるという考えは、かなり緩慢な金銭感覚とも思える。さらに渋沢は「自分は……大金持になるのが悪いといふ持論である」（同書五九頁）と述べることさえあった。興味深いものとして、渋沢自身が自分の財産について語っている次のような証言もある。

万を以て数ふる金が出来たのは慶喜公の弟民部公子に随行して、仏蘭西に渡った時、幕府から送られる金を倹約して残してためた。それがもとだ。それから官界を退いて後に、第一銀行を創めた古河市兵衛翁から銅山経営の出資を頼まれて三万円ほど出したのが、一二年後の明治二一（一八八八――引用者）年に二〇万円になって戻って来た。それから又第一銀行の株を持ったが増資増資で自然に大きくなった。

一方、私はあらゆる事業のお世話をするので、発起人になるとか創立委員になるとかで、株を持たなくちゃならん。その中のよいものが、利を生んで、私の財産が出来ました。併し私は発起人の資格を作るだけの二〇〇位しか持ちませんでした。（野衣［1928］三一六～七頁）

この発言は、野衣秀市が渋沢の財産の由来について訪ねた時の、渋沢による解答である。野衣は、渋沢が「悪事をせず」（同書同頁）に財産を作ったことを知っている。ここでの野衣の質問は、野衣が既に答えを知っていて、確認のために渋沢に聞いたような形になっている。渋沢も、自分に関する野衣の見解が渋沢と一致していることを知りつつ、右のように答えたようである。両者一致の解釈によれば、渋沢の富は、意図的に追求されたものではなかった。野衣から見ても、渋沢自身から見ても、渋沢は金儲けに人生を賭けた人ではなかった。

また『青淵回顧録』（高橋・小貫［1927］）に、一三七人による渋沢評価があるが、渋沢を大富豪であるとして賞賛している人は一人もいない。前出の野衣の書（野衣［1928］）も、のべ二百人余りの人々が、渋沢を美辞麗句で褒め称えるが、貨殖家としての評価は存在しない。褒め方は千差万別で人によるが、少なくとも「金儲けが上手い」という賛辞は全く見当たらない。ほとんどが渋沢による国家社会への貢献、人格の高さへの賛美であり、渋沢の「貨殖能力の高さ」を述べている人は発見されない。

2　渋沢の経営実務能力

渋沢自身の証言によると、彼は簿記がつけられなかった。渋沢は「吾々講釈はするけれども、さあ帳面を附けて見ろと言はれると困る。帳面を附ける人は講釈を知らない、唯々斯うするものだと云ふことだけ覚えて居る」（渋沢［1928b］七九頁）と述べている。渋沢も、明治初期に一度はお雇い外国人シャンドに就いて簿記の勉強をした（渋沢［1912b］一一九頁）。しかし「研究もし、練磨もして見ましたけれども、年老いて段々に忘れました」（同書・一一五頁）と述べ、「不幸にして私は新らしい事は知りませぬ」（渋沢［1917b］二一〇頁）と言い、その後の新式の簿記も一切学ばなかった。渋沢は、簿記が本質的にどのようなものかは把握していたが、その生涯において実際に簿記をつけることはほとんどなかった。渋沢自身がその技術の習得に非常に苦労したという証言も、ほとんど見当たらない。むしろ簿記の専門家として佐々木勇之助を抜擢したことを、渋沢が誇らしげに語っている方が証言のなかでは目立っている(5)。佐々木は後に第一銀行総支配人となり、銀行の経営一切を任された。そのような優秀な人材を挙げたことのほうが、渋沢にとっては自身の実務能力より重要であった。

渋沢は数々の商業学校に関係し、学校に招かれて演説をすることがしばしばであった。商業学校における渋沢の演説の内容は主に、①各々の商業学校の来歴、②商業道徳の重要性、③これからの時代の商人が持つべき心構え、④江戸時代の教育と明治初期における商人に対する偏見などと分類できる。彼は一回の講演でこれら四つの話しをしたが、聞き手がその都度変わっていたためか内容は毎回ほとんど同じである。これらの演説において、渋沢が最新式の経営方法や商業関連の法律について紹介することはほとんどない。むしろ「経済上の事に就ては、……深く研究を遂げた訳でもございません」（渋沢［1924］三四一頁）と言ったり、経済の進歩についても「専門家でない私としては大体の事を総合的に申す外はないのであります」（渋沢［1927b］三六九頁）と述べている。渋沢は明治初期から明治後期まで数十回にわたって商業学校で演説する機会を持ったが、その都度「商業と云ふものに付ては、学問的に是まで修めた訳ではございませぬ」（渋沢［1903b］八三九頁）といった主旨の発言を繰り返し述べている。

渋沢の商人・企業家としての活動を見ると、決して渋沢に天賦の商才があったわけではないことは明白である。彼は二十代の時、実家を飛び出して幕末の京都へ行くが、次第に金銭に窮し、旅館の宿泊代を負けてもらって一日四百文払った（渋沢［1913b］五五頁）。当時の相場が一日二百五十文位であったと渋沢は後悔している。渋沢は実家の家業を手伝って信州へ一七、八日位滞在することがそれ以前にままあった（渋沢［1929c］六九四頁）。何度も商業の旅に出ていながら、若き渋沢は旅館の宿泊料の相場も気にせずに無駄使いをしていた。また第一国立銀行も、設立時の明治六（一八七三）年には資産が一二四二万円程であったが、渋沢の経営のもと、明治九（一八七六）年の下半期には五五八万円にまで資産を減らしている。(6) 渋沢の証言によれば、当時の彼は金銀格差を想定せず、幕末に洋行の経験があるにも関わらず外国為替の存在を考慮していなかった。(7) さらに配当率は、銀行が急激に資産を減らす中で、当初の二・二五％から九年下半期には七％にまで上げている。ほとんどタコ配当に近い経営状態に大口株主の小野組の破産も手伝って、当然のことながら銀行廃止論も噴出した（渋沢［1918e］二五三頁）。配当率の無理な上昇が止まり、資産が順調に増していったのは佐々木勇之助が支配人になった明治一五（一八八二）年以降である。

実業活動が本格化した後も、渋沢は数々の間違いを犯し、後に反省している。金本位制に関して当初は反対していたが（渋沢［1927d］五六〇頁、［1927f］六〇〇頁）、これは後に金本位制度導入に尽力した松方正義のほうが正しかったことを認めている（渋沢［1937］八一一～四頁）。商業教育についても、既に述べたように後には渋沢も大いに力を尽すが、当初は「余計な事をする」（渋沢［1919c］二七七頁）と反対し、後に自分のその態度について「昔を顧みると左様に先見の明の有った者では無かった」と反省している。具体的に鉄道会社に限って見ても、磐城鉄道、掛川鉄道、南豊鉄道、金城鉄道、毛武鉄道など（龍門社［1955-65］第五八巻三七～九頁）数々の会社設立に渋沢は失敗している。第一国立銀行についての渋沢自身の証言をたどっても、彼が積極的に主張した銀行の東北進出も結局は撤退に終わり（渋沢［1937］八三七頁）、当初は上海進出も計画したがお雇い外国人に反対されて実現しなかった（第一銀行八十年史編纂室［1957］一八五～七頁）。有名な出来事としては、貨殖とは直接関係ないが、工場法にも当初の渋沢は反対している（渋沢［1896a］五一九、五二〇頁、渋沢［1898b］三四六頁）。渋沢は、自らの実業界における活動を後に次のように振り返っている。

四五年の間銀行専門でやって見ようと思ったが迚も夫では不可い、そこで他の事業にも大いに力を副へるやうに致しました、先づ工業或は運輸又或時には四五十も会社を兼ねた事があります、……其間には或は考への違った事もあり又其処の専務に任ずる人が良くない為に悲境に陥ったり、皆が皆完全に発達したとは私の関係して居るものでも申されませぬ。又世間が追々之に慣れて私の無関係なものも段々成立致しましたが、其成立中にも良くないものがあって倒れたものもございます。（渋沢［1918e］二五四頁）

渋沢は決して失敗の少なかった人ではない。実務に長けた天才でもなく、財界の活動においても、多くの失敗を残している。渋沢は他人から「覚えが好い」（渋沢［1918d］二四三頁）と言われるほど聡明であり、自身「若い時から私は一日でも空に居る事は好みませぬ」（［1918e］二五一頁）と告白するほどの勤勉家であった。しかし渋沢は、失敗の絶対数が非常に多い人物であったと見るべきである。彼は自身に金儲けの才能がないことを告白することもあり（渋沢［1927c］二一二頁）、実家の家業についても、子供の頃から父親に「お前は講釈ばかりで、事実やって見るとすっかり駄目だ」（渋沢［1930d］七〇一頁）と叱られていたと証言している。彼は特別に商才のある人物ではなく、彼の新骨頂は、彼自身が語るように別なところにある。

3　渋沢自身による実業家・渋沢の解釈

先にも述べたように、渋沢は佐々木の能力を若い頃から見抜き、挙げたことを自賛している。佐々木は、長く渋沢の片腕となって、第一銀行の経営に従事した。佐々木について渋沢は次のように語っている。

表面は兎も角実際に於いては（佐々木が――引用者）取締役兼総支配人に挙げられた際に、第一銀行の実務は佐々木氏に託された様なものであった。御承知の通り私は殆んど凡ゆる方面に関係して居ったので、第一銀行にのみ専心する事は出来ない。それで大体の締め括りはして居ったけれども、大抵のことは安心して佐々木氏に一任して居ったのである。従って爾後の第一銀行を盛り立てて今日あらしめたのは、佐々木氏の努力が與って多いのである。（渋沢［1937］八三八頁）

渋沢は謙遜も含めて、第一銀行の発展において佐々木の功績が大きかったことを認めている。これについては『第一銀行史』（第一銀行八十年史編纂室［1957］）も「渋沢前頭取は第一銀行の渋沢たるのみならず、財界の渋沢として多忙の身であったので、営業の実務は佐々木がとり、渋沢もまた安んじてこれにまかせ得たのであった。もし佐々木を得なかったら、渋沢の多方面にわたる活躍も多いに制約をうけたことであろう」（同書八七七頁）と述べている。佐々木は第一銀行において、渋沢が頭取である間は「総支配人」という特殊な役職を設けられてこれに当たっていた（同書八六八頁）。渋沢が頭取辞任後には、佐々木が頭取に昇格し、「総支配人」という役職は廃止となっている。渋沢が第一銀行頭取であった間は、事実上佐々木が既に共同の頭取であり、渋沢は一部は第一銀行で共同の頭取として働き、残りの時間は外の活動に従事していた。渋沢の活動は通常の実業家とは以て異なり、第一銀行内における位置づけだけを見ても非常に独特なものであった。先に述べたように、渋沢は簿記がつけられなかったが、それでもその活動に殆ど支障はなかったはずである。

では渋沢は、自らの活動をどのように解釈していたのか。彼は一般論として、次のように語っている。

大事業を成す人は自己の腕前よりも、人物鑑識眼を備ふるを必要とするのである。一人の才能はいかに非凡でもその力に限りのあるものである。何もかも一人で捌き得るものではない。人物をよく鑑別する眼さへあれば、部下に優秀の人材を招致（＝「よせる」――引用者）ことができるから、我が働きを以てするよりも、迥かに好成績を挙げ得らるるものである。人には一長一短あるものなれば、これを鑑別して適所に配置すれば、いかなる大事業も成就すべし。（渋沢［1925a］二〇四頁）

続けて渋沢は、自己の才能がある人は得てして人物鑑識の才能が少ない場合があることを述べている。大事業を成すには、人に挙げられるより人を挙げるほうが大切であると渋沢は考えた。これは明言こそしていないが、大事業を成した渋沢自身の成功の要因を自己分析していると言って良い。渋沢は佐々木のような優秀な若者を見抜き、抜擢した。渋沢が抜擢した人物は、やがて優秀な専門家になり、大いに働いた。

しかし渋沢は、明治後期に「余は現在人に使はれる階級の人物たることに甘んずる人を最う少し多く欲しい」（渋沢［1913a］二九二頁）と述べている。また「事業ト云フモノハ多岐ニ渉ルト云フノハ宜シクナイ」（渋沢［1901b］七四三頁）と言ったり、「種々なることに手を出すといふ観念では、十分なる功を奏さぬものである、成るへく一つの仕事を成功しやうといふことを考へなければならぬ」（渋沢［1901c］七九一頁）と主張する。これは渋沢自身が自らの実業界における半生と、その主張が矛盾しているようにも見える。大事業を成すためには、本人の能力より人材抜擢の能力を渋沢は重んじた。しかし明治後期、実際に彼が望んでいたことは、むしろ抜擢され、一つの仕事に専心する人間が多く出現することである。これは如何なる形で整理されるべきか。渋沢は次のように弁解している。

一は成るべく一ツに専らにして、多岐に渉らぬやうな工風を養成するやうにありたいと思ひます、渋沢が総の方面に顔を出して居て左様に求めるといふと殆ど自家撞着するとお笑ひなさるか知らぬが、私は一身に種々の方面に顔を出しますが、決して多岐に渉るのとは自身は思はぬのであります、又私は皆様からさう申して欲しいとも思はぬのでございます。或は渋沢だけは特別な人間だと自から任じて居るといふ御疑はあるか知れませぬが、謂はば私は過渡期の間に成立って参ったから終に斯様の位置を得まして、今更もう殆ど七〇に垂んとして之を改めることも成し難く存じます、決して之は結構なことでないと云ふことは自身も悟て居る、他の人々に斯る真似をさせたくない。（渋沢［1906］八五一頁）

この弁解のうち、前半は歯切れが悪いが、後半の「謂はば私は過渡期の間に成立って参った」という証言は興味深い。その他渋沢は「元来人は分業が宜しい、成るたけ職業は一に専らなるが宜いと云ふことは誰も申すことであって、私もそれを知らぬことは無かったのでありますが、弁解的に申して見ると、明治六年から二〇年頃迄の有様はなかなかに分業時代にはまだならなかったのである」（渋沢［1911a］一八〇頁）と言っている場合もある。彼は同じところで「有りと有らゆる事業には実務には当り得ませぬ」とも言い、自身が分業の一端を担う専門家とは程遠い存在であったことは時々認めている。彼は過渡期の人間であり、特殊な社会的役割を担った人間であった。

渋沢は「事の是非得失を判断する者はこれは年寄でなければならぬ」（渋沢［1922d］三五三頁）と言い、「その事を行ひ、処断して行くには、成るべく若い人の強き断行力に依る可きである」と述べる。彼は「老人と壮年、或は青年との間柄」に、判断者と実行者の分業を想定した。その「年寄り」は「六〇歳以上でなければならぬ」と渋沢は説明している。渋沢は三十代から頭取となり、「年寄りでなければならぬ」はずの判断者になった。それは渋沢が「過渡の間」の人間であったためである。本来の理想である分業体制は、望んでもありえない時代に彼は実業家となった。実業自体が微弱な時代に、彼は若くして判断者の位置に立ち、佐々木など優秀な専門家を抜擢して育て上げた。第一銀行で特殊な頭取となり、財界において総合的な位置に立って、第一銀行の実務は佐々木に託した。渋沢を明治政府に官僚として抜擢したのは、郷純造であったが（野衣［1928］一六二頁）、その息子である郷誠之助は、「渋沢子をあれ程まで偉くしたのは時勢の力である。渋沢固有の力量としてはそれ程のものでないと申す人もあらう。成程、さう云ふ申分も一理ある」（同書一六四頁）と述べている。幸田露伴も「実に栄一は時代の解釈者、時代の指導者、時代の要求者、換言すれば其人即ち時代其者であった」（幸田［1939］三〇六頁）と解釈する。過渡期の時代が、渋沢をして他に例を見ない特殊な位置に立たせ、彼に数百にものぼる会社の設立・運営に関わる「大事業」をさせた。渋沢自身も同じく「社会が私をば斯う云ふ風にせしめた」（渋沢［1917c］二〇七頁）と言っている。彼の「算盤」は、非常に特殊な内容であった。

財界と第一銀行で特殊な位置を得た渋沢は、勤勉かつ精力的に会社設立に関わった。彼は失敗も多く、その都度反省する機会を得た。しかしそのことによって、渋沢は企業経営や会社設立の要領を得ていったはずである。松下幸之助は、経営のコツとは「いわくいいがたし、教えるに教えられないもの」（松下［1980］七九頁）であって、「いわば一種の悟りともいえるもの」と述べている。(8) 渋沢も特殊な位置に立って、多くの失敗から要領・コツのようなものを得ていったに違いない。それが、渋沢による実業活動の新骨頂であり、彼が他者から抜きん出ていたところであった。彼の実業活動は、決して具体的な金銭計算ではなく、過渡期の時代に担った特殊な社会的役割だった。彼が得た要領やコツは、そのような特殊な役割を果たした人物にしか獲得されえない。彼の能力は、多くの失敗から得た「人物鑑識眼」や抜擢した人物を組織し導いて行く要領やコツのことと考えるべきだろう。後年の渋沢に特殊な能力があったとすれば、そのような特殊な社会的役割を経験することによって得た「いわくいいがたい」特殊な要領・コツを持っていたということになる。

4　他者との比較

渋沢は、実際に実務をすることが少なかった。しかしこれ自体は渋沢に限らない。人の上に立って活躍する人物には、しばしば見られることである。例えば渋沢が述べるには、五代友厚は「事業上に於ても実際的能力は持たなかった」（渋沢［1927g］六二七頁）ようである。また伊藤博文も「其れほど綿密の人では無い」（渋沢［1928b］七三頁）人物だった。歴史に名を残す人物には得てしてこのような場合が見られる。

高橋是清と交流があり、彼の伝記を残した今村武雄は、高橋をこの種の人物であると判断している。今村によれば、高橋は若き頃から精神的指導を重視していた。(9) 晩年になると「予算編成の実務はすっかり下僚まかせ」（今村［1958］二一二頁）だったようである。また今村は「生来、人事に興味をもたないかれは、役所の人たちの名前をすこしもおぼえようとしなかった」（同書同頁）とも言っている。そのため高橋は「なにごとも大ざっぱで下僚まかせ」（同書一六一頁）のように思われていた。しかし今村が言うには、高橋はここぞというときにはむしろ、「実はなかなか慎重に研究を重ねる用心家」（同書同頁）であった。金融資本の強化に業績を残した高橋は、実務を行なわない大ざっぱな人物であったが、重要な点については全能力を投入して研究を重ねる人だったようである。高橋是清自身も「私はよく『根本』『根本』といって、原内閣時代でも『君はいつも根本とか国家とかいうことばかりいう』といわれた」（高橋是清［1937］一九六頁）と証言している。末端の技術よりも「根本」を重視する高橋のこの特徴は、渋沢と一脈通じている。

逆に渋沢と対照的なのは、先に山路愛山も言っていた安田善次郎である。安田は、安田と交流のあった矢野竜渓によれば「手堅き勤倹家」(10)であり、渋沢と似ている面もある。しかし渋沢とは異なり、安田は実務的な技術を身に付けていた。矢野が言うには「善次郎氏は何事も、これを自らしなければ承知せぬ人」（矢野［1952］三七頁）であった。このため奉公時代より「古金銀、贋金等の見分けより、貴金属の品位等の鑑別までも、習得した」（同書八一頁）。この技術が、幕末・明治初期の治安不良の時代において安田に多額の富をもたらす（同書一〇五〜六頁）。その後銀行業を開始しても、安田は洋式簿記を「行員等よりも逸早くこれを習得した」（同書一三六頁）。また渋沢はその経営形態においてはさておき、事業そのものについては戦後の高度成長を彷彿させるような壮大な計画は余り考えなかった。一方、安田は大正時代に既に東京湾の大築港を構想し、許可さえおりれば私財を費やして着工する構えであった（同書三〇〇〜一頁）。さらに東京・大阪間に超特急を走らせる構想も練っていた（同書三〇〇頁）。これらの構想は、安田が暗殺されることによって実行に移されなかったが、成功すれば彼に巨万の富をもたらしたはずである。考えようによっては大博打とも言えるこの種の着想は、渋沢には殆ど見られない。実業以外についても、安田は旅行好きであったが、日米親善に尽くした渋沢とは対照的に一度の洋行もしなかった（同書二八六頁）。また安田は晩年まで社会事業に殆ど寄付をせず（同書二七九、三〇四頁）、この点については渋沢も批判的であった（渋沢［1925a］三八頁）。渋沢は自らについて「趣味は余りたんとはない」（渋沢［1929b］六八一頁）と言っていたが、安田は乗馬、茶の湯、書道、絵画、謡曲、骨董など「実に風流多趣味」（矢野［1952］一九頁）であった。性的に豪遊を重ねた渋沢とは対照的に、安田は若き頃より性的には禁欲主義であり、この点において両者が対立した逸話も残っている（同書三三〜四頁）。自らの技術を磨き、実際に「算盤」を握って晩年まで財産を「殆ど積むの一方」（同書三〇四頁）であった安田は、典型的な実業家と言えるかも知れない。自身は技術を持たず、「金は働きのカスだ」と大ざっぱなことを言っていた渋沢は、「足るを知らず、飽くなきの人」（同書四八頁）であった安田とはもって異なる実業家であった。矢野は「総て人の上に立つ者は、幾分かぼんやりとして、鷹揚な処が欲しいものである」（同書四六頁）と言って安田を批判しているが、渋沢こそこの「鷹揚な処」がある指導者であった。安田と比較した時、渋沢の「算盤」はその特徴が際立つ。

Ⅲ　渋沢が共鳴した儒学思想

1　漢籍の知性

渋沢は「自分は聊か漢学を修めまして、漢学に付ては多少の意見は申し得られます」（渋沢［1911a］一八四頁）と述べ、「論語と云ふものは終始読んで頻りに之を好んで居ります」と言う。渋沢は、「論語と算盤」という言葉を残す通り、『論語』を初めいくつかの漢籍を座右の書としていた。自分の愛読書について、渋沢は次のように証言している。

余が愛読書は彼の『古文真宝』で、あれには修身上のこともあれば哲学的のこともあり、或は叙景的の文もあれば風雅の文章も載せてあるから、常に好んで読んだものだが、今では其の後集の如きは殆ど暗記するまでに至って居る。また修身的の書物では『論語』『孟子』等は精通的に読んだ方で、学者に負けぬ積りで今も研究して居る。けれどもそれ等の数書を除いては全く精読が出来兼ねるから、已むを得ず一と亙り知って置くといふ位の読方をして居る。（渋沢［1913a］六三六～七頁）

他のところでは、渋沢は『論語』について「悉く覚えては居りませぬが概略は御答が出来る位」（渋沢［1918e］二五七頁）と述べたり、「四書・五経・八大家文・古文真宝等の或部分は暗じて居る」（渋沢［1914d］六〇五頁）と言ったりする。また自身で読むのみならず、「論語は銀行者必読の書だと言ひ得るやうに自身は感じまして、第一銀行の行員にも論語を読みなさいと云ふことを常に申した」（渋沢［1917b］二一二頁）と、後に行員時代を回想している。また「私の言葉は多く漢語でしか申されませぬ」（渋沢［1911b］一一八頁）と言うように、その演説の中に多く儒教用語や漢文を引用する。逆に「西洋の学問の如きは殆ど皆無と申してよい」（渋沢［1919b］二七三頁）と告白するように、渋沢が西洋からの外来語を使用することは殆どない。彼の儒教は道楽の範囲ではなく、彼自身の精神性を規定している程度である。

渋沢は、「水戸学に対しては子供の折から深い感じを有っております」（渋沢［1916c］八五六頁）と言い、青年時代には「東湖先生を敬慕し、其の著作の常陸帯や回天詩史抔を愛読したものであります」（渋沢［1922b］二〇六頁）と回想している。水戸学の修学はやがて過激になり、暴挙計画まで立てたが、この過度の熱狂については後に「生涯の悔恨事」（渋沢［1913a］六五〇頁）と言っている。しかし「思想には左様に変化があったにも拘らず、今も昔も余が根本精神たる孝悌忠信の道に変化のなかったこと、また其の経路は異なって居ても、忠君愛国の情に別異のなかったことだけは大声して人前に語り得る積りである」（渋沢［1913a］六五二頁）と言い、具体的に立てた計画はさておき、その「根本精神」は渋沢の基礎を作った。晩年に渋沢は、自身のことを「東湖先生の流を汲んだ者」（渋沢［1922e］一六四頁）と述べている。

渋沢が晩年に記した『論語講義』を、儒学の正統な議論である正名論に則って解析すると、彼の思想は晩年までほぼ正統な水戸学であったことが分かる。(11) 彼は「天」、「理」、「聖人」、「君子」など儒教の重要な単語を、ほぼ徂徠学に則って解釈し、そのうえで日本の中国に対する優位を説き、皇室への忠義を主張する。経世論重視の即物的な『論語』解釈を行ない、明白な尊皇家であるならば、それは水戸学派の儒者とするのが最も適当である。渋沢の儒学思想は、好意的に評価すれば職業的な思想家ではないのに、それに匹敵するほどほぼ正統な水戸学であった。それは相当量の勉学を想起させるに十分であり、彼の儒学は趣味の範囲を完全に脱している。また批判的に解釈すれば、それは独創性に乏しく、やはり職業思想家ではないだけ基本を習得して終わった観がある。一部従来の儒学に見られない主張もあるが、それは考察が不十分であり、その部分は惰説と言われうる内容である。(12)

2　韓愈の詩文と思想

渋沢は、既に述べたようにあまり趣味を持たない人間であったが、詩文には「多少の趣味を有せる」（渋沢[1914e]五八九頁）と言い、『古文真宝』、『唐宋八大家文読本』、白楽天、張継、李白、杜牧などの詩を好んだ。また、先の引用にもある通り、彼は『古文真宝』の後集を特に愛読していた。ここでは、彼の詩文についての趣向から、渋沢の儒学思想の特徴を指摘したい。

ここで確認しておきたいことは、漢詩文とは、単に山水風流を賞賛するだけの芸術ではないということである。星川清孝は、「君を諷するのが古来中国の詩人のつとめであると考え」（新釈漢文大系9～10・七八頁）られ、「李白も、『政治のための文学』という、『詩経』の風雅の精神を忘れなかった」（同書二六三頁）と述べている。一見単なる山水を歌ったように見える詩でも、「詩は『志を言う』のが使命であるとすれば、物象に対しても心中の諷意を託して詠むのが通例であった」（同書二七七頁）。野山を描写する詩文も、暗喩でもって国のあるべき姿、為政者のなすべきことを表現している場合は列挙にいとまがない。詩文とはその場限りの感情表現のみではなく、非常に多くの場合において政治や道義を積極的に論議する作法であった。従って、渋沢の漢詩文の趣向を分析することは、彼の思想を探る有効かつ重要な一つの手立てである。彼の道義観や国家観は、彼の好んだ漢詩文にも隠在しているはずである。

『古文真宝』後集の作品は大きく分けて、①老荘、(13) ②宋代道学、(14) ③晋代風流、(15) ④唐代復古儒(16)と分類することが出来る。このうち渋沢が共鳴したのは、唐代の復古儒による作品であった。『唐宋八大家文読本』も愛読していた渋沢は、そのうち特に韓愈（退之）の作品に共感するところ大であった。

渋沢が韓愈の詩文といつ出会ったのかは不明であるが、決定的な機会は二十代の洋行直前にある。渋沢は幕臣時代、原市之進から洋行を受命したが、その時の思い出を次のように語っている。

其時原氏は私に言ふに、此内命を受けたのが実に気に入ったから送別の為に一つ書いてやると云ふて、韓退之の文章送殷員外使回鶻序を絹本二枚に書いて私に呉れました。是は君の態度が能く殷員外郎ににてゐるからと云って貰ったのでありますから、私は之を好箇の記念物として今日（＝大正一一〔一九二二〕年――引用者）も保存して居ります。（渋沢［1922e］一六四頁）

この文は『古文真宝』ではなく『唐宋八大家文読本』に所収されている。この「送殷員外使回鶻序」という題名のうち、「殷」は人名であり、「員外」が役職名、「回鶻」はウィグルである。「殷」という使者を外国であるウィグルへ送る際に、韓愈はその人選が適当を得ていると賛じてこの文を記した。この人物は、宗室の副使として海外へ渡航するが「学に経法有りて、時事に通知する」（新釈漢文大系70〜71・三〇七頁）と参賀された。また外国への長旅を前にして、「幾微の言面に出づるなし。豈眞に軽重を知る大丈夫ならずや」（同書三〇八頁）と表現されるほど落ち着いていた。原は経に通じていたとされるこの人物を、徳川慶喜の弟・民武公子に従って洋行する渋沢に例えた。渋沢が洋行の命令に動じなかったことのみならず、既に経書に通じていたことも窺わせる。渋沢が原の書を晩年まで所持していたことから考えても、この出来事は韓愈を渋沢に印象づけるのに十分であった。

渋沢は、演説中に韓愈の詩文を諳んじることもしばしばであった。例えば大正一四（一九二五）年九月、東京市養育院の巣鴨分院の児童のために、渋沢は養育院長として演説を行なった（渋沢［1925b］二八～九頁）。彼はその時、韓愈の「符読書城南」の一部（新釈漢文大系9～10・二二頁）を引用し、秋になって読書の好季節となったことを述べている。また同じ養育院の昭和五（一九三〇）年の演説では（渋沢［1930b］六〇～一頁）、韓愈の代表作とも言える「原道」の冒頭（新釈漢文大系16・三七三頁）を引用し、思索の重要性について議論している。この「原道」は、明治四一（一九〇八）年日本弘道会における「道に就いて」という演説でも引用している（渋沢［1908d］四九三～六頁）。明治三四（一九〇一）年の東京商業学校の卒業式では、『唐宋八大家文読本』所収の「送李愿歸盤谷序」の一部（新釈漢文大系16・一二〇頁、新釈漢文大系70～71・三二七頁）と思われる部分を要約して紹介し、商人として大いに活躍してほしいと述べている（渋沢［1901d］六二九～四一頁）。

この韓愈（七六八～八二四年）は、唐代後期に生きた官僚である。死後名文家を以て知られた韓愈であるが、官途は平安ではなかった。閑職の博士となることが多く、左遷も数度にわたった。一度は皇帝に死刑を宣告されかけたこともあり、不遇のなかで科挙制度や選挙について論じた詩文も多い。しかし、教師としては優秀で多くの弟子を育て、讒言を繰り返す佞人や当時の大衆社会を生涯にわたって批判し続けた。官僚を続け、また不遇であった点は、官僚を明治初期に辞めて実業界に下った渋沢と大いに異なるが、渋沢はその思想に共感するところが多かったようである。(17)

韓愈の作品は、一般的に直截的な内容で、政治性を持つものが非常に多い。韓愈は「復古革新」の「古文運動」を興し、豪気活発で議論に優れた詩文を得意とした。彼は聖人を「萬世の標準」（新釈漢文大系70～71・八三頁）と述べ、「宜しく古賢聖人を師とすべし」（同書二七七頁）と主張する。「夫れ周公・孔子・曾參には、勝る可からず」（同書一七三頁）とする韓愈は、堯・舜なども含めたこれらの「古賢聖人」を道徳の絶対標準とした。この種の主張は、後の儒者には多く見られるものであるが、漢代儒が没して以降、初めてこれを強調したのは韓愈であると言って良い。

老仏をも混合して総合的な道徳を目指すのではなく、逆にそれらを排して純粋な古代儒へ回帰することを志向することの態度は、後に徂徠学など多くの儒学派によって共有された。これは徂徠学の影響を受けた渋沢には、誠に肯じるところがあった(18)。

韓愈の詩文は、同じく唐宋八大家に数えられ、韓愈と同時代人であった柳宗元（七七三〜八一九）と対照するとその特徴が明白になる。柳宗元は韓愈と同様に復古儒を目指したが、韓愈よりさらに官位が不遇であったことから諦念の情が著しい。よって韓愈とは異なり、非政治的思想である老荘に出入りするところもあった。その分だけ思想性は、韓愈より複雑である。韓愈の文章は、その表現方法・思想共に柳宗元より単純明快であり、老仏を含まないより純粋な儒教思想である。文学的鑑賞については本書では考察の対象外なので触れないが、豪気で明快な韓愈のほうが渋沢の好みであったことは首肯できる。渋沢は禅について「余は何事でも徹底的にてきぱきと取捌くのが好きで、殺すでも活かすでもなく、ものを生半可にしておくのが嫌ひであるから、禅の要領を會たやうな不會やうな處のあるのには、どうしても好く氣になれぬ」（渋沢［1925a］三二四頁）と言っている。渋沢は、一般的に単純明快な議論を好んだようである。また渋沢は『古文真宝』後集のうち、唐子西や王元之の作品も演説に引用するが(19)、それらはいずれも主張が単純明快で儒的思想の影響を受けたものである。

韓愈の思想を彩っているもののうち最も顕著なものは、当世の佞人（デマゴーグ）との戦いである。韓愈は「古より賢人才子、志を秉り分に遵ひ、謗議を被りて自ら明にする能はざる者、百を以て数ふるに僅し」（新釈漢文大系70〜71・六九〇頁）と主張するが、唐代においても「率ね皆時俗に習熟し、語言に工にして、形勢を識り、善く人主の意を候ふ」（同書一八六頁）ような佞人は多かった。韓愈は「蒙昧の中に競はしめば、僕必ず其の辱めらるるを知る」（同書一五六〜七頁）とか、「古に志せば必ず今に遺てらるる」（同書一七五頁）と、自らの不遇と同時に古代儒そのものの不遇を嘆いている。当時は「下能に矜る有り、上位に矜る有る」（同書三三七頁）非道徳な大衆社会であった。

その中においてもなお信念を捨てず、復古儒に志す姿勢が韓愈の本質である。

渋沢は晩年『論語講義』を記すが、この書もまた大正時代の日本の大衆化を憂うくだりが多い（渋沢［1925a］五〇、一四九、二三八、二七〇～一、四六七、七〇八～九頁）。韓愈は老仏思想を蒙説の一種として批判を繰り返すが（新釈漢文大系70～71・三八、一一四、三六三頁）、これは渋沢も同様であり「青年時代に漢文を読む場合でも、韓退之なぞの排仏論を好んで読んだものであった」[20]と言っている。渋沢の場合は更に、キリスト教や西洋伝来の個人主義・社会主義・無政府主義も批判の対象に加わっている（渋沢［1925a］二七一、三二四、五八八～九、六七二頁）。渋沢は昭和五（一九三〇）年に「自らは古い忠義の人に擬へたいと思って居るけれども、思ふやうにもならぬ、自分の経論は未だ功を奏しない」（渋沢［1930f］八七頁）と嘆きに近い「漫談」をし、その年年頭の自作の漢詩には「瓦全自ら古への精忠に擬すも、我が経論未だ奏功せずを愧じる」（同書同頁）と書いている。このとき渋沢は、韓愈と一心するところがあったのだろうか。実業界の重鎮となり、子爵まで授爵した渋沢であったが、自らが思い描く理想の社会とは遠い現実に、晩年は気力萎えることもあった。

韓愈は復古儒を目指したが、これは修身論にとどまらず、経世論をも積極的に議論することを意味していた。渋沢は必ずしも韓愈の議論全てを汲み取っていたわけではないが[21]、経世論の重視は、韓愈と渋沢に共通する大きな特徴であると言って良い。朱子学や陽明学など修身論重視の儒学とは異なり、両者は政治・社会論への強い志向を持っていた。

韓愈は「原道」において、士・農・工・商（賈）について分析している（新釈漢文大系16・三七八～八〇頁、新釈漢文大系70～71・四二～三頁）。『孟子』には「商」についての分析は微弱ながらあるが（新釈漢文大系4・一〇七～八頁、一四七～八頁）、「工」についての分析は見当たらない。またこれら四民を並列して積極的に議論したのは、古代儒において荀子が最初であった。荀子は、抑商思想を述べつつも（新釈漢文大系5～6・二五九、二八三頁）、「農は農、士は士、工は工、商は商たるは一なり」（同書一三三六頁）と主張し、商人の社会的役割を積極的に認めた。韓愈も商人の社会的役割について「賈を為して、以て其の有無を通ず」（新釈漢文大系16・三七九頁）と述べ、「貨財を通じ、以て其の上に事ふる者なり」（同書三八二頁）と分析している。また荀子は「士より以上は、則ち必ず禮樂を以て之を節し、衆庶百姓は、則ち必ず法数を以て之を制す」（新釈漢文大系5～6・二五九頁）と述べ、「士を凝するに禮を以てし、民を凝するに政を以てす」（同書四三九頁）と主張する。民に対する法治主義は、後に韓非子が法家思想として大成するが、この主張は『孟子』にはない荀学思想の特徴である。これは韓愈においては「上の性は、学に就いて愈々明かに、下の性は、威を畏れて罪寡し」（新釈漢文大系70～71・六〇頁）と表現されている。韓愈は荀子の影響のもと、当代一流の経世論を展開していた。

渋沢の儒学も客観的に見ると、荀学の学統に分類される思想であった[22]。両者とも各々の時代の政治・社会情勢を憂い、積極的に経世論を論じた。しかもそれが具体的な歴史的出来事の列挙にとどまらず、一般的抽象論に昇華する志向を有していた。これは荀学儒学の属性である。韓愈の学風は宋学にも影響を及ぼしたが、即物的で実学志向という意味では、宋の窮理学や晋代隠逸風流とは鋭く対立している。この姿勢は、「余の性質は物の要領を得ることを好む」（渋沢［1925a］三二三頁）と述べ、朱子学批判を繰り返した渋沢と（同書一七四頁、渋沢［1908a］四一三頁、渋沢［1914a］五〇一頁）とその性質において一致している。

また、韓愈は以上のように荀子の影響を受けているが、発言の上では荀子よりも孟子のほうを賞賛した（新釈漢文大系16・三八九頁、新釈漢文大系70～71・九二頁）。渋沢も、荀子の間接的影響を強く受けているにも拘らず、孟子を荀子より優れるとしている場合がある（渋沢［1922a］五一頁）。これは荀子の議論が難解で、時に写本の不安定により不明瞭な主張があるのに対し、孟子の主張は単純で写本も安定していることなどがその判決に関係していると思われるが、定かではない。しかし、韓愈のある意味矛盾した主張が渋沢にも相続されていることは、興味深い事実である。これは韓愈の渋沢への影響が、詳細な議論にまで及んでいる可能性を匂わせている。

韓愈の思想の特徴を総括すれば、①復古的で秦代以前の儒学を目指す、②商業の社会的役割を認める経世論志向、③柳宗元より単純で明快、かつ即物的な主張とまとめることができる。ここで特に重要な点は、韓愈の思想が即物的で経世論志向である点だが、これらの特徴は、徂徠学・水戸学の学統上にその思想的位置を占め、決して職業的な思想家ではなかった渋沢にも十分共有しうるものである。渋沢は『論語』と共に『古文真宝』後集を座右の書としたが、後者のほうがより文学的なので暗記には適している。明治維新は「王政復古」であったが、それを経済面で推し進めた渋沢は、唐代「復古儒」の指針の下にあった。渋沢は『論語』を経世論志向で解釈していたが、これは若き頃の水戸学の学習のみならず、韓愈の詩文による影響も無視できない。

Ⅳ 渋沢における実業活動と儒教

1 実業活動とその指針

渋沢は先に引用したように「私は従来真の商売人ではありませぬ、而して性来国家観念が強い」（渋沢［1920］一七九頁）と述べ、国家のために実業を行なったと述べている。他の所では「余は従来世に處するの主義は、唯『国家的観念』の外に出てなかったといふ所に歸着する」（渋沢［1913a］六九頁）とも言っている。この点は、晩年の渋沢が特に強調した点であった。しかしこれは晩年になって突如、正当化するように言い出したことではない。渋沢は明治六（一八七三）年、第一国立銀行本店における開業祝賀会での演説で既に次のように言っていた。

冀ハ此銀行ノ株主及其実務ニ従事スル者ハ、能ク此真理（＝銀行経営のハウ・トゥ——引用者）ヲ体認シテ、私ヲ去リ、公ニ就キ、協立ノ意念ヲ拡充シ各相調和シテ相雷同セス、浮華虚飾ノ弊ナクシテ淬礪精確ノ実アラハ、其業愈盛ニシテ、其事愈牢ク、能ク各自ノ実利ヲ興シテ併テ全国人民ヲ裨益シ、以テ富国理財ノ一助タランコト翹足シテ待ツヘキナリ。（渋沢［1873］四八頁）

渋沢はここで、株主及びその実務に従事するものに対して、「私ヲ去リ、公ニ就キ」と言っている。彼は株主にまで、公の利益のために投資してほしいと言っている。これは個人的利益のために投資する現代の多くの株主とは、非常に異なる株主観を渋沢が持っていたことを意味する。株主もまた「富国理財の一助」となることが、渋沢の理想であった。

先に述べたように、第一国立銀行は立ち上げ当初は成績不振であった。しかし銀行資産の急激な減少は、西南戦争による好況のため、明治一〇（一八七七）年には止まる。渋沢は明治一二（一八七九）年、第一国立銀行株主総会における演説で次のように宣言した。

将来当銀行ヲ経営スルハ惟タ利益ノ饒キヲ之レ務メス、広ク全国ノ得失ニ注意シ、苟モ事ノ確実ニシテ国益ヲ裨補スヘキ者ニ於テハ縦令其貸付ノ利足ヲ減殺スルモ尚之ヲ助成スヘキ者トスヘシ、約シテ而シテ言エハ惟タ尋常一様ノ貸付ニ専務トセスシテ漸ク金融ヲ興産ノ途ニ給セント欲スルニ在リ、再ヒ約シテ而シテ言ヘハ独リ銀行ノ利得ノミヲ図ラスシテ広ク全国興産ノ業ヲ助ケント欲スルニ在リ、余今ヤ幸ニ之ヲ諸君ニ陳述スルノ時ニ逢ヒ喜ヒ禁ヱザル者アリ（渋沢［1879］三九七頁）

国益を裨補する企業に対して貸し付けの利息を減らしてでも応援するという主張は、かなり思い切ったものである。しかもこの時点では、それほど経営が盤石になったとは言い切れない。西南戦争を機会に、一時的な好成績だったかも知れないのである。しかし、渋沢が事業の根本的な目的の宣言を急いだことは、逆に渋沢の明治初期の本音を表わしている。明治後期になって渋沢が「自分が従来事業に對する観念は、自己の利殖を第二位に置き、先づ国家社会の利益を考えてやって居た」（渋沢［1913a］六二頁）と言い放ったのも、決して後から自らの体裁を取り繕うためのものではなかった。

渋沢は先に述べたように、若き頃水戸学を学んだ。水戸学は徂徠学の影響のもと、政治論として発展した学問である。(23)また、韓愈の即物的な経世論も、渋沢に影響する所が大であった。渋沢はこれら思想によって、国家観念を養った。幕末に洋行する機会を得た渋沢は洋行の結果、「なるほど国家の富強というものはかくの如く物質上の物事が進歩発展しなければいけないものだというだけは分かった」（渋沢［1913b］二一八頁）と述べている。大政奉還により急きょ帰国となり、技術的なことは「何一つ学び得たこともなく、空しく目的を失うて帰国した」（同書一五一頁）と彼は証言しているが、これがかえって彼のためには良かったのかも知れない。彼は洋行によって実業の必要を痛感したが、技術は身につけることなく帰国した。そのことによって、彼は実業の技術者として小さな成功者となることはなく、国家を富ますための指導者としてその思想を実践する道を歩んだ。

渋沢は「そもそも為政のことたる、ただに国家の上に限るにあらず、一会社の経営も一学校の管理も一家の維持もみな政事なり。道徳に基礎をおかずして施設せば、必ず世の信用を失ひ、忽ち行き詰りを生ずべし」（渋沢［1925a］五〇頁）とも述べる。彼の国家観念は実業活動と一体であり、その両者とも彼は儒教を標準とした。渋沢は自らの実業家としての半生と『論語』をからめて、次のように証言している。

自分の祈念が真正の国の進歩、真正の国の文明を望むならば、どうしても国を富ますといふことを努めなければならぬ、国を富ますは商工業に依らねばならぬ、商工業に依るといふならば今日の場合どうしても会社組織が甚だ必要である、会社を経営するは道理に依らねばならぬ、道理の標準は何に帰するか、論語に依らねばならぬ……斯ふいふ意念で三四・五年経営をしましても、先づ過失がなかったと憶ふのでございます。（渋沢［1909b］四五〇頁）

渋沢はほかの所でも「道理を外さぬやうにしたい」（渋沢［1919d］二七〇頁）と、「道理」を強調する。彼は「吾々が人に対応し人の主治者となり、或は政を執る場合にも論語を標準として之に拠ることが出来ます」（渋沢［1915］三四〇～一頁）と言うように、治国と修身、組織経営における「道理の標準」として儒教を位置づけた。渋沢にとってそれは、国家観念を与えてくれた儒教であり、国家富強へ会社を組織する儒教だった。

渋沢は、多くの企業の設立・運営に関わった。これは渋沢が社会的に信用を得ていなければ出来ないことである。先にも引用したように、渋沢は道徳に基礎を置かなければ世の中の信用を失うと考えていた。彼は「実業上百般の事物に対しては、他人が多く私を信用して呉れて、貴下が責任者となって呉れるなら安心だと言って呉れるのでありまする」（渋沢［1914a］五〇三頁）と述べている。これは彼の起業成功率や資金力によるものではない。特に後者については、彼はほとんどあてにされなかった。既に述べたように、彼は発起人の資格を得るのに必要な分だけしか株を持たないことが多かった。渋沢が多く社会的信用を得たのは、むしろ彼の理念や思想、価値観や動機によるところが大きかったはずである。渋沢は、まだ前近代思想が色濃く残る明治時代に実業家として活躍した。彼の儒教は、そうした信頼を得るのに十分だったのであり、それが決して表面的ではなかったがゆえに、彼の実業活動の範囲は、金融・交通・製造・貿易・サービス・農林水産など業種を超えて広がったのである。

2　渋沢の本質

渋沢は、自らの思想の本質を儒教に見ていた。我々が彼を評価する際も、やはりまず儒教で彼を見ることが要求されるはずである。渋沢は自身で述べるように、失敗の絶対数が非常に多い人であった。これはしかし儒教が描く典型的英雄と似ている。

例えば、儒教において唐の時代の皇帝・太宗はしばしば理想的な皇帝とされる。太宗は儒教によって治政を行なったが、彼の治政は「貞観の治」と呼ばれ、その様子は『貞観政要』にまとめられている。この『貞観政要』は北条政子や徳川家康等も座右の書とし、我国の政治においても絶大な影響力を持ったが（新釈漢文大系95～96・一六～七頁）、太宗の理想の皇帝ぶりはその失敗の多さにある。

『貞観政要』は、その記述のほとんどが太宗と臣下の議論で占められているが、君主と臣下の頻繁な議論は儒教が理想とするところである。太宗は房玄齢、杜如晦、魏徴、王珪など優秀な側近に恵まれ、非常に頻繁にこれらの臣下たちに諫められた。それは治政についてはもちろん、時に君主の私生活にまで及ぶ（同書一六二頁）。太宗は自分を批判してくれる人物をあえて捜し、それらの人物を側近とした。彼は、それらの諫めの上書を家の壁に貼って自らの戒めとした（同書同頁）。『貞観政要』の中で太宗が反省したという記述は数限りないが、太宗は天変地異が起こったことまで「朕の不徳なる、皇天、災を降す」（同書七七五頁）と言って自己反省の材料とし、水害や旱害においても「人君の徳を失ふが為めなり」（同書四七八頁）と自らを責めている。太宗は失敗も多かったが、自らに厳しく、反省する事が多かったがゆえに儒教では理想とされる。

これは、孔子もまた同様である。孔子自身も決して失敗しなかった人物ではなく、弟子に諫められることもしばしばあった。(24) 孔子は自分を徴用してくれる政治家を求めて諸国をさまよったが、一度魯国を出てからは終に治政に手腕を発揮する機会を得なかった。失敗の多かった孔子の人生は、キリスト教の英雄と比べるとその特徴が顕著である。キリスト教の聖人は、数々の「奇蹟」を起こし、超人的な能力を発揮する。儒教の英雄はその先天的能力が凡庸であり、孔子のように終に成功することなく人生を終えることもある。

しかし儒教における理想の人物は勤勉であり、論を実践するのに熱心である。老練を重視する儒教は、その実践の継続を要求する。彼等は決してあらかじめ特殊な能力を持っていないから、実践の継続は必然的に多くの失敗をもたらす。彼等は、決して奇蹟を起こさない。彼等の偉大さは、失敗後の反省の数と比例している。何度でも失敗し、何度でも反省したところが、後世の模範とされる。

渋沢は、孔子をそのような人物と見ていた。渋沢は「孔子は異常の英傑ではない。その型は平凡なる尋常人であつて、その尋常人の優れて発達したのが孔子の全体である。人間として当然の務めを虚心平気ですらすらと行うて自然に道に適うてをられた處に、孔子の孔子たる人格が露顕してをる」（渋沢［1925a］四六〇頁）と述べている。この意見は、渋沢によれば井上哲次郎の意見を参考にしたようであるが（同書四四九頁）、的を射ていて妙である。特殊な先天的能力があるわけでもない「平凡なる尋常人」は、渋沢自身にも当てはまる。

渋沢は、あらかじめ特殊な能力も技術も持たず、実業界において数々の挑戦を繰り返した。その挑戦は、数々の失敗も生む。その都度渋沢の落胆は大きかっただろう。それでも彼は、国家を富ますために人々を説得して会社を組織し、人々を指導し続けた。その過程で人の能力を見抜き、人を挙げたのである。これらを一つ一つ見れば、「当然の務め」かも知れない。しかしこの「会社」、「企業」を「国家」と置き換えれば、渋沢のしたことは太宗とよく似ている。太宗もまた、古代の聖人を理想として乱世を立て直そうとした失敗多き経世家であった。太宗は優秀な側近を挙げてその側近に日常的に批判されたが、渋沢も佐々木を挙げてその佐々木に頻繁に批判されたようである（渋沢［1937］八三六～九頁）。渋沢は、実業界における活動が多かったが、その本質は儒教の経世家そのものだったと言って良い。渋沢が「真の商売人ではない」理由はここにある。

Ⅴ　おわりに

渋沢は、自身では実務的な技術を持っていなかった。若き頃学んだ水戸学により、国家観念を強く持ち、国家を富ますことを実業界における自らの活動の主旨とした。また韓愈などの儒教思想から即物的思考や経世論を学び、優秀な人材を挙げて会社を組織・経営させた。失敗も多かった彼は、その失敗から多くの教訓を得て、やがて実業界の重鎮となっていった。彼が儒教思想から読み取っていたものは、算盤を扱う人たちを国富増大に向けて組織し、指揮していく道であったとまとめることが出来る。

明治初期は、第一国立銀行株主総会における演説がよく示す通り、如何に人を組織するか、如何に国富を増すかが彼の中心課題であった。彼は、自らに課したその義務を長年にわたって勤勉に実践し続けた。大正や昭和になると渋沢の関心は、商人を初め多くの人々が「論語を忘れて唯だ算盤に偏したる」（渋沢［1922f］三三三頁）ようになったことへと移る。孔子や韓愈など多くの儒者がそうであったように、晩年の渋沢も大衆化した当時の社会を憂い、批判し続けた。渋沢にとって『論語』は唯の趣味ではなく、ましてや金儲けの隠蓑ではない。儒教は様々に応用できるが、時代の要請から渋沢は、たまたまこれを実業にも応用したに過ぎない。『論語』は「算盤」の基礎であり、渋沢の基礎であった。彼は喜寿を機会に実業界から完全に引退するが、儒教からは生涯引退することはなかった。

マックス・ヴェーバーが述べたように、儒教は中国においてエリート層に共有されたものであった（Weber ③・木全訳二五六〜七頁）。これはヴェーバーに特有の解釈ではなく、通説と言って良い。渋沢も次のように語っている。

日本の人心を維持する宗教と云ふものは先づ上流社会は儒教である―多く儒教であると思ふ。之は支那伝来の教へである。即ち孔孟の道が主なる教育となって居ると思ふ。又、下級一般に弘通されて居るのは多く仏教であらうと思ふ。（渋沢［1908e］八七頁）

渋沢は人の上に立つ道を儒教から読み取っていたが、これがもともとエリート層の道徳・宗教であるならば、それは当然である。しかし、既に述べたように渋沢は人の下で働く人を欲しがっていた。(25) 儒教は人の下で働く道について、益するところがあるのだろうか。

渋沢の価値観は、多く儒教によって規定されていた。その渋沢自身は、人の下で働くことは苦手だった面もある。官僚時代には、上司である大久保利通と予算のことで衝突したが（渋沢［1928b］七六頁）、晩年にいたっても「今でも腹が立って堪らぬ」（渋沢［1927e］五八七頁）と言っている。また実家にいた農民時代には、代官に楯突いたこともあった（渋沢［1913b］二五～八頁）。渋沢は、江戸時代が官尊民卑の時代であったとしてこの時の代官の横暴を語ることが多いが（同書二五～八頁、渋沢［1937］三〇～四頁）、山路愛山によれば、これは大げさであって「大割引して聞くべきものにて必しも事実に非ず」（山路［1928］四七六頁）とにべもない。山路が正しいとすれば、代官へ楯突いた渋沢にも非があることになる。また渋沢によれば、伊藤博文も「上役」との折り合いが悪かったようである（渋沢［1930e］七〇七頁）。伊藤とは公私ともに懇意であった事を考えると、渋沢も上役に必ずしも受けが良くなかったかもしれない。渋沢は特に理不尽な上司に対しては、素直に憤慨する人物であったようである。これは彼の性格による面もあるだろうが、彼の思想・信条による面もある。

渋沢は、一般の銀行員にも『論語』を読むことを勧めていた（渋沢［1917b］二一二頁）。しかし、人の下で働く人々に『論語』は益するところがどれほどあるのだろうか。「『論語』と算盤」は、一般の人たちへの効力が相対的に薄い。既に考察したように、渋沢の議論は、全般的に非エリートに関する考察が手薄である。「『論語』と算盤」は、渋沢の社会的位置と切り放せない面もある。この思想は、渋沢においてはその活動と一致するところが多かったが、人の下で働く人たちには更なる工夫が必要となる。

次章においては、韓愈の思想についての分析をさらに深めつつ渋沢が株式会社組織をどのように把握していたのかを分析したい。渋沢は自身が述べるように、明治当初は法律の知識はほとんどなかった（渋沢［1909b］四四八頁）。彼が銀行業を始め得たのは「何も出来ぬ為に何でも出来るやうに思はれた」（渋沢［1916d］一四四頁）からであると後に回顧している。また明治初期を回想して「あの時分には今申すやうな株式会社、合資会社と云ふやうな法律的の言葉はございませぬで、合本法、資本を合同する方法と云ふだけで事業を論じました」（渋沢［1918c］二二六頁）と証言しており、「其初め株式会社とはどう云ふものか、株式会社と合名会社との差別すら、学問的にはっきり解ったとは申し上げられませぬ」（渋沢［1931］二五七頁）と告白している。彼は株式会社を制度的・法律的に理解していたのではなく、本質的・思想的に把握していた。

先にも渋沢本人の証言を引用したように彼のフランス留学は成果がほとんどなかったが、株式会社の存在だけは彼の理解するところとなった。では渋沢はなぜ株式会社に目をつけたのか。これはあらかじめ渋沢の中に、これに共鳴しうる価値観・思想が用意されていたことが推察される。次章では、渋沢自身の証言から、株式会社提唱に至るまでの経緯やその思想的根拠に迫りたい。

注

（1）　渋沢関連企業ではほとんど唯一の例外として、朝鮮における第一国立銀行・第一銀行は、独占的特権を手に入れて活動した。しかしこれは「元来銀行券発行の事務は特許独占の性質をも具備しなければその効果を収めがた」（第一銀行八十年史編纂室［1957］六六三頁）いと思われたからである。その後第一銀行は、国家的要請から朝鮮における営業権益を放棄して、それを朝鮮銀行へと譲渡する。これは、第一銀行の営業に大きな支障をもたらしたが、渋沢は「我銀行は一個の私利を以て国家の公益を妨ぐるの意なし」（同書七〇六頁）といった主旨のことを述べた。渋沢の朝鮮における事業についての研究は少ないが、ここでは島田昌和［1999b］を参考にした。

（2）渋沢［1913a］一五二頁。その他、「片手に論語片手に算盤」（渋沢［1925a］一五四頁）という表現もあり、「経済道徳一致説」（同書三二頁）とか「義利合一論」（同書・一五四頁）と述べる場合もある。

（3）既に本文でも何度か述べたが、渋沢は二十代で洋行する機会を得た。この洋行は大政奉還によって急きょ帰国命令が出たため、学業中途で中断する。渋沢は「海外万里の国々は巡回したとはいうものの、何一つ学び得たこともなく、空しく目的を失うて帰国したまでの事である」（渋沢［1913b］一五一頁）と述べたり、「此欧羅巴ノ旅トイフモノカ殆ト何等学ブ所モナク、取モ直サズ田舎者ノ江戸見物トイフヤウナ事デ終ッタ」（渋沢［1902］七四八頁）と証言している。しかし従来の研究では、渋沢の新骨頂をこの洋行に求めるものが散見される。例えば、Oshiro［1990］では、渋沢は洋行の結果、キリスト教的精神を得たとしている。鹿島茂（鹿島［1999］）も、渋沢は洋行によりサン＝シモン主義者になったとしている。両者とも、渋沢自身の以上の証言を踏まえずに論を展開している。渋沢はキリスト教について「共鳴することが出来ぬ」（渋沢［1925a］三二四頁）と述べ、自らの知識は殆ど儒教であり「西洋の学問の如きは殆ど皆無と申してよい」（渋沢［1919b］二七三頁）と告白している。従来の渋沢解釈については、本論の序章でまとめた。従来の研究では、残念ながら渋沢自身の証言は余りにも軽視されている。

（4）渋沢栄一の実子、渋沢秀雄によれば、第二次世界大戦直後の財産は、三井家は三十億円余り、岩崎家は三三億円だったのに対し、渋沢家は一千万円だった（渋沢秀雄［1959］下巻二一一～二一二頁）。これはもちろん昭和六（一九三一）年に栄一が死んでから急激に財産を減らしたわけではない。渋沢家は、山路が言うように巨額の富を積んだ財閥ではなかった。

（5）渋沢［1925a］二一六頁や渋沢［1937］八三四頁など。渋沢によれば、渋沢と佐々木はほぼ毎日のように数十年に渡って一緒に仕事をしてきたが、お互い敬語で会話を交していた。実務家肌の佐々木は渋沢の活動を評価する上で非常に重要であるが、佐々木の詳細な研究は未だ存在しない。

（6）以下、第一国立銀行の利益の出典は、第一銀行八十年史編纂室［1957］上巻末の各データを参考。資産は「貸借対照表（資産）」、配当は「純益金処分」より。

（7）　長谷川［1926］三四～五、六一～五頁。第一勧業銀行資料展示室［1973］一三～四頁。渋沢自身は「初め銀行條例制定の際、金銀比價の變動や外國為替相場のことを豫想しなかったのは、政府も起草者の余も手抜りであった」（渋沢［1925a］二六五頁）と後に反省している。

（8）　この種の知識は、マイケル・ポラニーの言う「暗黙知」（Polanyi, M.［1966］佐藤敬三訳）やマイケル・オークショットの述べる「実践知」（Oakeshott［1962］嶋津・森村他訳）と類似のものと解釈できる。オークショットは「技術知」について「ルール、原理、指示、格言の内、つまり命題の内に残らず定式化することが可能」であり「本の中に書き留めることが可能である」（同書邦訳一〇頁）知識と説明している。これに対して「実践知」は「定式化できない」ものであり「それの普通の表現は、物事を行なう習慣的、伝統的やり方の中、つまり実践の中にある」（同書邦訳一一頁）と説明している。簿記の技術などは、まさに「技術知」の方であり、渋沢の能力は「実践知」の方にあると言える。

（9）　今村［1958］四七～八頁。高橋自身は、高橋是清［1937］において、事実を詳細に述べることに終始し、あまり自分自身についての評価・評論は行なっていない。高橋は英語という当時の特殊技能を持っていたので、渋沢とは異なっている点もある。高橋についても先行研究も多いので、いずれ渋沢との連関も含めて詳論したい。

（10）　矢野［1925］五七頁。従来、安田についての研究は少ない。本稿では浅野［1991］の第一〇章「安田善次郎（安田銀行創業者）―異色の金融財閥形成者―」を参考にした。浅野は「純然たる一個人による個人的財産の形成という点で企業家の業績をみるならば、ここでとりあげる安田善次郎に勝る者はない」（同書二六七頁）と述べている。ただ浅野は、安田について副題で「異色」と言っているが、この「異色」の意味は不明瞭である。

（11）　本書第四章参照。

（12）　本書第六章参照。渋沢は「民」を全員「臣」にすることを志向したり、官尊民卑の因襲と抑商思想の伝統を同一視して否定する間違いを犯している。また両者の主張の根拠を進歩史観に求めているが、儒学の下降的歴史観と進歩史観の習合は完成していない。この歴史観の問題は、渋沢のみならず、渋沢の友人でもあった井上哲次郎にも見いだせる。

（13）　例、陶淵明の「歸去來辭」（新釈漢文大系16・一五～一二頁）。

（14）　例、周茂叔「愛蓮説」（新釈漢文大系16・八四～六頁）等。

（15）　例、王逸少「蘭亭記」（新釈漢文大系16・一五一～六〇頁）等。

（16）例、韓愈「師説」（新釈漢文大系16・六八～七五頁）等。

（17）韓愈の生涯については新釈漢文大系16・四五〇～一頁、星川清孝「韓愈とその文学」（新釈漢文大系70～71・二七～三四頁）等。また韓愈自身が「答崔立之書」（同書二五二～六二頁）で自身の来歴について簡単に触れている。

（18）渋沢思想における徂徠学の影響は、本書第四章参照。渋沢は後期水戸学と晩年の亀井南冥研究という二つの経路で徂徠の影響を受けている。後者の経由については、筆者も含めて未研究である。

（19）唐子西を引用した渋沢の演説は渋沢［1912b］一二五頁、漢文は新釈漢文大系16・二五四～七頁に原文が収録。王元之を引用した演説は渋沢［1919b］二七五頁、漢文は新釈漢文大系16・一九七～二〇四頁に収録。

（20）渋沢［1913a］七頁。韓愈の排仏論の代表は「論佛骨表」（新釈漢文大系70～71・一一四～二三頁）なので、渋沢はおそらくこれを好んだと思われる。渋沢の老仏批判は、他に渋沢［1925a］五八八～九、八一一頁等。

（21）韓愈には鬼神論（例えば「原鬼」新釈漢文大系70～71・六四～八頁）や「選挙」や科挙に関する詩文（「論今年停擧選状」同書一三九～四三頁等）などがある。後者は時代と制度が異なるので、渋沢の関心の外であった。また、既に述べたように韓愈は排佛論者であるが、宗教そのものは否定していない。しかし渋沢は「余は昔から宗教と名のつくものは一切嫌ひ」（渋沢［1913a］七頁）と言っている。渋沢の言う「宗教」の中に、「儒教」はもちろん入っていないが、神道や仏教、キリスト教と渋沢の関係は微妙である。渋沢は、多くの宗教団体と関わるが、彼は宗教団体を一種の慈善事業団体としてしか把握していなかった。渋沢の慈善事業についての研究は、近年渋沢の民間外交に関する活動と共に研究が進んでいる（山名［1991］、長沼［1994］、平井［1997］）。しかし渋沢の宗教心に焦点を当てたものは、管見の限りでは存在しない。生前において、渋沢の宗教心の無さを批判する興味深い記録では、曹洞宗師家宗会議員・来馬琢道の渋沢評価（高橋・小貫［1927］一四一二～四頁）がある。

（22）本書第四章、第五章参照。筆者は、渋沢とは、荻生徂徠以降の荀学儒学の発展において、初めて荀学を民間の立場で大規模に実践した人物であると考えている。もともと日本において、儒学は政治思想として輸入された傾向が強い。宗教儀式としての儒教は、仏教や神道と習合され、単体として根づいたとは言えない。『孝経』が、日本では律令体制の頃から非常に重視されたことを考えても、日本儒教の即物性、政治性偏重は否めない。宇宙論を展開し、修身論を重視する朱子学や陽明学は、江戸期になっても制度としてはどうあれ、国民精神としては、日本に終に根づかなかったとは言えまいか。この日本儒の性質を、暗黙のうちに見抜いていたのが荻生徂徠である。彼の復古の精神は、中国古代儒への復古を志向するが、経世論志向という意味で、結果的には日本古代儒教への復古でもあった。徂徠学が江戸時代後半を風靡した理由はここにある。徂徠による儒学の復古は、水戸学による日本化を経て、渋沢らの活躍の基礎となった。後期水戸学は和魂漢才であり、その論理は経世論重視である。これは『日本書紀』とほぼ同じであり、大和朝廷の頃から脈脈と相続されてきた、日本の伝統的な政治経済学の典型である。渋沢死後の日本の「逸脱」は、この伝統からの乖離でもあった。

(23)　従来は水戸学に焦点を当てて、これを思想的に検討した書物は少ない。戦前にはいくつかの研究書が存在した（高階［1940］、高須［1936］、高橋義雄［1916］、西村［1938］、松岡［1934］等）。戦後のものとしては、橋川［1984］、尾藤［1973］、吉田［1986］、名越［1992］、芳賀［1996］などがある。現在のところ水戸市在住の郷土史家以外の研究は、非常に少ない。また思想的水準においては、戦前の高須『水戸學派の尊皇及び經論』（高須［1936］）を超える研究は未だ存在しない。

(24)　例えば孔子は、身持ちが悪いことで悪名高い衛の皇帝第一婦人である南子と謁見した。これは弟子の子路の諫めを受ける（『論語』六-二六）。また孔子が弟子たちと旅をしていたとき、食料不足で多くの弟子が病気になったとき、子路は孔子に食ってかかった（同書一五-一）。孔子が「鶏を割くにいずくんぞ牛刀を用いん」という言葉を不用意に使ったときは、弟子の子游に反論された（同書一七-四）。

(25)　渋沢［1913a］二九二頁。しかし渋沢は一般的な読者に対して「青年諸君請ふ自重して遠大の志を立て、大人物とならんことを期せられよ」（渋沢［1925a］八〇〇頁）と述べている場合もある。この議論は既に第六章でも見た通り、渋沢の中でさほど整理されていなかった。

第八章　初期渋沢栄一における株式会社提唱への道程

Ⅰ　序

現在もなおその後裔が存続する日本で最初の株式会社は、渋沢栄一が作った第一国立銀行である。渋沢は偶然に株式会社制度（合本主義）を採用したのではなく、非常に恣意的にこの方法を選択した。アダム・スミスは周知の通り、株式会社に対して懐疑的であった(1)。同様に明治初期の岩崎家も株式会社制度には反対であり、渋沢と対立した逸話も残っている(2)。明治初期には、金利の高さや人材不足、資金不足などを理由とした合本主義反対論も根強かった（渋沢[1890]）。渋沢はそれでもこの合本主義を最良の制度と見なして、日本に定着させるべく尽力した(3)。

渋沢は幕末に洋行する機会を得、フランスで合本主義の存在を知った。彼の欧州滞在は、大政奉還により急きょ帰国となったので成果は少なかったが、合本主義の存在は彼の理解するところとなった。彼は、合本主義を制度的・法律的に理解したのではなく、思想的・本質的に理解した。後に渋沢は明治初期を回想して「其初め株式組織とはどう云ふものか、株式会社と合名会社との差別すら、学問的にはっきり解ったとは申し上げられませぬ」（渋沢[1931]二五七頁）と述べたり、「あの時分には今申すやうな株式会社、合資会社と云ふやうな法律的の言葉はございませぬで、合本法、資本を合同する方法と云ふだけで事業を論じたのでございます」（渋沢［1918c］二二六頁）と証言している。彼の株式会社制度に関する理解は、非常に抽象的な程度にとどまっていたのである。

そもそもなぜ渋沢は、合本主義に共鳴したのであろうか。渋沢は昭和五（一九三〇）年第三〇回雨夜譚会においてこの質問を投げかけられ、フランスに於ける見聞の影響を述べつつも「仏蘭西の民主的な空気に刺激された事のみが動機となったのではない(4)」と述べている。続いて彼は攘夷運動や歩兵組立から解説を始め、これと株式会社制度との連関を示唆している。

これら二種類の証言は興味深い。渋沢は「論語と算盤」という言葉を残している通り、その生涯において終始儒教にこだわった。渋沢は、明治当初「此合本会社をして模範的なる営業がやって見たい、それにはどうしても自己を捨てて、唯其事に奉公の念を傾ける外はない」（渋沢［1916e］一六〇頁）と考えていた。彼にとって、株式会社とは「奉公」すべき存在であった。彼はまた、株式会社による経営こそ「王道」であると述べている（同書一六七頁）。これらの表現は単なる比喩というより、彼が最初から株式会社制度を儒教的な制度と見なしていた証とは解釈できないだろうか。

留学以前の渋沢と留学後の渋沢は断絶・飛躍しているというより、変化を伴いつつも連続していた。渋沢は儒教の修学によって留学以前に既に株式会社制度と類似の思想を学び、これが日本・西洋で様々な体験を得ることによって株式会社制度の提唱へ帰結した。洋行前の歩兵組立などの実践から株式会社制度提唱への道程は、儒教の観点から連続性を見いだすことができる。以下、渋沢が留学以前に学んだ思想を出発点として、株式会社制度の提唱・実践に至る道程を分析したい。

Ⅱ　合本主義の基礎としての儒学思想

1　渋沢思想の二本柱

渋沢は、青少年時代に水戸学の強い感化を受けた。彼は後に「東湖先生を敬慕し、其の著作の常陸帯や回天詩史抔を愛読したものであります」（渋沢［1922b］二〇六頁）と回想したり、「水戸学に対しては子供の折から深い感じを有って居ります」（渋沢［1916c］八五六頁）と証言している。この水戸学への熱狂はやがて過激になり、世論の喚起を目指して暴挙を計画するまでに発展する。この愚計は結局は実行に移されなかったが、水戸学の尊王思想はその後の渋沢の基礎を作った。

渋沢は「『論語』と算盤」という言葉を残している通り、『論語』を実業活動の指針にした。彼は後に「余は明治時代に生活し、而も論語を行為の指導者として来た」（渋沢［1913a］一六一頁）と述べたり、「余が過去の生涯の総ては論語に依って訓育されて来た」（同書四六一頁）と言っている。渋沢は最晩年に『論語講義』を出版するが、これは完全に儒者の作法に則って記されており、彼は自らを儒者足らしめようとする側面も有していた。この『論語講義』を、儒学の正統な議論である正名論に沿って分析すると、彼の思想は厳格な水戸学であることが判明する。(5) 渋沢はその生涯において、様々な職業に従事し、多大な活動の範囲を有したが、その思想は最初期のまま最晩年まで水戸学であった。彼は後に「余は従来世に處するの主義は、唯『国家的観念』の外に出なかったといふ所に歸着する」（渋沢［1913a］六九頁）と語ったり、「私の活動の原動力は国家社会を念ずる観念である」（渋沢［1919e］六三九頁）と宣言したりしている。彼の尊王愛国の思想は、水戸学の感化によって培われ、晩年までほとんど不変であった。

水戸学は、初め徳川光圀によって歴史学として開始された学問である。やがて田中江南の頃から徂徠学の影響を受け、政治学として発展していった。幕末には洋学による成果も取り入れられ、欧米列強の情勢に反応して尊王攘夷思想も展開される。幕末に特に流布したこの思想は、維新の際に活躍した多くの志士達の思想的基盤となった。水戸学の感化を受けた渋沢の思想は、彼の年代においては非常に尋常なものと言える。彼が後に広範囲にわたって活躍できた所以である。

渋沢は「余は詩文にも多少の趣味を有せる」（渋沢［1914e］五八九頁）と言い、『唐宋八大家文読本』等の他、特に『古文真宝』の後集を愛読書としていた(6)。この書には、儒学的作品の他、晋代風流など老荘思想の影響を受けた作品も掲載されている。しかし渋沢は、粋純なる儒学思想を好んだため、儒的詩文を眷顧にした。その中でも彼は、特に韓愈（退之）を好んだ。彼は「青年時代に漢文を読む場合でも、韓退之なぞの排佛論を好んで読んだものであった」（渋沢［1913a］七頁）と後に語っている。洋行直前に於ても、上司に当たる原市之進から渋沢は韓愈の漢文の書を受け取って強い感銘を受けている(7)。韓愈の詩文とその思想は、青年期の渋沢にとって非常に身近な存在だった(8)。

韓愈（七六八～八二四年）は唐代の官僚であり、詩文をよくした。後に唐宋八大家に数えられる名文家であったが、官僚生活は不遇であった。博士となるも僻地に左遷されるなど、その嘆息を詩に歌うこと屡々であった。思想家としては、その待遇ゆえ科挙や「選挙」に深い関心を寄せ、人材抜擢論を上下すること頻繁である。有能者や遊人を如何に社会に活用するか、韓愈は自らの境遇も含めてこれを古えに照合している。またそれを妨害する佞人の讒誣に強い憤りを覚え、淳々たる古代儒への復古を志向した。

韓愈の特徴は、ほぼ同時代の白居易（楽天）（七七二～八四六年）や柳宗元（子原）（七七三～八一九年）と対照するとより鮮明になる。白居易は元々大衆詩人であり、初期は政治批判を使命として平易明瞭な詩文を得意とした。しかし初めは儒学に偏して排仏論者であるも、老化と共に仏教を肯定、やがては隠遁的な思想に与して社会批判を控えるようになる。柳宗元は、韓愈より官途が一層不遇であった。よって初めは儒教を基礎としつつも後には諦念の情著しく、老荘に出入りすること度々である。韓愈の如く諧謔の内に自負を主張する傾向は、柳宗元には寡少である。韓愈は偉大な思想家・詩文家であると同時に、教師・パトロンとしても権勢を誇った。白居易も柳宗元も奇とすべき英才であり、ことに若いうちは政治改革を促す詩文を作った。だが、両者とも老化と共に独り身を善くする諦観の詩文に傾いた。三者のうち、排仏・排老を貫いたのは韓愈のみである。韓愈の磊落にして剛毅な表現、純粋な古代儒への復古を志す頑強な精神は渋沢の与する所であった。

2　韓愈の実力者抜擢論

人材抜擢の思想は「教え有るとも類なし」（一五-三八）[9]など『論語』に既に存在している。孔子はどれだけ「教」えを受けたが切要であり、出身の身分（＝類）は重要ではないと考えた。儒教の影響を強く受けている水戸学にも、当然この種の発想は存在する。藤田東湖は『弘道館記述義』において「広く才俊を聘する重要性を説き、「衆思を集め群力を宣ぶる」（日本思想大系53・三〇七頁）必要性を主張する。東湖は、多くの市井の遊人を集め、これを一にして国力の増大を目論んだ。東湖の好敵手でもある会沢正志斎も『新論』において「よく一定の策を決し、民をして向ふところを知らしめ、以て吾が衆心を一に」（同書一三八頁）することを説く。これらは、専ら軍事力を意識した議論であった。

しかし水戸学におけるこれらの主張は、分量としては相対的に少ない。韓愈は、水戸学以上に幾度も人材を挙げてこれを国力とする主張を展開している。例えば、『古文真宝』後集の「雑説」において「世に伯楽有りて、然る後に千里の馬有り。千里の馬は常に有れども、而も伯楽は常には有らず。故に名馬有りと雖も、祇奴隷人の手に辱められ、槽櫪の間に駢死して、千里を以て稱せられざるなり」（新釈漢文大系16・七六頁）と述べる。伯楽とは有能な馬を見いだし、これを有効活用できる人物である。一日に千里を走るような馬も、その能力を評価して理に適った扱いをしなければ、奴隷に使われて一生を終える。また「獲麟解」においても、韓愈は同様の説を唱える。麟（りん）は聖人の世にしか出現しないとされる仁にして珍なる獣である。この獣は霊妙なる能力を有するが、凡庸の人は未見故、唯の珍獣としてしか理解しない。「然らば則ち麟有りと雖も、其の麟たるを知る可からざるなり」（同書八七頁）。韓愈は、自らの不遇を鑑み、麟に自分の姿を映したと言われている。

『唐宋八大家文読本』においても、韓愈は「上宰相書」で人材抜擢論を説いている。彼は時の宰相に向かって「天下の英才を得て之を教育するを楽しむと、此れ皆聖人賢士の極言至論する所、古今の宜しく法るべき所の者なり。然らば則ち孰か能く天下の人材を長育する。将吾が君と吾が相とに非ずや。孰か能く天下の英才を教育する。将吾が君と吾が相とに非ずや」（新釈漢文大系70～71・一九七～八頁）と上言した。「天下の人材」を「長育」し、「天下の英才」を「教育」することで、より良い治政を求めたのである。

また、上の人が下から人材を抜くのみならず、韓愈は下からの自己推薦も重視した。彼は「古の人自ら進む者有り、而して君子之に逆はず」（同書二〇二頁）と主張する。韓愈によれば「下の己を修め誠を立て、必ず其の位を求めて之に居る者は、苟くも利に没して名を榮とするに非ざるなり」。自己推薦は、自利心に基づくものとは限らない。「蓋し將に己の餘る所を推して、以て其の足らざる者を濟はんとするのみ」と韓愈は述べる。高い位を求めて自己推薦する者は、公に尽くさんとする心を有すると韓愈は考えた。その公共心は最大限に活用して、国家を益するべきである。これは無論、不遇な韓愈の心中告白でもある。

渋沢は水戸学の感化を受け、国事に尽力することを目指したが、彼は当時農民であった。渋沢は『日本外史』をも念頭に置き、「自分が微力を以て何ほど奔走したとて、到底目的を達しえられずに終わるかも知れぬが、楠公のごとく戦死しても構はぬゆゑ、一番やれる處までやって見る氣である」（渋沢［1925a］六一頁）と父を説得して郷里を離れた。韓愈の人材抜擢論や自己推薦尊重の思想は、渋沢において社会的栄達を目指す根拠にもなった。

Ⅲ　実体験の変遷と合本主義への到達

1　歩兵組立からフランス渡航へ

韓愈は『唐宋八大家文読本』において、辺境の警備・実戦には、専門の軍隊より地元の一般人を兵士に抜擢し、組織した方が得策であるとの上書を残している。彼によれば「若し士人を召募せば、豪勇を得て、賊と相熟し、其の氣力の極まる所を知って、風を望むの驚き無く、郷里を愛護して、自ら戦ふに勇ならん」[(10)]。現地の人間の募集は、士気高き人材の結集となり、才人の有効利用となる。古来より東アジアでは、剛健雄壮の一般人を募集して兵隊に訓練することは、一般的であった。

渋沢は埼玉の郷里を脱出し、京都で一橋家に仕官する際に人材登用の意見書を提出した[(11)]。これを叩き台として渋沢は、ほどなくして歩兵募集を正式に奏議する。渋沢によれば、当時一橋家には兵備が少なかった（渋沢［1913b］八九頁）。渋沢はこの時点では仕官して武士であるため、古代からある「富国強兵」（新釈漢文大系88・四五頁）の概念に則って強兵を目指したのである。彼は「歩兵取立御用掛」を仰せつかり（渋沢［1913b］九一頁）、備中へ兵隊募集に向かった。彼は後に、元々は「自分が百姓ですから、募集したら大勢集るだらうと云ふやうな考で、さう云ふことを申した」（渋沢［1927e］五七五頁）と証言している。渋沢は、自分のことを本質的には凡庸な人間と考えていたので、自身と同様に多くの人が国のために尽くすことを望んでいると考えた。これは幕末の情勢下で、水戸学や平田学の流布によりある程度は該当していたと言える。曲折を経て、渋沢は当地で四百人以上募集することに成功する

（渋沢［1913b］一〇一頁）。彼はこの功績で白銀五枚と時服ひと重ねを賜った（同書一〇一頁）。この体験は非常に重要である。

まずこの体験は、元は農民であった渋沢にとって、初めての社会的成功である。公に尽くすことを目指して郷里を離れた渋沢が、初めて社会的地歩を固めたのが、この歩兵組立である。また、これはヒューマン・パワーを結集して強国（藩）の基とする策であった。志気高き人々を抜擢して人的資本を合同させる発想は、書物の上のみならず、最初の社会的成功という実体験によって渋沢の精神に明白に刻印された。彼は在郷時代の倒幕運動で人員組織による成果を得なかったが、一橋家での成功を得て、有志を登庸・統括して合同の力を得ることが非常に有効な方策であると確信したはずである。

渋沢はその後、報奨制度を整備し、産業奨励策を考え、藩札制度を改正するなど、多くの仕事をこなしている。彼はこの時は「勘定組頭」（同書一〇七頁）へと配置換えになっており、軍人官僚から経済官僚へと転身している。しかし財政に関わっても、この時点で渋沢には合本主義との縁はない。更に後、長州征伐の際に渋沢は「御使番格」となり（同書一一六頁）、再度軍人に戻っている。

渋沢が軍人であったことは、一つ重要な意味を帯びる。当時の日本人は戦闘経験がほとんどなく、世界中で戦争を展開していた欧米列強と日本の軍事力の差は明白であった。彼は軍備の問題に接するうちに、いわゆる「洋学」を肯定せざるを得なくなる。渋沢は元々攘夷論者であったが、軍備問題に関わるうちに転回した。渋沢は「京都で歩兵組立の事を思い立ってその事に関係してからは、兵制とか医学とか、または船舶、器械とかいうことはとうてい外国には叶わぬという考えが起って、何でもあちらの好い処を取りたいという念慮が生じて居った」（同書一一八頁）とか、「余は初め攘夷論者であったけれども、四圍の情勢からいつまでも鎖国主義を取ることの不可能を知り、機会があらば西洋の事情も知りたいと思うてゐた」（渋沢［1925a］三九八頁）と後に証言している。初めから経済政策にのみ従事していたら、彼の洋学への関心は低いままだったかも知れない。

また、渋沢は元倒幕派の志士でありながら、仕官していた一橋慶喜が将軍になることによって、意に反して幕臣になった。渋沢は意気消沈して切腹まで考えたが（渋沢［1937］九六頁）、結局元の浪人に戻ろうと決意した（渋沢［1913b］一二四頁）。その矢先に徳川慶喜の弟、昭武の留学に侍従してフランスへ渡航することを命令される。彼が単純な攘夷論者のままであったなら、洋行命令を格好の口実にして辞職したであろう。軍人官僚の体験は、彼に洋学の必要性を痛感させた。辞職の意志を撤回してでも欧州行きを選んだことは、この時までに如何に彼が洋学を重要と認識していたか物語っている。

また、この時点でもう一つ肝要な点は、彼が経済学の修学を目指して洋行したわけではない事である。洋行時の彼の役職は「御勘定格陸軍附支配調役」である。(12) 実質的な仕事内容は「勘定方兼書記」（渋沢［1928c］二五四頁）であったが、渋沢はあくまで陸軍奉行支配調役であり、軍人官僚だったのである。フランス中においても、まずマルセイユ到着の翌日には歩兵・騎兵・砲兵による三兵の調練を陪観しており、非常に深い感銘を受けた。(13) 渋沢に限らず、一行のこの留学自体が、兵隊の演習を見学したり、大砲に触れたり、新式の銃を試し打ちしたり、軍備との接触は非常に多い。(14) 渋沢が郷里を脱出し、一橋家に仕官してから留学の前半まで、軍人として活躍していたことは重要である。水戸学の愛国思想も、韓愈の人材抜擢論も最初は軍隊へ応用することから始まった。

2　パリにおける転任と帰国後

渋沢の実家は埼玉県北部の豪農であった。その生業は、農業を中心に商業も行なっており（渋沢［1913b］一八頁）、彼は幼い頃から商販に従事していた。そのため当然のことながら金銭取扱に関して偏見はなく、パリにおいてもそれは同様であった。彼は陸軍奉行支配調役の時からフランスの経済に接しており、勘定方としての仕事をこなしていた[15]。

昭武の留学は、各国の貴顕貴紳との交流がその前半の大部分を占めており、慶応三（一八六七）年の一月に日本を出発して勉学開始となったのは一一月の末である。渋沢は、留学後半には昭武に関する俗事を一身に引き受けた（渋沢［1913b］一三六頁）。渋沢は当時の日記や後の証言で明言こそしていないが、彼の性質から推測するに、自ら進んで引き受けたのではないか。その明くる年二月一四日には「外国奉行支配調役」になり、その他様々な雑職も兼任することになる[16]。この転遷は、病気のためなど帰朝する者が出て、従者が少人数になったことも大きな要因である。先に実質上昭武の世話係となり、後に役職名が追従した形であった。その頃の様子を渋沢は「日本へ出状するとか、日記を録するとか、その他御旅館内の俗事は皆一身に引き受けて弁ずることであるから、実にいささかの余地もないほどに繁忙を極めたことでありました[17]」と追懐している。

渋沢が引き受けた「俗事」のうち、最も重要なものが株式の取扱いである。渋沢はこれについて、幕府から名誉領事を依嘱されたフロリヘラルド（フリューリー・エラール・Fleury-Herard, Paul）より教示を受けた。渋沢は後に次の如く追想している。

> フロリヘラルド氏の勧めで現金を持って居るよりは、公債を買った方が有利だと云ふので、其の勧めに従ひフランスの公債を買ったが、其後鉄道株が有利だと言ふので、公債を売って鉄道株を二万円ばかり買ひ取った。処が祖国の政変の為めに、其年の秋急遽帰朝する事になったのであるが、其時の計算によると正当の利子の外に五百円ばかり余分に儲ったのである。私は此時経済といふものは斯う云ふ風にすればよいものだと感じ、且つ進歩せるフランスの商工業を実地に見聞して、日本をして盛んならしむるには、どうしても商工業の施設を完備して大いに之れが発展を計らなければならぬと痛感したのである。（渋沢［1937］一七五～六頁）

渋沢執筆による『巴里御在館日記』では、慶応四（一八六八）年（明治元年）五月一一日に「バンクに預ケ置候二万五千之内八千フランク蒸気車買上方に相廻し壹萬七千を御賄方ニコンマンタンに相渡す」（渋沢［1928a］三〇三頁）とあり、帰国が決定した後の八月一六日には「蒸気車賣拂ニ付フロリヘラルトに相託す」（同書三五三頁）と記してある（ただし、先に引用した証言との整合性は不明）。渋沢と株式の接触は、この僅か二回であり、その間は三カ月である。ここで二つの点を見逃すべきではない。

第一に勘定方としての仕事は渋沢にとって、近代社会において公金を扱う体験となった。実家での商売は、家の財産であるから公金と言うより私的な財産に近い。現に故郷でテロ計画を建てた際、渋沢は家の資金を二百両ほど勝手に使っていた（渋沢［1937］五九頁）。この様な横領は、幕臣となった身では許されない。さらにこれは、フランスという近代資本主義社会における体験である。当時の日本における勘定方の仕事とは、もって異なる見聞である。これは後に株式会社を日本で発足させる時にも、大いにその構想を助けたはずである。例え学問的な知識はなくとも、株式を扱う実地の体験があればそれは思索を廻らせる一助となる。

第二に、渋沢は俗事に繁忙を極めたと証言しており、株式会社制度を学問的に学んでいない。『巴里御在館日記』にも、渋沢が日々肘を折って勉学した記述はない。昭武でさえ、大政奉還により帰国命令が出たので、勉学に集中できたのは一年に満たない。この点は従来軽視されがちであるが、渋沢自身は何度となく、この点を強調している。彼は「海外万里の国々は巡回したとはいうものの、何一つ学び得たこともなく、空しく目的を失うて帰国したまでのことである」（渋沢［1913b］一五一頁）と述べたり、「遂ニ此欧羅巴ノ旅トイフモノカ殆ト何等学ブ所モナク、取モ直サズ田舎者ノ江戸見物トイフヤウナ事デ終ッタ」（渋沢［1902］七四八頁）と証言している。渋沢のフランス語の能力も「わずかに文法書の一端を読み得るくらい」（渋沢［1913b］一四五頁）だった。

新しい時代を切り開く人間は、常に旧時代に片足を残し、新時代に一歩を踏み出している。両足が新時代にある人は、新しすぎる人として旧時代の人間から敬遠される。時には狂人と見なされるかも知れないし、この時代ならば浮き足立った西洋かぶれと判断されたであろう。また、両足が旧時代にある人は、当然のことながら新たな時代を担うことはできない。旧時代と新時代の両者を自己の領域とする人は、新旧双方から批判されるが、両方から共感される可能性も有する。渋沢は近代資本主義に触れたが、西洋文明に心酔して熱狂的となったわけではない。彼の思想は生涯にわたって儒教であった。彼が近代資本主義の技術・知識に熟練せずに帰国を余儀なくされたことは、旧時代から新時代への橋渡しの人物となるのにかえって適当だったとは言えまいか。彼は近代資本主義の原理を本質的にしか把握しなかったが故に、これを儒教思想の上に自然と根づかせた。彼が詳細な技術を学んでいたら、具体的な形式に縛られて『論語』との習合に悩んだかも知れない。彼は、自身の精神的基礎である儒教を保ったまま近代資本主義に接し、帰国した。

渋沢は帰国後、静岡藩に落ち着き、商法会所という半官半民の組織を立ち上げる。合本主義の実験的開始であった。この組織について、後に渋沢は「今日（大正五〔一九一六〕年――引用者）から考へますると、法理上からも事実上からも笑ふべき仕組ではあった[18]」と語っているが、公的利益に与するための合本主義という点では、後の第一国立銀行の先代的存在であった。当時から渋沢は「元来商売というものは一人一己の力ではこれを盛んにすることは出来ぬもの」（渋沢［1913b］一六三頁）と考えていた。渋沢は実家の家業を手伝っていた頃、長野県へ単独行商に出る途中、雪山の峠越えに失敗して遭難し、死にかけたこともある[19]。この時、彼は一人で商売をする心細さを激烈に体感したに違いない。多くの人々と協力して商売することは、渋沢にとって自然であり切実な発想であったはずである[20]。

3　草の根愛国の合本銀行へ

渋沢はほどなくして明治政府に呼び出され、仕官を勧められる。静岡藩で長き余生を過ごそうと考えていた渋沢はこれを断ろうとするが、大隈重信に説得される。一藩にのみ忠義を尽くし、国家全体に尽くさなくても良いのか。これに首肯した彼は、明治新政府に仕官する。渋沢は、青年期に水戸学の尊王思想に感化されて国家意識を醸成したので、本質的にはここで元に戻った。一地方政府への忠義が、ここで国家全体の意識へと復元された。彼の一藩への服従と中央政府に対する韜晦は、潜在的には彼の思想と齟齬のあるものだった。後に西郷隆盛が、相馬藩の利益を考えて渋沢と面会した時、渋沢は一地方の利益のみならず国家全体の利益を考えるべきであると述べて、逆に西郷を説得している（渋沢［1937］三四四～八頁）。

銀行設立の腹案は、三井組などの手によって明治三（一八七〇）年頃からあったようである（渋沢［1909c］五一頁）。明治四（一八七一）年に伊藤博文らがアメリカで調べた国立銀行制度を基礎として、渋沢達は銀行条令を制定する。渋沢は後に「伊藤公が調べて来た銀行制度は是非とも採用したいものだと私は一点張りにその設立を希望した」（渋沢［1913b］二三二頁）と回想している。そのような主張をしたのは、やはりフランスで理財の実務を担当し、銀行に接していたことも要因になっている。

渋沢は、実業界に有能な人材がいないことを憂い、自らその指導に当たることを希望して致仕する。彼は、三井・小野組と共に第一国立銀行創設に関わった。渋沢は、明治六（一八七三）年五月政府に辞表を提出して出仕免除となるも「御用滞在」の身で（龍門社［1955-65］第四巻七、三三頁）中心的役割を果たす。

洋行は渋沢にとって「何一つ学び得たこともなく」終わったが、銀行に関する詳細は、伊藤等によるアメリカからの輸入とお雇い外国人アレキサンドル・アルレン・シャンド（アルファベットつづり不明）からの教導があった(21)。後者は特に簿記などの実務に於て、その指導は綿密であった。渋沢は有能な人材を簿記の習熟に当てたり、シャンドから銀行家の心構えなどを教わったりした。渋沢をもし仮に和魂洋才の人として把握するなら、彼の和魂は水戸学と韓愈を双柱とする。一方洋才は、洋行によりその学ぶべき対象を絞ることが出来たが、洋学によって彼が一家を成したわけではない。洋行により、彼の愛国思想は具体化すべき目標が定まったのである。具体化へ向けて勉強を開始したのは、帰国後であった。

第一国立銀行は、明治六（一八七三）年七月二〇日には仮開業をし、三一日に株主会議を開く。開業式の席上で、渋沢は次のような演説をした。

冀ハ此銀行ノ株主及其実務ニ従事スル者ハ、能ク此真理（＝銀行の実務――引用者）ヲ体認シテ、私ヲ去リ、公ニ就キ、協立ノ意念ヲ拡充シ各相調和シテ相雷同セス、浮華虚飾ノ弊ナクシテ淬礪精確ノ実アラハ、其業愈盛ニシテ、其事愈牢ク、能ク各自ノ実利ヲ興シテ併テ全国人民ヲ裨益シ、以テ富国理財ノ一助タランコト翹足シテ待ツヘキナリ。（渋沢［1873］四八頁）

渋沢はここで、株主にも「私を去り、公に就き」と言っている。彼の理想は、実務に従事する人のみならず、株主も公の利益、「富国理財の一助」を目指して投資することであった。今日の株式投資は、一般には株主個人の利益を求めて行なわれるものと認識されているが、渋沢は国家的利益を求めて投資する株主を理想とした。多くの人が国家に貢献したがっていると彼は前提していたが、この演説も背後の思想は同様である。実務者は勿論株主も「各相調和して相雷同せず」ことに臨めば、各人の理想である国益追求が可能であると渋沢は考えた。

彼の合本主義は、国のために人々が資本を提供することを目指している。言わば「草の根愛国」とも言うべき運動に支えられて実現される。洋行前の軍人官僚としての渋沢は、草莽の人々を国家のために結集させて国の力とすることを理想とした。国のために尽くしたいと思う人々を義勇で募り、軍隊へ組織することこそ国力の増大であった。これは東アジアでは古代から存在する方法である。洋行により、渋沢は国の力とは経済力も含むと実感した。人々を募って軍事力にするのではなく、人々の資金を募って経済力とする方法を彼は観取した。歩兵組立で成功した渋沢の経験は、外形は同じで内容の異なる分野において再び活かされる。軍事力は経済力に、軍隊は資本に、社会の遊人は余剰資金に、自己推薦は資本の提供に変わったが、国のために「群力を宣ぶる」（藤田東湖）構造は同じである。儒教の人材抜擢論は、そのまま会社内の人材登用として応用されることもあったが、近代資本主義において合本主義を支える思想としても活かされた。

勿論銀行の経営は、最初から順調だったのではない。銀行の営業は、後の回想によれば「稽古半分の微々たる取引」（渋沢［1896b］五一二頁）から始まった。「御得意様に御相談申して斯う云ふ便法がございますからと御勧めすると、御得意先も危みつつ同意することもあり、或は又却って不便だと御小言を頂戴することもある、又時として間違があるとやはり古来の風が便利と云ふことで、大層立腹を受けたことも或はないとも申されませぬ」という状態であった。更に当時は官僚と商人が不仲であった[22]。銀行という商売自体も、欧州かぶれの浮き足だった酔狂と見られたのか、当初は従来の商人にあまり信用されなかったと渋沢は証言している[23]。「洋服などを着て時計などを提げて商売をして居っては、必ず今に失敗するであらう」（渋沢［1918c］二二六頁）と陰口を言われたこともあった。第一国立銀行に於て殆どの人は袴だったが、渋沢一人だけ洋服を着ていたようである[24]。さらに大口株主である小野組は明治七（一八七四）年には破産し、政府の威信を借りる事もできた第一国立銀行による国の公金取扱も明治九（一八七六）年には停止となった。金価格の高騰や外国為替の変動も、第一国立銀行には厄難であった。

その後、西南戦争による好況もあり、銀行の業績は回復する。渋沢はようやく銀行の基盤が固まったと判断し、明治一二（一八七九）年一月の株主総会でより一層明白な公益追求宣言をする。

将来当銀行ヲ経営スルハ惟タ利益ノ饒キヲ之レ務メス、広ク全国ノ得失ニ注意シ、苟モ事ノ確実ニシテ国益ヲ裨補スヘキ者ニ於テハ縦令其貸付ノ利足ヲ減殺スルモ尚之ヲ助成スヘキ者トスヘシ、約シテ而シテ言エハ惟タ尋常一様ノ貸付ニ専務トセスシテ漸ク金融ヲ興産ノ途ニ給セント欲スルニ在リ、再ヒ約シテ而シテ言ヘハ独リ銀行ノ利得ノミヲ図ラスシテ広ク全国興産ノ業ヲ助ケント欲スルニ在リ、余今ヤ幸ニ之ヲ諸君ニ陳述スルノ時ニ逢ヒ喜ヒ禁ヱザル者アリ（渋沢［1879］三九七頁）

その後、第一国立銀行の指導により地方に数々の銀行が誕生する。もし渋沢が個人的利得のみを目指したのなら、この時点で銀行市場の独占を目論んだはずである。しかし渋沢達は惜しげもなく、銀行の仕組みや実務方法などを後発の銀行に伝授した。定款、申合規則、内規等を公表したことは勿論、要請によっては第一国立銀行の行員を地方に派遣した場合もあった（第一銀行八十年史編纂室［1957］三三五～六、七二〇頁）。こうして成立した数々の銀行が、後の殖産興業の基礎になったことは言うまでもない。彼らは先の演説にある通り、「独り銀行の利得のみを図らずして広く全国興産の業を助けん」とした。株主は会社の公的役割を意識して資本参加し、その会社は国力の増強を目指す。愛国の志士たちによる経済的協力こそ、渋沢が目指した「合本主義」の意味するところであった。

渋沢は、初めから協力合本法で以て銀行を創始しようと試みた。彼は明治四一（一九〇八）年に「若し私一人であったなら、或はやはりやり遂げ得なんだでありませう。けれども段々其風は進んで参りまして、友達にも皆力ある人が出て来る、否出て来るどころでない、私抔はどうでも宜い位にまで進んで参りました」（渋沢［1908f］六七七頁）と、明治初期の実業界を回顧している。人々の協力によって国力を増そうとする彼の試みは、軍事力から経済力へと関心が移ることによって、株式会社制度による銀行創始へと具体化された。儒教思想を経済へと応用した彼の試みは、日本における近代資本主義の嚆矢となった。

Ⅳ　おわりに

東アジアには、古代からヒューマン・パワーの結集による国力の増大を目指す労働集約的な発想があった。これは、主に軍事力に関する考察である。江戸期の日本で言えば、平民を武士に取り立てる議論である。渋沢は、これを書物の上で学び、一橋家の歩兵組立を実際に行なうことで、最初の社会的成功とした。これが欧州への渡航によって、彼の関心は経済へと移行する。彼の実家が元々商売を営んでいたことも要因の一つであった。渋沢は、マネー・パワーの結集による国力の増大という資本集約的な構想を持つにいたる。明治期の日本は、武士と平民の較差を減退させようとする時代でもあった。水戸学により国家意識を培い、韓愈から人材活用論を学んだ渋沢は、国家のために人々の資本を結集する制度こそ、当時の日本に必要な組織であると認識した。御雇い外国人等から知識を補充することによって、渋沢はこの理想を現実のものとしていった。

本章は儒学思想を基礎に、どのようにして渋沢が合本主義へとたどり着いたのか一つの説明を試みた。彼の本格的な活躍は、佐々木勇之助などの有能な人材を得て、第一国立銀行が軌道に乗った後である。この時期に関する研究は従来手薄であるが、その詳細は今後の課題としたい。

注

（1）Smith [1776] 大内・松川訳四巻九二頁参照。スミスは、株式会社や合名会社で働く者は怠慢や浪費に陥りがちで、この種の会社の成功には排他的特権が必要だと論じている。このスミスと渋沢の相違は、既に戦前から注目され、論じられていた（白石 [1933] 三〇四頁）。

（2）白石 [1933] 三〇八頁、渋沢 [1916e] 一六三頁等。しかし渋沢は、あくまで経営形態について議論が対立したに過ぎないとして、「余は個人として別に彌太郎氏を憎く思ったことはない」（渋沢［1925a］二六〇頁）と証言している。

（3）白石［1933］三〇三頁において、白石は上田貞一郎の説を紹介し、渋沢は士族の力を実業界で活かすため株式会社制度を採用したと述べている。上田は、渋沢が武士の名誉心を尊重して公的制度を設けたと推測したようであるが、これは論理不十分である。従業員の名誉を尊重するなら、民営ではなく国営企業のほうがより良い選択となる。現に渋沢が東京ガスを株式会社制度で立ち上げようとした際、これは問題となった。所谷英敏という東京大学出身の人物を渋沢は雇おうとしたが、官営なら勲章を貰えて名誉であるが民営の株式会社では不名誉であると一度は断られる。渋沢は、このような俗物的考えをする人物が出るのは東京大学の教育に問題があるとして、当時の東京大学総理である加藤弘之に抗議をする。その結果、渋沢は明治一四年より東京大学で日本財政論の講義を数年間担当することとなった（渋沢［1913a］三六一～五頁）。

（4）渋沢［1930g］七一三頁。渋沢はこの時、攘夷運動から合本主義提唱への経緯を時系列的に説明しているに過ぎないが、官尊民卑の打破、つまり有能者の尊重を目的として合本主義を唱えた次第を暗示している。

（5）本書第四章参照。

（6）「余が愛読書は彼の『古文真宝』で、あれには修身上のこともあれば哲学的のこともあり、或は叙景的の文もあれば風雅の文章も載せてあるから、常に好んで読んだものだが、今では其の後集の如きは殆ど暗記するまでに至って居る」（渋沢［1913a］六三六頁）。しかし「殆ど暗記」というのは、誇張であると思われる。また、渋沢が言う「唐宋八大家文」は、『唐宋八大家文読本』のことであると思われる。以下、本文では後者を利用する。

（7）大正一一（一九二二）年、渋沢は原の書を今も尚保存していると述べている（渋沢［1922e］）。『航西日記』においても香港で韓愈の「鰐魚文」（新釈漢文大系70～71・六〇三～七頁が言及されている（渋沢［1928a］一一頁）。

（8）本書第七章参照。

（9）有能者抜擢論は、『論語』中に他にも「直きを挙げて諸を枉れるに錯けば、則ち民服す」（二‐一九）（一二‐二二も似）、「犂牛の子、騂くして角あらば、用ゐることなからんと欲すると雖も、山川諸を舎てんや」（六‐四）などがある。

（10）新釈漢文大系70～71・一三九～四〇頁。「再與鄂州柳中丞書」（同書一三六～四〇頁）より。

（11）渋沢［1913b］一九八四、六三～四頁。渋沢によれば、これは草稿も散逸してその後失われたので、詳しい内容を見ることが出来ない。

(12) 渋沢［1928a］三六七頁、『御巡國日録』より。

(13) 渋沢［1937］一五一～二頁。渋沢は軍隊の報奨儀式を見て「誠に士を賞すること明かにして、功を励ますことの公なるを知り、之れでこそ一兵卒に至るまで戦場に赴いて一命を軽んじ、国家の為めに死を厭はざるに至るであらうと感じた」（同書一五二頁）と感想を洩らしている。

(14) 渋沢に限らず、同行した二〇余人は小遣の者数人以外は皆武士であった。洋行前半を記した杉浦愛蔵との合作になる『航西日記』においても、「ボワテブロンに住て銃を試む」（渋沢［1928a］六五頁）、「（パリにおいて）銃砲を試るに陪す」（同書一一七頁）、「ツーンといふベルンより十里餘隔たる所にて點火調兵を観るに陪せり」（同書一四五頁）、「（イタリアにて）水軍火入調練を観る」（同書一七七頁）、「（イギリスにて）調兵を一覧す、此の兵は騎砲とて大砲に騎兵を并たるなり」（同書一九一頁）等、一行は各国各地で軍事に強い関心を寄せていた様子が窺える。洋行後半を専ら記した渋沢による『巴里御在館日記』においても「白耳義國王より差上候二連銃箱入りにて到来いたす」（同書二一八頁）、「（昭武は）歩兵の運動御一覧有之」（同書三〇八頁）、「（昭武は）新港ポウルナポレヲン御巡覧夫より市街に遶圍せし宏壮なる臺場を御一覧にて御歸宿」（同書三三一頁）等、軍備との接触は多い。

(15) 例えば、慶応三（一八六七）年一〇月二六日「御旅館御入費凡積の儀篤太夫（＝渋沢――引用者）コンマンタンえ（―原文）申談す」（渋沢［1928a］二〇六頁、『巴里御在館日記』より）。

(16) 「澁澤篤太夫外國奉行支配調被仰付勤候内並之通御足高被下御役扶持も被下之民部大輔殿御用も是迄之通取扱可申儀御同人御書付を被☒仰付」（☒は欠字、渋沢［1928a］二四九頁、『巴里御在館日記』より）。

(17) 渋沢［1913b］一三六頁。ただし『青淵回顧録』には、渋沢がフランスで娼婦を買い、妾にしようとして断られた寸話もある（高橋・小貫［1927］一六〇七～八頁）。これは繁忙を極める以前なのか、それとも忙殺の中でも女郎買いは渋沢において生活必需だったのか。

(18) 渋沢［1916d］一四二頁。渋沢の静岡時代の研究は少ないが、佐々木聡［1994］がある。

(19) 渋沢は二一、二歳の頃、現在の群馬県側から長野県佐久市香坂へ行く途中道に迷い、山中の民家に救われた。「私もあの時ばかりは、これは駄目だ、死んで仕舞ひはせぬかと真に心細くなったヨ。三度か雪に体がはまってへとへとになって、漸く草履を売る家に辿り着いたヨ。此家は香坂の村にまだはいらない山ぎはにあった」（渋沢［1930d］六九九頁）。

(20) 韓愈は荀子の影響を受け、商業の社会的役割を積極的に認めていた。これも渋沢の活動を思想的に幇助したはずである(本書第七章参照)。

(21) 渋沢[1910]一〇七~九頁より。また第一銀行八十年史編纂室[1957]七二〇~四六頁にもシャンドについての紹介がある。このシャンドについては、従来詳しい研究がない。渋沢はシャンドについて「人としての幅の狭い人であった」(渋沢[1926b]五四四頁)と酷評したり、「実務も出来れば道理も弁へて居る」として「双方共に誠に権衡を得て居った」(渋沢[1928b]七九頁)と賞賛したりしている。

(22) 「官吏の方の側では、是は商売人といふ者は馬鹿な者だと云って益々軽蔑する、商売人の側では又官吏は理屈ばかり言ふて物を知らない人だと言って益々疎んずる。斯う云ふ姿がまづ其頃の商売人と役人との接遇の景況でありました」(渋沢[1908f]六七五頁)

(23) 明治初頭、「東京に於る商業の中心地たる伊勢町・富沢町・掘留辺の有力なる商売人は、未だ少しも銀行には頼って来ない、却って銀行は危険なものと観念して居った」。(渋沢[1916e]一六四頁)

(24) 佐々木勇之助の証言によれば、第一国立銀行開業当時は「その時分靴は誰もはきません。洋服も子爵(=渋沢――引用者)位のものでした」(佐々木勇之助[1936]二七頁)。

第九章　総　括

Ⅰ　各章の要約

序　章

渋沢栄一の思想は「『論語』と算盤」という言葉で表される。しかしこれは知られているようで正しく理解されていない。今までの研究では、日本の近代化を儒教の解体史として描くなど、「近代」から渋沢や儒教を見ていこうとする研究が多かった。しかし渋沢は青年時代に水戸学を修め、最晩年までその影響下にあり、彼自身は明治維新の原動力を儒教に見ていた。渋沢の思想に迫るには、儒教のパラダイムから彼の言動を分析する必要がある。近代主義のパラダイムから自由になり、儒教のパラダイムを獲得するためには、儒教本来の議論の方法を採用することが望まれる。本書は、まず儒教本来の基礎的な議論である「正名論」から議論を開始した。これが本書の最大の特徴である。

第一章　徂徠学と水戸学の正名論

渋沢栄一は若き頃後期水戸学を修めた。戦前の研究では、渋沢が水戸学の大きな影響を受けたと指摘されることもあったが、最近の研究では軽視されている。後期水戸学が徂徠学の影響を受けたことも踏まえて、渋沢の思想をそれらの系譜上に置いて理解することが望まれる。そのためにもまず、徂徠学と水戸学の理解は必要である。本書では、儒教本来の方法である正名論によってその理解を試みた。

後期水戸学に大きな影響を与えた徂徠学は、朱子学や陽明学といった「窮理」の儒学とは異なり、政治・社会論重視の儒学である。その徂徠学の論理において、臣は民を安んずる義務を負った君へ、忠義を尽くすべき存在であった。臣はその忠義ゆえに自主的に考えて自主的に行動しなければならず、君もそれを認める義務がある。臣の主体的な行動は、民のための経済活動も含んでいる。

後期水戸学もこの発想を相続している。しかし水戸学において、君は天皇を専ら意味するとされ、臣も国臣である。また、水戸学は技術面での洋学の吸収や攘夷論等の国際問題にも多く関心を示している。

渋沢思想の分析のためには、以上のことを把握しておく必要がある。二章以下において、その分析が為される。

第二章　初期渋沢栄一の自由主義経済思想

渋沢が明治初期に記した『立会略則』は、明治時代で初めて政府の市場不介入を説いた書物である。従来この自由主義の根拠は正しく理解されていなかった。

若き頃渋沢が学んだ後期水戸学や、後期水戸学の思想形成に大きな影響を及ぼした徂徠学では、国家・公的意識を持つことを基本的な前提として、「臣」が自主的に経済活動をすることが道義的に許されていた。

渋沢によれば、商業者であろうと官僚と同等の愛国心があれば、その者は官僚と同様の働きが可能である。渋沢は従来の儒学で説かれていた「臣」の主体性を押し広げて、「仕官しない臣」と呼ぶべき実業家像を想定した。

『立会略則』は、実業家に向けた国家意識の啓蒙を目指しつつ、市場不介入について政府への説得も目指している。渋沢は欧米列強の脅威ゆえに実業家をゆっくり啓蒙する時間的余裕がないと考え、また日本各所に存在する中間層（田舎紳士）に期待して、かように二つの主張を同時にした。

第三章　渋沢栄一と田口卯吉の対立

渋沢栄一と田口卯吉は、両者とも明治時代初期に政府の市場不介入を説いていた。しかし渋沢の証言によると、両者は経済自由主義について対立しており、その理由を渋沢は説明していない。

渋沢は若き頃水戸学を学び、（第四章で証明するように）最晩年までその影響下にあった。渋沢の経済自由主義も、水戸学を根拠にして主張されたものである。田口卯吉は、アダム・スミスの思想の中で自らが科学的と見なした部分のみを抽出した。

ヨーロッパ起源の自由主義や民主主義は「普遍的」という触れ込みで世界中を席巻したが、このような「近代文明」は、世界中到る所で土着の前近代文明と対立している。渋沢と田口の対立は、この種の対立であった。渋沢は儒教を基盤に物事を考えており、あくまで「近代文明」に対しては取捨選択的態度を崩さなかった。田口は人類普遍の「近代文明」の側に立って、日本土着の文明を否定的に見ることが多かった。両者は経済自由主義という即物面では一致していたが、その基盤とする思想は「日本土着の前近代文明」対「人類普遍と言われる近代文明」という形で対立していた。

第四章　渋沢栄一『論語講義』の儒学的分析

『論語講義』は大正時代末期に書かれた、渋沢による『論語』の注釈本であり、儒者渋沢栄一の主著でもある。この書は、従来は正統な儒学書と見なされてこなかった。本章では論語学的に重要な文字・単語の解釈（正名論）等を巡って晩年渋沢が行き着いた儒学思想の学派的特徴を追求した。

渋沢は「天」、「理」、「君子」、「善人」、「聖人」の解釈において、「窮理」を目指す朱子学・陽明学と異なっており、より即物的かつ政治論的な解釈をする徂徠学・水戸学に接近している。また「枉」、「直」の解釈、老荘思想の政治論からの批判など、荻生徂徠が発明した解釈を渋沢は踏襲している。

水戸学は徂徠学には全く存在しない思想も有しているが、渋沢はこの特徴も相続した。渋沢は徳川光圀や水戸藩そのもの、あるいは尊皇攘夷論を評価し、外国思想への対応も水戸学に類似している。晩年渋沢の儒学思想は、なお水戸学の影響下にあったと判断することが出来る。

第五章　ヴェーバー理論から見た渋沢栄一の近代資本主義的精神

ヴェーバーは他の地域とは異なり、なぜ西欧だけが自主的に近代化したのかを分析した。その中で彼は、前近代キリスト教が近代資本主義と親和性を持たなかったのに、なぜB・フランクリンのキリスト教思想はそれと強い親和性を持つまでに変化したのかという問いを立てた。

渋沢栄一は日本の非自主的な近代化において、『論語』の精神で経済活動を行なった。本章ではヴェーバーの問いを日本の儒教において考え、前近代儒教と渋沢の儒教理解にどのような差異があるかを探った。

まず前近代儒教を古代の儒教とした場合、それは抑商思想の有無に見出せる。古代儒教は抑商思想さえ除けば、近代資本主義的な活動が理論的には可能である。しかし抑商思想は荀子以降にしか存在せず、儒教全体の中でも末端の議論である。渋沢はこの末端の議論を無視したにすぎなかった。

また前近代儒学の代表を朱子学と考えると、朱子学など孟学の学統にある儒学は修身論重視であるのに対し、渋沢は荀学の学統にあって経世論重視であることが指摘できる。渋沢は荻生徂徠が準備した政治・社会論重視の儒学を、初めて大規模に実践した人物であった。

第六章　晩年渋沢栄一の商業擁護論に関する根本的問題

渋沢栄一の儒学思想は決していい加減なものではなく、ほぼ正統な経世論重視の儒学に則っている。しかし彼の商業擁護論は特殊であり、現状分析としてもその他の議論と矛盾がある。渋沢は、実業家が官僚と同等の愛国心を持つことで商業を正当化し、前近代儒学に存在する抑商思想を否定した。しかし荀学は、国民全員を官僚と見なすことに否定的である。また彼は男爵授爵によって商業の正当化に一応の成功を見たはずなのに、財閥等を法律で抑制する荀学的措置を考えなかった。

彼は、実業界を引退した晩年には実業界の状況に疎くなった。また、儒教の中の抑商思想を政策上の技術的な議論として把握しなかった。儒教における官尊民卑の打破も本来は実力者抜擢の議論であるが、彼は時に「民」という地位を国家から廃止するものと解釈している。これは明治後期以降、他の思想にも似た例が見出せ、当時の時代精神であるとも推測可能である。渋沢は晩年に実業界を引退して慈善事業などに奔走したためか、実業界の詳しい現状認識や儒学思想の周辺的な理論の理解に、厳密さが足りない場合があった。

第七章　渋沢栄一「『論語』と算盤」思想の分析

渋沢栄一は、自身のことを真の商売人ではないと言っていた。これは彼が実業以外にも活躍の場を持ったからではなく、自らの実業活動に特別な意味を持たせていたことに因る。渋沢の証言によると、彼は簿記がつけられなかった。実業活動においても、渋沢は失敗の絶対数が非常に多い人物であった。彼は決して天賦の商才を持った人物ではなかった。彼は人材抜擢などを担当する特殊な役割を、第一銀行や財界で担った。実際には実務を行なわない渋沢の特殊な社会的位置は、自身の技術によって巨万の富を築いた安田善次郎とは好対照である。

渋沢は、若い頃より韓愈の詩文を好んでいた。彼は、演説中に韓愈の詩文を諳んじることもあった。韓愈は、老荘思想を排除する古代儒志向である。渋沢儒学の経世論志向は、水戸学と共に韓愈の詩文による感化も無視できない。渋沢の明治初期の演説を見ても、彼は初めから公的・国家的利益を追求すべく実業を行なっていたことが分かる。人々を導き、多くの失敗を繰り返しながら尽力したその生涯は、儒教の典型的英雄と類似している。彼が儒教から読み取っていたものは、算盤を扱う人たちを国富増大へ向けて組織し、導いていく道であったと総括できる。

第八章　初期渋沢栄一における株式会社提唱への道程

渋沢は二十代後半に二年弱ほど洋行する機会を得た。渋沢はフランスで合本主義、すなわち株式会社制度の存在を知った。欧州でさまざまなものを見聞したはずの渋沢は、なぜあえて株式会社制度を最良の制度と見なしたのか。彼は株式会社制度を法律的・具体的に理解したのではなく、極めて抽象的・思想的に理解した。これは、彼の思想が洋行によって断絶したのではなく、むしろ連続的に変化したと解釈することによって整合的に説明できる。

渋沢は青年期より韓愈の影響を受けたが、韓愈は実力者抜擢論を強く主張した。渋沢の一橋家時代の栄達に、歩兵組み立てがあるが、同様の発案は韓愈の主張の中にも存在する。渋沢はフランスで公金を扱う経験をし、株式会社の存在を知って帰国した。彼は人員を募集して軍隊を組織し、国力の増大を目論む政策を洋行前に体験したが、これが洋行により、資金を募集して会社を組織し、国力の増大を目指す発想へと発展した。渋沢による株式会社提唱は、韓愈の軍事組織論を経済に応用したものであると解釈できる。水戸学により国家意識を養い、韓愈によって組織論を学び実践した渋沢は、国家のために人・資金を集募する制度こそ最良の制度であると理解した。

Ⅱ 考 察

本論は、渋沢栄一の思想を儒学から見て行く一つの試みである。儒学は西欧進歩主義などとは明白に異なる一つのパラダイムを持ち、独自の歴史観・人間観・世界観・国家観を持つ。渋沢は最初期から最晩年に至るまで、この儒学思想の強い影響下にあった。

古代の日本人は、儒教を経世論として輸入した傾向が強い。やがて江戸時代中期になると、荻生徂徠がより強固な儒学経世論・荀学を開始する。後期水戸学もその強い影響下にあり、後期水戸学も徂徠学同様に政治・社会論重視の儒学となった。渋沢が時に自分の家庭を軽視してでも国家のために尽力したことは、彼の儒学が政治・社会論重視の儒学であったことと符合する。彼が述べた経済自由主義や近代文明受容のあり方も、ほぼ正統な水戸学に則るものであった。渋沢は経世論重視の儒学を民間の立場で初めて大規模に実践し、それに成功した人物であると言える。また、渋沢が主張した株式会社制度も、韓愈による軍事組織論の応用だった。

儒教本来の主張では、日本の「民」のために日本は近代化する必要があった。「近代」はあくまで利用する対象であり、それ自体が究極的な目的ではありえない。しかし最晩年の渋沢は、近代化それ自体を礼賛する面が一部にあった。彼は近代文明をなんとか儒教でうまく使いこなした人物であったが、近代に流された面も一部あった。この点において言えば、彼の儒学思想は不完全であった。最後は、当時の時代精神とも言える、軍国主義的な国家観・歴史観に通底する面すらあった。

この事実は次のことを示唆しているかも知れない。渋沢が荀学の学統にあったということは、決して彼一人に当てはまる事実ではない。渋沢の思想は当時の日本では潜在的・顕在的に広く受け入れられていたからこそ、彼の広範囲にわたる活躍を保証したはずである。つまり、日本は徂徠学以降の荀学によって近代化を成し遂げることができたのではないか。徂徠学→後期水戸学→渋沢らの活躍、という経路こそ、重要な系譜である。また最晩年の渋沢が儒教から一部逸脱した思想を有していたことは、その後の日本の進路も荀学儒学からの逸脱としてとらえられるかも知れない。日本は荀学により近代化し、荀学から離脱することで猖獗の道を進んだという解釈は検討の余地がある。

古代から日本の政治経済学は、儒学の経世論であった。日本人は、宇宙論や修身論よりも、経世論として儒教を受容し、培養してきた。これを国家理性として強固に保持していれば日本は急激な変化にも耐えられるが、これから逸脱すると国家は迷走を開始するのではないか。本書はこれを証明したわけではないが、明治維新を欧米文明の受容としてだけ描くことには強く反発してきた。維新は日本の伝統的思想を基礎として、その上に欧米文明を受容したのであり、その基礎は日本版の儒学経世論ではなかったか。我々が日本の近代文明を考える際に、この「基礎」の考察は看過されるべきではない。この「基礎」を、渋沢という題材から考察したのが本書である。本書の採用したパラダイムが儒教であったのも、受容した欧米文明を分析するためではなく、以前から存在する「基礎」を見抜くことが目的だったからに他ならない。

この「基礎」は、さらに過去についてのみ言いえることではなく、現代においても無視するべきではない。現代もなお、欧米文明をより多く受容すればするほど日本はより良い国になるという安直な文明論は跡を絶たない。その受容は、基礎が堅固である限りにおいて有効であるに過ぎない。情報が発達し、外国が身近になった現代においては、むしろ国内の見えざる「基礎」にこそ、より積極的に視線が注がれるべきではないか。海外の情報から得る知識も大切だが、古典から得られる教訓の不足にこそ現代人は留意すべきである。

諸個人のあるべき主体性、近代文明のあり方、これからこの国の進むべき道などは、我々にとって常に重要な議題である。我々現代人がこの問題を、現代人同士の討論のみで解決しようとしてはいけない。我々は、常に先人の知恵から学ばなければならない。渋沢栄一の思想は、これらの問題をなお今日に強く語りかけていると思われる。

参考文献（ABC順）

（括弧内の数字は、原則として初版本発行年。年代が不明なものや古典の全集などで年代を特定できないものは年代を省略してある。）

●資料1（渋沢栄一文献・講演録）

安達大寿計編［1922］『渋沢子爵・活論語』（明徳出版、一九九八年再版）

野依秀市編［1928］『国宝渋沢栄一翁』（改版）実業之世界社、一九五四年

樂翁公遺徳顕彰會［1937］『樂翁公傳』岩波書店

龍門社［1900］『青淵先生六十年史』（全二巻）

――［1910］『青淵先生七十壽祝賀紀念號』（龍門雑誌第二七〇號附録）

――［1955-65］『渋沢栄一伝記資料』（全六八巻）渋沢栄一伝記資料刊行会

渋沢栄一［1869a］「組合商法会所御取建之儀見込申上候書付」（龍門社［1955-65］第二巻一〇二～四頁）

――［1869b］「商法会所規則」（龍門社［1955-65］第二巻一〇四～六頁）

――［1869c］「常平倉壁書」（龍門社［1955-65］第二巻一九三～四頁）

――［1871］『立会略則』（『経済篇』（明治文化全集第一〇巻）（復刻版）日本評論社、一九九二年）

――・井上馨［1873］「財政に関する建議書」（「財政改革に関する奏議」）（日本近代思想大系3・六三～七一頁、他にも龍門社［1955-65］第三巻七四四～八頁、渋沢栄一［1913b］二〇〇～九頁、渋沢［1913b］九三九～四九頁、渋沢［1937］二九五～三〇三頁等所収）

――［1873］「第一国立銀行開業祝詞」（龍門社［1955-65］第四巻四八頁）

――［1879］（第一国立銀行第一三回株主総会における演説）（龍門社［1955-65］第四巻三九六～七頁）

――［1890］「本邦工業の現状」（龍門社［1955-65］第二六巻一一五～三〇頁）

――［1896a］（第一回農商工高等会議議事速記録における発言）（龍門社［1955-65］第二三巻五一七～三二頁）

――［1896b］（第一国立銀行から第一銀行への改組に際しての臨時株主総会に於ける演説）（龍門社［1955-65］第四巻五一

〇～四頁）
——[1898a]「経済界之三疑問」（龍門社［1955-65］第二六巻二一六～八頁）
——[1898b]「工場法案ニ対スル意見」（龍門社［1955-65］第二一巻三四五～六頁）
——[1899]「事業と学問」（龍門社［1955-65］第二七巻四四～八頁）
——[1901a]「龍門社第二七回総集会に於ける青淵先生の演説」（龍門社［1955-65］第二六巻二八四～七頁）
——[1901b]（大倉商業学校における演説）（龍門社［1955-65］第二六巻七三九～四五頁）
——[1901c]（新潟商業学校における演説）（龍門社［1955-65］第二六巻七九〇～三頁）
——[1901d]（東京高等商業学校における演説）（龍門社［1955-65］第二六巻六三九～四一頁）
——[1902]（洋行に対する全国商業会議所聯合に於ての演説）（龍門社［1955-65］第二三巻七四六～九頁）
——[1903a]「欧米視察談」（龍門社［1955-65］第二七巻三三八～四三頁）
——[1903b]（東京高等商業学校における演説）（龍門社［1955-65］第二六巻八三九～四五頁）
——[1905]「乗竹社長披露会演説」（龍門社［1955-65］第二七巻五一五～八頁）
——[1906]（全国実業学校長会議における演説）（龍門社［1955-65］第二六巻八四七～五二頁）
——[1907]（社会政策学会第一回大会に於ける演説）（龍門社［1955-65］第二七巻三六九～七三頁）
——[1908a]「龍門社春季総集会に於ける青淵先生の演説」（龍門社［1955-65］第二六巻四一一～四頁）
——[1908b]「修養談」（龍門社［1955-65］第四一巻四〇八～九頁）
——[1908c]（女優養成所開会式に於ける演説）（龍門社［1955-65］第二七巻四三六～七頁）
——[1908d]「道に就て」（龍門社［1955-65］第二六巻四九三～九頁）
——[1908e]「日本将来の精神界を想ふ」（龍門社［1955-65］別巻第五巻八五～九頁）
——[1908f]（東京高等商業学校同窓会横浜支部例会に於ける演説）（龍門社［1955-65］第二六巻六六九～八〇頁）
——[1909a]「学問と事業」（龍門社［1955-65］第二六巻二八～三〇頁）
——[1909b]（龍門社の組織変更に関する演説）（龍門社［1955-65］第二六巻四四六～五二頁）
——[1909c]「明治五年の財界」（龍門社［1955-65］第四巻五〇～二頁）

——[1910]（京都銀行集会所京都組合銀行徒弟講習所における演説）（龍門社 [1955-65] 別巻第五巻一〇四～一〇頁）
——[1911a]「商業道徳に就て」（龍門社 [1955-65] 第五六巻一七九～八六）
——[1911b]「危険思想防衛策」（龍門社 [1955-65] 別巻第五巻一一六～二一頁）
——[1912a]「陽明学と身上話」（龍門社 [1955-65] 第四一巻一七二～八頁）
——[1912b]「明治年間に於ける銀行業の沿革」（龍門社 [1955-65] 第五一巻一一四～二六頁）
——[1913a]『青淵百話』同文館
——[1913b]『雨夜譚』（長幸男校註）岩波書店、一九八四年
——[1914a]「経済・道徳及び教育に関する疑問」（龍門社 [1955-65] 第四六巻五〇〇～六頁）
——[1914b]「論語と予（其一）」（龍門社 [1955-65] 第三巻七二七～三〇頁）
——[1914c]（愛媛農工銀行における演説）（龍門社 [1955-65] 第五七巻五八四～八頁）
——[1914d]「支那漫遊見聞録」（龍門社 [1955-65] 第三二巻六〇五～一〇）
——[1914e]「支那視察談」（龍門社 [1955-65] 第三二巻五八八～九二頁）
——[1915]「余の観たる孔孟の教」（龍門社 [1955-65] 第四七巻三三九～四三頁）
——[1916a]「物質の進歩と道徳の進歩」（龍門社 [1955-65] 別巻第五巻一八八～九頁）
——[1916b]『論語と算盤』国書刊行会、一九八五年
——[1916c]「感化事業に対する所感」（龍門社 [1955-65] 第三〇巻八五五～六〇）
——[1916d]（実業界引退披露会における演説）（龍門社 [1955-65] 第五〇巻一四〇～六頁）
——[1916e]（帝国ホテルでの渋沢男爵閣下喜寿祝賀会における演説）（龍門社 [1955-65] 第五〇巻一五九～六八頁）
——[1917a]「福沢先生及び独立自尊論」（龍門社 [1955-65] 第二巻五四一～二頁）
——[1917b]「論語談」（龍門社 [1955-65] 別巻第五巻二〇九～一六頁）
——[1917c]「人とは何ぞや」（龍門社 [1955-65] 第四四巻二〇一～七頁）
——[1918a]『徳川慶喜公傳』冨山房
——[1918b]「太子と産業に就て」（龍門社 [1955-65] 別巻第五巻二三七～四三頁）

——[1918c]「経済界懐旧談」(龍門社[1955-65]別巻第五巻二二四〜三二頁)

——[1918d](千葉県旭町尋常高等小学校における演説)(龍門社[1955-65]別巻第五巻二四三〜五頁)

——[1918e]「論語と算盤」(龍門社[1955-65]別巻第五巻二四六〜五八頁)

——[1919a]「維新以後における経済界の発達」(渋沢[1913b]二一一〜九二頁)

——[1919b](帝国興信所における演説)(龍門社[1955-65]別巻第五巻二七二〜六頁)

——[1919c](如水会館開館式における演説)(龍門社[1955-65]別巻第五巻二七六〜八〇頁)

——[1919d](国民新聞社衣遊会職工慰安会における演説)(龍門社[1955-65]別巻第五巻二六四〜七二頁)

——[1919e]「先づ生活の安定を保証せよ」『自由評論』(龍門社[1955-65]第三一巻六三九〜四〇頁)

——[1919-23]「渋沢栄一伝稿本第三章」(龍門社[1955-65]第一巻二一〇〜二三二頁)

——[1920]「第一銀行株主総会に於て」(龍門社[1955-65]第五〇巻一七五〜八一頁)

——[1921]「諸々の回想」(龍門社[1955-65]第二巻一七六〜八頁)

——[1922a]「余の観たる孔夫子」(龍門社[1955-65]第四一巻五〇〜三頁)

——[1922b]「開会の辞」(東湖先生記念講演会)(龍門社[1955-65]第一巻二〇五〜七頁)

——[1922c]「偉大なる孔子の遺訓」(龍門社[1955-65]第四一巻三八七〜九頁)

——[1922d]「協調会と社会政策に就て」(龍門社[1955-65]第四七巻三五二〜八頁)

——[1922e](東湖会における演説)(龍門社[1955-65]第四九巻一六〇〜五頁)

——[1922f]「第一銀行に於ける論語の開講に就て」(龍門社[1955-65]別巻第五巻三三一〜四頁)

——[1923]「アダムスミス生誕二百年所感」(『東京経済雑誌』第二一三五号、一九二三年)

——[1924]「私の経歴」(龍門社[1955-65]別巻第五巻三四〇〜五〇頁)

——[1925a]『論語講義』明徳出版社、一九七五年

——[1925b]「巣鴨分院児童の為めに」(龍門社[1955-65]第三〇巻二八〜九頁)

——[1926a]「活動と自制と満足」(龍門社[1955-65]第五〇巻二一九〜二四頁)

——[1926b](第四回雨夜譚会における談話)(龍門社[1955-65]別巻第五巻五三八〜四四頁)

――――[1927a]「這般の金融界大恐慌を顧みて」（龍門社［1955-65］第五一巻六五～七頁）

――――[1927b]（埼玉県商工会移動講座における演説）（龍門社［1955-65］別巻第五巻三六九～七〇頁）

――――[1927c]「野衣式と渋沢式」（龍門社［1955-65］第四八巻二〇九～一四頁）

――――[1927d]（第七回雨夜譚会における談話）（龍門社［1955-65］別巻第五巻五五八～六三）

――――[1927e]（第一〇回雨夜譚会における談話）（龍門社［1955-65］別巻第五巻五七三～九七）

――――[1927f]（第一一回雨夜譚会における談話）（龍門社［1955-65］別巻第五巻五九七～六〇一頁）

――――[1927g]（第一五回雨夜譚会における談話）（龍門社［1955-65］別巻第五巻六二六～三一頁）

――――[1928a]『渋沢栄一滞佛日記』日本史籍協會（復刻版・東京大学出版会、一九六七年）

――――[1928b]）「我国に於ける銀行創設の回顧」（龍門社［1955-65］第五一巻七二～八〇頁）

――――[1928c]「水戸志士遺墨展覧会を見て」（龍門社［1955-65］第四三巻二五〇～七頁）

――――[1929a]「新年所感」（龍門社［1955-65］第五一巻八一～七頁）

――――[1929b]（第二五回雨夜譚会における談話）（龍門社［1955-65］別巻第五巻六七九～八六頁）

――――[1929c]（第二七回雨夜譚会における談話）（龍門社［1955-65］別巻第五巻六九一～六頁）

――――[1930a]『渋沢栄一全集』（全五巻）平凡社

――――[1930b]「訓言」（東京市養育院巣鴨分院における演説）（龍門社［1955-65］第三〇巻六〇～一頁）

――――[1930c]「昭和五年元旦所感」（龍門社［1955-65］第五〇巻二四七～五〇頁）

――――[1930d]（第二八回雨夜譚会における談話）（龍門社［1955-65］別巻第五巻六九六～七〇一頁）

――――[1930e]（第二九回雨夜譚会における談話）（龍門社［1955-65］別巻第五巻七〇二～八頁）

――――[1930f]「年頭漫談」（龍門社［1955-65］第五一巻八七～九五）

――――[1930g]（第三〇回雨夜譚会における談話）（龍門社［1955-65］別巻第五巻七〇八～一四頁）

――――[1931]（佐々木勇之助頭取辞任の際、株主総会における演説）（龍門社［1955-65］第五〇巻二五六～七頁）

――――[1932]『渋沢翁は語る』（岡田純夫編）斯文書院

――――[1937]『渋沢栄一自叙伝』渋沢翁頌徳會

――――［1986］『渋沢栄一訓言集』国書刊行会
高橋重治・小貫修一郎［1927］『青淵回顧録』青淵回顧録刊行会

●資料2（日本・中国古典籍、考察客体としたもの）

會田範治［1964］『註解養老令』有信堂
江村北海［1771］『日本詩史』（新日本古典文学大系65『日本詩史　五山堂詩話』岩波書店、一九九一年）
藤田幽谷『幽谷全集』（菊池謙二郎編）吉田彌平発行、一九三五年
福沢諭吉［1872-76］『学問のすすめ』（日本の名著33『福沢諭吉』中央公論社、一九八四年）
――――［1891］『瘠我慢の説』（日本の名著33『福沢諭吉』中央公論社、一九八四年）（一八九一年脱稿）
布施松翁『松翁道話』（石川謙校訂）岩波書店、一九三六年
井上哲次郎［1891］「勅語衍義」（日本近代思想体系6『教育の体系』岩波書店、一九九〇年）
――――［1893］『教育ト宗教ノ衝突』敬業社、文盛堂、哲学書院
――――［1941］「渋沢子爵追憶談　二、儒教に関する追憶」（龍門社［1955-65］第四一巻四五四～六頁抄録）
海保漁村［1852］『漁村文話』（新日本古典文学大系65『日本詩史　五山堂詩話』岩波書店、一九九一年）
経済雑誌社［1912］『鼎軒田口卯吉先生伝』（鹽島仁吉編）秀英舍
松方正義［1881］「財政議」（日本近代思想大系8所収）
三島中洲『経済道徳合一説』発行社、年代不明（「警鐘報所載」の記、大阪市立大学学術情報総合センター福田文庫所蔵）
水戸学大系第一巻『藤田東湖集』井田書店、一九四〇年
――――第二巻『會沢正志齋集』井田書店、一九四一年
日本近代思想大系3『官僚制　警察』岩波書店、一九九〇年
――――6『教育の体系』岩波書店、一九九〇年
――――8『経済構想』岩波書店、一九八八年
日本思想大系27『近世武家思想』岩波書店、一九七四年

――――28『藤原惺窩　林羅山』岩波書店、一九七五年
――――36『荻生徂徠』岩波書店、一九七三年
――――37『徂徠学派』岩波書店、一九七二年
――――50『平田篤胤　伴信友　大国隆正』岩波書店、一九七三年
――――51『国学運動の思想』岩波書店、一九七一年
――――53『水戸学』岩波書店、一九七三年
荻生徂徠①『荻生徂徠全集』（全六巻）河出書房新社、一九七三～八年
――――②『政談』（辻達也校註）岩波書店、一九八七年
――――③『論語徴』（全二巻）平凡社、一九九四年
尾佐竹猛［1929］「『官版会社辨』『官版立会略則』解題」（『明治文化全集』第一〇巻経済編、日本評論社、一九九二年）
頼山陽ａ『邦文　日本外史』（池辺義象書き下し）三陽書院、一九二七年
――――ｂ『日本外史』（頼成一・頼惟勤訳・全三巻）岩波書店、一九七六～八一年
佐々木勇之助［1936］「佐々木勇之助氏座談会筆記」（龍門社［1955-65］第四巻二六～八頁に抄録）
新釈漢文大系１『論語』明治書院、一九六〇年
――――２『大学・中庸』明治書院、一九六七年
――――４『孟子』明治書院、一九六二年
――――５～６『荀子』（全二巻）明治書院、一九六九年
――――７～８『老子・荘子』（全二巻）明治書院、一九六六～七年
――――９～10『古文真宝（前集）』（全二巻）明治書院、一九六七年
――――11～12『韓非子』（全二巻）明治書院、一九六〇～四年
――――13『伝習録』明治書院、一九六一年
――――16『古文真宝（後集）』明治書院、一九六三年
――――19『唐詩選』明治書院、一九六四年

——20～21『十八史略』（全二巻）明治書院、一九六七～九年
——25～26『書経』（全二巻）明治書院、一九八三～五年
——30～33『春秋左氏伝』（全四巻）明治書院、一九七一～八一年
——35『孝経』明治書院、一九八六年
——37『近思録』明治書院、一九七五年
——38『史記　本紀』明治書院、一九七三年
——45～46『日本漢詩』明治書院、一九七二年
——53『孔子家語』明治書院、一九九六年
——58～59『蒙求』（全二巻）明治書院、一九七三年
——70～71『唐宋八大家文読本（一～二）』明治書院、一九七六年
——87『史記　世家下』明治書院、一九八二年
——88『史記　列伝二』明治書院、一九九〇年
——95～96『貞観政要』（全二巻）明治書院、一九七九年
神道大系論説編15『水戸学』神道大系編纂会、一九八六年
朱熹［1177-89］『四書集註』東都書肆・浪萃書肆、嘉永六年（一八五三年）
田口卯吉①『鼎軒田口卯吉全集』（全八巻）大島秀雄発行、一九二七～九年
——②『日本開化小史』岩波書店、一九三四年
徳富蘇峰［1888］「隠密なる政治上の変遷」（藤原正人編『国民之友』（復刻版）第二巻、学習堂、一九六六年）
塚原蓼洲［1909］『藍香翁』（龍門社［1955-65］一巻二〇三～五頁に一部所収）

●資料3（西洋古典籍）

Anselmus (Canterbury)，（古田暁訳『アンセルムス全集』全一巻、聖文舎、一九八〇年）
Augustinus, A., *De Civitate Dei.*（服部英次郎・藤本雄三訳『神の国』全五巻、岩波書店、一九八二～九一年）

Franklin, B. [1748], "Advice to a Young Tradesman", *The Papers of Benjamin Franklin,* Vol. 3, Yale University Press, 1961
Hegel, G. W. F., *Vorlesungen über die Philosophie der Geschichte.*（長谷川宏訳『歴史哲学講義』全二巻、岩波書店、一九九四年）
Jung, C. G. [1916], *Über die Psychologie des Unbewussten,* Zürich, 1948.（高橋義孝訳『無意識の真理』人文書院、一九七七年）
Kempis, T. a., *De Imitatione Christi.*（大沢章訳『キリストにならいて』岩波書店、一九六〇年）
Locke, J. [1960], *Two Treatises of Government.*（鵜飼信成訳『市民政府論』岩波書店、一九六八年）
Nietzsche, F. [1883-5], *Also sprach Zarathustra.*（吉沢伝三郎訳『ツァラトゥストラ』全二巻、筑摩書房、一九九三年）
―――― [1889・95], *Der Antichrist.*（原佑訳『偶像の黄昏　反キリスト者』筑摩書房、一九九三年）
―――― [1901], *Der Wille zur Macht.*（原佑訳『権力への意志』全二巻、筑摩書房、一九九三年）
Quesnay, F. [1767], *Despotisme de la China.*（勝谷在登訳『支那論』白揚社、一九四〇年）
Smith, A. [1776], *An Inquiry into the Nature and Causes of the Wealth of Nations.*（大内兵衛・松川七郎訳『諸国民の富』岩波書店、一九五九〜六六年）
Tawney, R. [1926], *Religion and the Rise of Capitalism.*（出口勇蔵・越智武臣訳『宗教と資本主義の興隆』全二巻、岩波書店、一九五六〜九年）
Troeltsch, E. [1907], *Das Wesen des modernen Geistes.*（小林謙一訳『近代精神の本質』ヨルダン社、一九八一年）
Voltaire [1764], *Dictionnaire philosophique.*（高橋安光訳『哲学辞典』串田孫一編『ヴォルテール　ディドロ　ダランベール』中央公論社、一九八〇年）
Weber, M. ①, "Die 'Objektivität' sozialwissenschaftlicher und sozialpolitischer Erkenntnis", 1904.（富永祐治・立野保男訳『社会科学方法論』岩波書店、一九三六年）
―――― ②, *Wirtschaftsgeschichte.* Abriss der universalen Sozial- und Wirtschaftsgeschichte, aus den nachgelassen Vorlesungen herausgegeben von Prof. S. Hellmann und Dr. M. Palyi, 2te Auflage,München und Leipzig, 1924.（黒正巖・青山秀夫訳『一般社会経済史要論』全二巻、岩波書店、一九五四〜五年）
―――― ③, "Konfuzianismus und Taoismus", *Gesammelte Aufsätze zur Religionssoziologie* Ⅰ, Tübingen, Verlag von J. C. B. Mohr（Paul Siebeck）1947.（木全徳雄訳『儒教と道教』創文社、一九七一年）

―――④, "Hinduismus und Buddhismus", *Gesammelte Aufsätze zur Religionssoziologie* Ⅱ, J. C. B. Mohr (Paul Siebeck) in Tübingen, 1972.

―――⑤, "Soziologische Grundbegriffe", 1922.（清水幾太郎訳『社会学の根本概念』岩波書店、一九七二年）

―――⑥, "Die protestantische Ethik und der Geist des Kapitalismus", 1915.（世界の名著61『ウェーバー』中央公論社、一九七九年邦訳所収）

―――⑦, Die protestantische Ethik und der Geist des Kapitalismus, 1915, *Die Protestantische Ethik* Ⅰ, Gütersloher Verl., 1991.

●研究書・論文・伝記

青木保［1988］『文化の否定性』中央公論社

荒川章義［1999］『思想史の中の近代経済学』中央公論社

浅野俊光［1991］『日本の近代化と経営理念』日本経済評論社

飛鳥井雅道［1976］『近代の潮流』講談社

Bellah, R. N.［1957］*Tokugawa Religion.*（池田昭訳『徳川時代の宗教』岩波書店、一九九六年）

―――［1973］（訳者による編集）（河合秀和訳『社会変革と宗教倫理』未来社、一九七三年）

尾藤正英［1973］「水戸学の特質」（日本思想大系53『水戸学』岩波書店、一九七三年）

―――［1983］「国家主義の祖型としての徂徠」（日本の名著16『荻生徂徠』中央公論社、一九八三年）

―――［1992］『江戸時代とはなにか』岩波書店、一九九二年

Creel, H. G.［1949］*Confucius: the man and the myth.*（田島道治訳『孔子――その人とその伝説』岩波書店、一九六一年）

第一銀行八十年史編纂室［1957］『第一銀行史』第一銀行八十年史編纂室

第一勧業銀行資料展示室［1973］『第一銀行小史―九十八年の歩み』第一勧業銀行資料展示室

Drucker, P.［1974］*Management Tasks, Responsibilities, Practices,* Harper & Row, Publishers Inc.（野田一夫・村上恒夫監訳『マネジメント』全二巻、ダイヤモンド社、一九七四年）

江連隆［1996］『論語と孔子の事典』大修館書店

深沢賢治［1996］『渋沢論語を読む』明徳出版
福田徳三［1927］「解説」（田口卯吉①・第二巻所収）
Fukuyama, F.［1992］*The End of History and the Last Man*, International Creative Management, New York.（渡部昇一訳『歴史の終わり』全三巻、三笠書房、一九九二年）
――――［1995］*Trust*, International Creative Management, New York.（加藤寛訳『「信」なくば立たず』三笠書房、一九九六年）
後藤末雄［1933］『中国思想のフランス西漸』平凡社、一九六九年再版
芳賀登［1996］『近代水戸学研究史』教育出版センター
長谷川千代松編［1926］『第一銀行五十年史』長谷川千代松発行
橋川文三［1984］「水戸学の源流と成立」（日本の名著29『藤田東湖』中央公論社、一九八四年）
間宏［1989］『日本的経営の系譜』文眞堂
平井雄一郎［1997］「養育院慈善会〈語り〉と〈読み〉」（渋沢研究会編『渋沢研究』第一〇号、渋沢史料館、一九九七年）
本田済［1960］『易学』（サーラ叢書13）平楽寺書店
堀経夫［1975］『明治経済思想史』明治文献
Huntington, S. P.［1996］*The Clash of Civilizations and the Remaking of World Order*, Georges Borchardt, Inc.（鈴木主税訳『文明の衝突』集英社、一九九八年）
Ikegami, E.［1995］*The Taming of the Samurai, Honorific Individualism and the Making of Modern Japan*, Harvard University Press.（森本醇訳『名誉と順応――サムライ精神の歴史社会学』ＮＴＴ出版株式会社、二〇〇〇年）
今中寛司［1982］『日本の近代化と維新』ぺりかん社
今村武雄［1958］『高橋是清』時事通信社
稲葉一郎［1999］『中国の歴史思想』創文社
井上潤［1999］「少・青年期の人間形成」（渋沢研究会［1999］所収）
犬塚孝明［1986］『森有礼』吉川弘文館

色川大吉［1974］『近代国家の出発』（日本の歴史21）中央公論社
石原啓十郎［1975］『新書道概論』日本習字普及協会
石原謙［1972a］『キリスト教の源流』岩波書店
――［1972b］『キリスト教の展開』岩波書店
岩田龍子［1977］『日本的経営の編成原理』文眞堂
加田哲二［1937］『明治初期社会経済思想史』岩波書店
加地伸行［1999］「通俗道徳へ帰れ」（『中央公論』一九九九年九月号）
笠谷和比古［1993］『士の思想』日本経済新聞社
鹿島茂［1999］「サン＝シモン主義者渋沢栄一」（『諸君』一九九九年八月号、以下の号でも連載）
片桐庸夫［1990］「渋沢栄一と民間外交」（渋沢研究会編『渋沢研究』創刊号、渋沢史料館、一九九〇年）
川口浩［1990］「為政者的経世論とその経済観」（杉原・逆井・藤原・藤井［1990］所収）
――［1992］『江戸時代の経済思想』中京大学経済学部
――［2001a］「江戸時代の『経済思想空間』」『政治経済学雑誌』第三四五号、早稲田大学
――［2001b］「江戸時代の『自由』の語義について」『日本経済思想史研究』第一号、日本経済思想史研究会
川又祐［1995］「田口卯吉の生涯と著作」（杉原・岡田［1995］所収）
木村昌人［1991］『渋沢栄一』中央公論社
衣川強［1994］『朱熹』（中国歴史人物選第七巻）白帝社
小堀桂一郎［1997］『日本における文明の衝突』國民会館
幸田露伴［1939］『渋沢栄一伝』岩波書店
兒玉六郎［1992］『荀子の思想』風間書房
小島毅［1999］『宋学の形成と展開』創文社
小島康敬［1994］『徂徠学と反徂徠』（増補版）ぺりかん社
小室正紀［1999］『草莽の経済思想』御茶の水書房

熊谷次郎［1991］『マンチェスター派経済思想史研究』日本経済評論社
牧野謙次郎［1938］『日本漢学史』世界堂書店
丸山眞男［1952］『日本政治思想史研究』東京大学出版会
――――［1992］『忠誠と反逆』筑摩書房
松川健二［1999］「行動の指針としての『論語』――義と利の間」（渋沢研究会［1999］所収）
松岡梁太郎［1934］『水戸学の指導原理』啓文社書店
松野尾裕［1996］『田口卯吉と経済学協会』日本経済評論社
松下孝之助［1980］『経営のコツここなりと気づいた価値は百万両』ＰＨＰ研究所
松浦友久編［1999］『漢詩の事典』大修館書店
三島正明［1998］『最後の儒者――三島中洲――』明徳出版
三戸公［1991］『家の論理』（全二巻）文眞堂
三宅雪嶺［1913］「明治思想小史」（日本の名著37『陸羯南　三宅雪嶺』中央公論社、一九八四年）
村上泰亮［1992］『反古典の政治経済学』全二巻、中央公論社
――――・公文俊平・佐藤誠三郎［1979］『文明としてのイエ社会』中央公論社
長沼友兄［1994］「東京市養育院感化部の成立と渋沢たち」（渋沢研究会編『渋沢研究』第七号、渋沢史料館、一九九四年）
永安幸正［1985］「渋沢栄一」（モラロジー研究所『日本の近代化と精神的伝統』広池学園出版部、一九八五年）
名越時正［1992］『水戸学の達成と展開』水戸史学会
中根千枝［1967］『タテ社会の人間関係』講談社
中谷巌［1987］『ボーダーレス・エコノミー』日本経済新聞社
韮塚一三郎・金子吉衛［1983］『埼玉の先人　渋沢栄一』さきたま出版会
西部邁［1999］『福沢諭吉　その武士道と愛国心』文芸春秋
西村文則［1938］『水戸学再認識』大都書房
野口武彦［1993］『荻生徂徠』中央公論社

布目潮渢［1997］『「貞観政要」の政治学』岩波書店

Oakeshott, M. [1962] *Rationalism in Politica and other essays*, Methuen, 1962.（嶋津格・森村進他訳『政治における合理主義』勁草書房、一九八八年）

小川環樹［1994］「論語徴解題」（荻生徂徠③・第二巻所収）

岡田正三［1934］『論語講義』第一書房

小野健知［1997］『渋沢栄一と人倫思想』大明堂

Oshiro, G. M., [1990] "Shibusawa Ei'ichi and Chiristian Internationalization", *The Journal of Shibusawa Studies*, No. 1 March.

大塚久雄［1966］『社会科学の方法』岩波書店

――［1973］『欧州経済史』岩波書店

Pelikan, J. [1985] *Jesus Through the Centuries*, Yale University.（小田垣雅也訳『イエス像の二千年』講談社、一九九八年）

Polanyi, K. [1957] *The Great Transformation: The Political and Economic Origins of Our Time*, Beacon Press, Paperback edition.（吉沢英成・野口健彦・長尾史郎・杉村芳訳『大転換』東洋経済新報社、一九七五年）

――［1975］（訳者による編集）（玉野井芳郎・平野健一郎編訳『経済の文明史』日本経済新聞社、一九七五年）

Polanyi, M. [1966] *The Tacit Dimension*, Routledge & Kegan Paul ltd., London.（佐藤敬三訳『暗黙知の次元』紀伊國屋書店、一九八〇年）

佐伯啓思［1985］『隠された思考』筑摩書房

――［1993］『「アメリカニズム」の終焉』ＴＢＳブリタニカ

――［1995］『イデオロギー／脱イデオロギー』岩波書店

――［1998a］「福沢諭吉の近代意識」（『正論』一九九八年三月号）

――［1998b］『増補版「アメリカニズム」の終焉』ＴＢＳブリタニカ

佐々木聡［1994］「渋沢栄一と静岡商法会所」『渋沢研究』第七号、渋沢史料館

佐藤光［1990］『市場社会のブラックホール』東洋経済新報社

――［1994］『ポランニーとベルグソン』ミネルヴァ書房

――――［1998］「『文明の没落』のなかのアジア的価値」（青木保・佐伯啓思編『「アジア的価値」とは何か』ＴＢＳブリタニカ、一九九八年）
佐藤仁［1996］『朱子学の基本用語』研文出版
佐藤誠三郎［1997］「文明の衝突か、相互学習か」（『アステイオン』№45、一九九七年夏期号）
沢崎堅造［1965］『キリスト教経済思想史研究』未来社
渋沢秀雄［1959］『父　渋沢栄一』（全二巻）実業之日本社
渋沢研究会［1999］『公益の追求者・渋沢栄一』山川出版社
椎名重明［1996］『プロテスタンティズムと資本主義――ヴェーバー・テーゼの宗教史的批判――』東京大学出版会
島田昌和［1990］「渋沢栄一と協調会」（渋沢研究会編『渋沢研究』創刊号、渋沢史料館、一九九〇年）
――――［1999a］「日清戦後期の経済観」（渋沢研究会一九九九所収）
――――［1999b］「第一（国立）銀行の朝鮮進出と渋沢栄一」（文京女子大学経営学部『経営論集』第九巻第一号、一九九九年）
白石喜太郎［1933］『渋沢栄一翁』刀江書院
杉原四郎［1980］『日本経済思想史論集』未来社
――――［1990］『日本の経済思想家たち』日本経済評論社
――――・長幸男［1979］『日本経済思想史読本』東洋経済新報社
――――・逆井孝仁・藤原昭夫・藤井隆至編［1990］『日本の経済思想四百年』日本経済評論社
――――・岡田和喜編［1995］『田口卯吉と東京経済雑誌』日本経済評論社
田畑忍［1959］『加藤弘之』吉川弘文館
高橋是清［1937］『高橋是清自伝』中公文庫、一九七六年（初版、千倉書房、一九三七年）
高橋昌郎［1987］『西村茂樹』吉川弘文館
高橋義雄［1916］『水戸学』箒文社
高階順治［1940］『日本精神の根本問題』第一書房
高須芳次郎［1936］『水戸學派の尊皇および經論』雄山閣

竹内均［1992］『孔子―人間、どこまで大きくなれるか』（原本・渋沢栄一『論語講義』）三笠書房
土屋喬雄［1931］『渋沢栄一伝』（偉人伝全集第一四巻）改造社
――［1941］『日本の経済学者』日本評論社
――［1967］『続日本経営理念史』日本経済新聞社
――［1988］『渋沢栄一』吉川弘文館
津田真澄［1994］『日本の経営文化』ミネルヴァ書房
塚田孝雄［1994］「掲疑二則――『信為万事本』と『義利両全』――」（『渋沢研究』第七号、渋沢史料館、一九九四年）
内山俊彦［1999］『荀子』講談社
植松忠博［1998］「渋沢栄一の『市場と国家』論」（京大社会思想研究会『再構築する近代――その矛盾と運動』全国日本学士会、一九九八年）
梅津順一［1995］「市場経済の倫理的基礎を求めて――福沢諭吉と渋沢栄一」（加藤寛孝編『自由経済と倫理』成文堂、一九九五年）
宇野哲人［1967］「解説」（中国古典新書『論語・上』明徳出版）
王家驊［1994］「渋沢栄一の『論語算盤説』と日本的な資本主義精神」（渋沢研究会編『渋沢研究』第七号、渋沢史料館、一九九四年）
山口宗之［1982］『幕末政治思想史』ぺりかん社
山路愛山［1928］『山路愛山選集』第一巻、万里閣書房
山川菊栄［1991］『覚書幕末の水戸藩』岩波書店
山名敦子［1991］「明治期の東京養育院」（渋沢研究会編『渋沢研究』第四号、渋沢史料館、一九九一年）
山崎庸佑［1996］『ニーチェ』講談社
矢野竜渓［1925］『安田善次郎伝』中公文庫、一九七九年（初版、安田保善社、一九二五年）
吉田俊純［1986］『後期水戸学研究序説』本邦書籍
湯浅泰雄［1979］『ユングとヨーロッパ精神』人文書院

渋沢栄一略年表

一八四〇年・天保一一年	二月一三日（旧暦）武蔵国榛澤郡血洗島（現・埼玉県深谷市血洗島）に生まれる。幼名市三郎。
一八四五年・弘化二年（五歳）	父晩香（市郎右衛門）より読書を授けられ、習字、撃剣等の鍛練を始める。名を栄治郎ないし栄二郎と改める。
一八四七年・弘化四年（七歳）	尾高新五郎（惇忠）より、四書、孝経、小学、古文真宝、日本外史、元明史略、十八史略、春秋左氏伝、詩経、書経等を学び始める。
一八五三年・嘉永六年（一三歳）	単独で藍の買い入れをする。
一八五四年・安政元年（一四歳）	姉の病気のために来た祈祷師を論破。
一八五五年・安政二年（一五歳）	農業及び商業に従事し始める。
一八五六年・安政三年（一六歳）	父の名代で代官の陣屋に出頭するが、軽蔑嘲弄され、官尊民卑の社会に怒りを覚える。 この年より年に四回信州、上州、秩父へ藍玉の掛け売りへ行く。
一八五七年・安政四年（一七歳）	信州、上州、秩父等の儒生、詩人らと交わる。
一八五八年・安政五年（一八歳）	尾高新五郎の妹千代子と結婚する。名を栄一郎と改める。
一八五九年・安政六年（一九歳）	薩摩の中井弘、長州の多賀屋勇等の志士と交わる。
一八六一年・文久元年（二一歳）	江戸に出て海保漁村の塾生となる。神田お玉が池の千葉道場に通い、剣法を学ぶ。
一八六二年・文久二年（二二歳）	長男市太郎出生（早世）。
一八六三年・文久三年（二三歳）	長女歌子出生（後、穂積陳重夫人） 春に再び江戸に出て、海保、千葉の両塾に学び、しばしば江戸と郷里を往復する。 秋、高崎城乗っ取り計画を開始、従兄長七郎の諌止により中止。渋沢喜作と京都へ逃れる。
一八六四年・元治元年（二四歳）	二月一橋家に仕官。名前を篤太夫と改める。 四月大阪へ間諜として薩摩の折田要蔵のところへ行く。 六月人選御用掛を命じられ、関東へ下向。

一八六五年・慶応元年（二五歳）
一橋領内を巡回し農兵を募集。白銀五枚、時服ひと重ねを賜る。

一八六六年・慶応二年（二六歳）
八月慶喜の将軍相続により幕臣になる。
一一月フランス行きを命じられる。

一八六七年・慶応三年（二七歳）
洋行するに尾高惇忠の弟平九郎を見立て養子に定める。
一月一一日アルヘー号にて横浜出航。
二月二九日フランス・マルセーユに到着。後、万国博覧会視察。
八月スイス、オランダ、ベルギー視察。
一〇月イタリア視察。一一月イギリス視察。

一八六八年・明治元年（二八歳）
五月戊辰戦争で養子平九郎戦死。
大政奉還により急きょ帰国。一二月三日横浜上陸。
一二月二四日慶喜と静岡で面会。静岡に居を構える。

一八六九年・明治二年（二九歳）
静岡にて商法会所設立。妻子を静岡に呼び寄せる。
一〇月大隈重信に説得され、大蔵省租税正に就任。後改正掛掛長。
湯島天神町へ転居、名を篤太郎と改名（双方月不詳）。

一八七〇年・明治三年（三〇歳）
大蔵省改正掛主任として度量衡について新制度を調査。
二月次女琴子出生（後、阪谷芳郎夫人）。
『航西日誌』公刊（月不詳）。
名を栄一に改める（月不詳）。

一八七一年・明治四年（三一歳）
五月三女糸子出生（早世）。
七月郵便蒸汽船会社設立。
九月『立会略則』出版。
一一月父晩香没（享年六二歳）。
一一月神田裏神保町へ転居。

大蔵造幣寮整理のため、大阪へ（月不詳）。

一八七二年・明治五年（三二歳）
大蔵省三等出仕。井上馨との連携。
六月東京抄紙会社設立（明治二六年、王子製紙に）
一〇月次男篤二出生。
一一月国立銀行条令布告。

一八七三年・明治六年（三三歳）
二月（新暦）上野に養育院を仮設。
五月井上馨とともに大蔵省辞任。
六月第一国立銀行総監役に就任。
日本橋兜町へ転居（月不詳）。

一八七四年・明治七年（三四歳）
一月母栄死去（享年六二歳）。
一一月小野組破産、後始末のため奔走。

一八七五年・明治八年（三五歳）
六月てる出生（後、大川平三郎夫人）。
八月第一国立銀行頭取に就任。
九月商法講習所開設（後の一橋大学、一説に八月）。

一八七六年・明治九年（三六歳）
一月東京会議所会頭。
五月東京府瓦斯局長属託。
八月深川福住町転居。
『中外銀行説一班』刊行（月不詳）。

一八七七年・明治一〇年（三七歳）
一月清国貸付金談判のため、益田孝等とともに上海へ。

一八七八年・明治一一年（三八歳）
三月東京商法会議所設立、会頭に。
六月東京海上保険会社設立。
同月東京株式取引所設立。
同月朝鮮に銀行設立（後の朝鮮銀行）。

一八七九年・明治一二年（三九歳）
七月王子町に別邸落成。
同月アメリカ大統領グラント将軍来日。翌月王子邸に招待。

一八八〇年・明治一三年（四〇歳）
一月古川市兵衛と足尾銅山を経営。
九月東京銀行集会所設立、委員長に就任（一説に八月）。
一〇月大阪紡績会社設立（後の東洋紡績）。
一八八一年・明治一四年（四一歳）
七月商法講習所（現・一橋大学）の廃校に反対、維持に成功。
九月より三年間、東京大学で日本財政論の講義担当。

一八八二年・明治一五年（四二歳）
七月妻千代子死去（享年四一歳、一説に四二歳）。
一〇月日本銀行設立。設立委員として活躍。
東京日日新聞に共同出資開始（月不詳）。

一八八三年・明治一六年（四三歳）
伊藤兼子と再婚（一説に八六年・月不詳）。
一月共同運輸会社開業（一説に四月）三菱汽船と対立。
七月大阪紡績会社開業。

一八八四年・明治一七年（四四歳）
一一月東京商工会創立、会頭に就任。
七月浅野セメント工場創業。
一〇月日本鉄道株式会社理事委員に就任。

一八八五年・明治一八年（四五歳）
一月東京市区改正審査委員に就任。
九月明治女学校設立。
一〇月東京瓦斯会社設立。委員長となり、後取締役会長。
一〇月共同運輸と三菱汽船が合併。日本郵船会社に。

一八八六年・明治一九年（四六歳）
二月武之助出生。
七月三重紡績会社設立（後、東洋紡績）。
同月東京電灯会社開業（創立委員）。

一八八七年・明治二〇年（四七歳）
二月東京人造肥料会社創立（四月開業）。
三月日本土木会社設立（四月開業）、創立委員長に。
一〇月日本煉瓦会社設立、後社長に就任。
一二月帝国ホテル理事長。

一八八八年・明治二一年（四八歳）
一月札幌麦酒会社設立、後に取締役会長に就任。
六月品川硝子会社設立、相談役に就任。
一〇月明治火災保険会創立（一説に五月）。
一一月正雄出生。

一八八九年・明治二二年（四九歳）
一月東京石川島造船所設立（一説に二月）、後に取締役会長就任。
六月ドイツ皇帝より第三等勲章。
七月ジャパン・ブリューエリー・コンパニー（後、キリンビール）の理事員。
一一月北海道炭礦鉄道会社創立、重役に就任。

一八九〇年・明治二三年（五〇歳）
七月愛子出生（後、明石照男夫人）
九月貴族員議員に勅選（翌年一〇月辞任）。
一一月帝国ホテル開業。

一八九一年・明治二四年（五一歳）
一月東京商業会議所設立（発起人）。
同月明治火災保険会社を株式会社に改組（一説に二月）。
三月東京交換所（手形取引所）設立。
五月渋沢家家訓・家法を制定。

一八九二年・明治二五年（五二歳）
四月辰雄出生。
七月東京貯蓄銀行開業。
一〇月秀雄出生。

一八九三年・明治二六年（五三歳）
五月東京人造肥料会社改め東京人造肥料株式会社社長。

九月王子製紙取締役会長に就任（一説に一一月）。
一〇月帝国ホテル株式会社社長就任。
一二月日本郵船会社取締役（一説に六月）。

一八九四年・明治二七年（五四歳）
一月東京瓦斯会社取締役会長。
五月札幌麦酒会社取締役会長（一説に四月）。
口中癌を患う（月不詳）。全快後、喫煙習慣をやめる。
日韓通商協会設立、評議員に（月不詳）。

一八九五年・明治二八年（五五歳）
北越鉄道（一二月開業）、陸羽電気鉄道各会社創立（月不詳）いずれも発起人。

一八九六年・明治二九年（五六歳）
三月東京興信所設立、評議員長。
四月東洋汽船株式会社創立、創立委員長。
九月第一国立銀行が銀行条令満期により、株式会社第一銀行に。引き続き頭取。

一八九七年・明治三〇年（五七歳）
二月十勝開墾株式会社創立。
三月渋沢倉庫部創業（後、渋沢倉庫）。
五月岩越鉄道会社創立。
一〇月長門無煙炭鉱会社創立。
同月台湾銀行設立委員に就任。

一八九八年・明治三一年（五八歳）
四月朝鮮視察。
九月京釜鉄道会社創立。
同月王子製紙内の紛争により取締役会長辞任（一九〇二年相談役に復帰）。

一八九九年・明治三二年（五九歳）
五月京仁鉄道会社創立、社長就任。
同月北海道拓殖銀行設立委員、翌年開業。

一九〇〇年・明治三三年（六〇歳）
二月『青淵先生六十年史』刊行。
五月実業家では初めて男爵授爵。

一九〇一年・明治三四年（六一歳）
一二月王子・飛鳥邸に転居。

一九〇二年・明治三五年（六二歳）
五月欧米漫遊の旅へ出発。
六月アメリカ大統領、T・ルーズベルトと面会。
七月ロンドンへ。八月ベルギー、ドイツへ。
九月フランス、イタリアへ、後、帰国。

一九〇三年・明治三六年（六三歳）
一二月京釜鉄道会社、理事。
冬、中耳炎、大腸カタルを患う。

一九〇四年・明治三七年（六四歳）
四月肺炎により一時危篤。
九月朝鮮興業株式会社設立、監督就任。
八〇余りの関係事業中、半数近く辞任。

一九〇六年・明治三九年（六六歳）
二月鉄道国有化に伴い尽力し、西園寺首相と会見。
三月大日本麦酒会社創業、取締役。
六月韓国へ渡航、翌月帰国。
九月東京電力会社創立、取締役。
一一月南満州鉄道株式会社設立、設立委員。
同月京阪電気鉄道株式会社設立。
一二月明治精糖会社設立、相談役。

一九〇七年・明治四〇年（六七歳）
二月帝国劇場株式会社社長。

一九〇八年・明治四一年（六八歳）
二月国学院大学事業拡張の際、顧問に（一説に一一月）。
九月日韓瓦斯株式会社設立。

一九〇九年・明治四二年（六九歳）
六月ほとんどの関係事業を辞す。
八月渡米実業団長として渡米、一一月帰国。
同月韓国銀行設立、設立委員（一説に一〇月）。

一九一一年・明治四四年（七一歳）
八月恩賜財団済生会評議員。

一九一二年・明治四五年（七二歳）
大正元年
六月帰一協会成立。
八月日仏銀行相談役。

一九一三年・大正二年（七三歳）
七月『青淵百話』刊行。
八月『青淵先生世路日記雨夜物語』発行。
一〇月東北振興会設立、会長就任。
一二月樺太工業株式会社設立、発起人。

一九一四年・大正三年（七四歳）
五月中国に渡航、翌月帰国。

一九一五年・大正四年（七五歳）
四月渋沢同族株式会社設立。
九月明治神宮奉賛会副会長。
一〇月三回目の渡米。

一九一六年・大正五年（七六歳）
一月アメリカより帰国。
七月実業界の全ての役職を引退。
九月『論語と算盤』（東亜堂書房版）刊行。

一九一七年・大正六年（七七歳）
三月財団法人理化学研究所副総裁に就任。

一九一八年・大正七年（七八歳）
一月『徳川慶喜公伝』上梓。
四月青山学院大学名誉評議員。

一九二〇年・大正九年（八〇歳）
四月国際連盟協会設立、会長就任。
同月日華学会、会長就任（一説に五月）、九月に顧問。
九月子爵授爵。

一九二一年・大正一〇年（八一歳）
一〇月軍備制限会議出席のため四回目の渡米。

一九二二年・大正一一年（八二歳）
一月帰国。
同月『活論語』刊行。

一九二三年・大正一二年（八三歳）　一二月『実験論語処世談』刊行。
一九二四年・大正一三年（八四歳）　九月大震災善後会、副会長。
一九二五年・大正一四年（八五歳）　三月東京女学館館長。
一九二七年・昭和二年（八七歳）　一〇月『論語講義』刊行。
二月日本国際児童親善会会長。
同月『論語と算盤』（忠誠堂版）刊行。
一九二八年・昭和三年（八八歳）　八月数え年米寿を記念して『青淵回顧録』刊行。
一月『渋沢栄一滞佛日記』刊行。
九月『処世の大道』刊行。
『国宝渋沢栄一翁』刊行（月不詳）。
一九三〇年・昭和五年（九〇歳）　七月『渋沢栄一全集』（全五巻）刊行。
一九三一年・昭和六年（九一歳）　一一月一一日永眠。
一一月一五日谷中墓地（現・谷中霊園・東京都台東区）に葬られる。
一九三二年・昭和七年　一〇月『渋沢翁は語る』（『雨夜譚』も収録）刊行。
一一月『藥翁公傳』刊行。
一九三七年・昭和一二年　一二月『渋沢栄一自叙伝』刊行。

（龍門社篇『渋沢栄一伝記資料』第五八巻、渋沢栄一伝記資料刊行会、一九六五年／渋沢栄一『渋沢栄一自叙伝』渋沢翁頌徳會、一九三七年、年譜頁一～五九頁「青淵渋沢栄一子爵年譜」／土屋喬雄『渋沢栄一』吉川弘文館、一九八八年、二八〇～二九〇頁「略年譜」等より作成（内容の異同に関しては『渋沢栄一伝記資料』を優先））

※会社の「設立」「創立」は、原則として政府に認可された時点。開業・創業は事業が始まった時点であり、前者と異なる場合がある。

あとがき

藤原道長の栄華を描いた『大鏡』という古典がある。作者不明のこの書は、基本的に道長を礼賛した書である。ところがこの本では、道長は若い頃きもだめしをしてみたら度胸があったとか、詩歌が上手かったとかいうことのみが述べられ、政治家として具体的なことはほとんど記されていない。醍醐天皇や村上天皇は、民を安んじたすばらしい天皇であったと記述されているが、道長がそのような政治家であったとは書かれていない。解釈によっては、これは道長を表面上は誉めているが、実は道長が政治家として何も優秀なところがなかったことを皮肉っているのではないかとも思える。

しかし、私はやはり『大鏡』は道長を賞揚していると思う。優秀な政治家とは、道長のようにその非凡さがいわく言いがたいものではないだろうか。あえて具体的に誉めようとすれば、学識が深かったとか、度胸があったとか周辺的なことしか述べられない。日本史上希有な、広範囲に渡る活躍を見せた人物は、かえってその俊英さを表現しにくい。私は渋沢栄一もその種の人物であったと考えている。

渋沢は第一国立銀行を立ち上げたり、種々の会社の設立に関与したりしたが、その中で、彼は具体的に手を汚して実務を行なったことがほとんどない。本文でも述べたが、渋沢は簿記がつけられなかったのである。第一銀行の頭取としての業務も、佐々木勇之助に任せきりであり、渋沢自身は利殖の才覚がなかった疑いもある。渋沢に会社の経営を一つでも任せたら、かえって彼はその会社を潰してしまったのではないか。渋沢のような人物は、詳細に具体的事実を追うことによっては決して本質を描写することができない。ミクロを全て足してもマクロにならないことは、経済学でも常識である。渋沢のような巨人は、巨視的な観点でのみ描かれるべきである。偉大な人物はその本質が深遠であり、その活動の成果も抽象的であり、その優秀さはいわく言いがたいものである。

本文の最初で述べた通り、ピーター・ドラッカーは、世界で最初に経営の本質を見抜いていたのは渋沢であると述べている。渋沢の思想は、やはり世界的に見ても注目に値するものである。ところが、今までの経営学者・経済学者は、渋沢の「論語と算盤」にほとんど注視してこなかった。

渋沢栄一の思想研究と聞くと、面白がる人といぶかしく思う人と、極端に分かれる傾向にある。私の個人的な実感では、畑違いの人のほうが興味を持ってくれる。渋沢関係者や経済学者の中には、研究の内容も聞かず、そのテーマだけで否定的な評価をする人もいた。

第一勧業銀行ＯＢで渋沢研究に関係しているある人は、「渋沢はただ金儲けがしたかっただけで、いつかその歴史的証拠をつかんでやる」と息巻いている。ある渋沢栄一の子孫は、私が渋沢栄一の思想の研究をしていると述べたら、急に目を釣り上げて「栄一に思想なんてないよ、栄一は単なるリアリストだ」と吐き捨てるように言っていた。明治二四年に渋沢栄一が儒教に則って作った「渋沢家家訓」は、その時、渋沢家の人も存在すら知らなかった。渋沢精神、いずこにありやといった観である。

更に問題は渋沢に限らず、欧米文明とは異なる独自の思想が前近代日本には存在し、それが明治維新の思想的原動力になったという観点である。日本の近代化を欧米文明の輸入という形でしか解釈しないことは、明らかに間違いである。本書は江戸時代の政治思想から議論を展開しているが、第一章の元になった論文を読んで、面識もないある大学の先生がどこで番号を知ったのかいきなり私に電話をかけてきて、「江戸時代に民を安んずる思想なんてあるものか！」と怒鳴ることもあった。「自由という単語は福沢諭吉が作った」という荒唐無稽な俗説は誰が言い出したか知らないが、相当広く浸透しており、維新以前の日本は暗黒時代であったと未だに一部の研究者は思っている（ちなみに「自由」の語は『日本書紀』に既に存在している）。

本書は正名論から議論を展開したが、これを象形文字の起源に関する議論と勘違いする人もいた。象形文字の議論については、一部マスコミを賑わしている怪しい議論があるが、それを根拠に儒教そのものを否定しようとする学者すらいたのである。その他、誤解や偏見の例をあげればきりがないが、ここで言いたいことは、私がこの研究を続けるのに必要以上の多大な精神的苦痛を伴ったということではない。嘆くべきは、渋沢達が描いた理想から現代日本が余りにも遠くなってしまった事実である。昨今の日本経済は振るわないが、渋沢が生きていたら、間違いなく構造改革や財政出動といった技術論よりも、今の経済人が日本の伝統的知性や古き良き道徳をないがしろにしている事実を指摘するはずである。

公平な目で見れば、渋沢は単なる金儲けの人ではなかったし、「論語と算盤」というスローガンがあるように、「思想」を持った人物であった。渋沢の思想は正統な後期水戸学を基礎にしており、幕末の日本では一般的な知性であった。渋沢は、良く言えばプロの漢学者でもないのに基本に忠実であった。この点においては、渋沢本人が言うように「学者にも負けない」人であった。しかし悪く言えば、独創性は少なく、思想面における個性は少ない。市井の思想家である渋沢は、勝手で突飛な思想を述べることはなるべく慎んだようである。

彼は基本に忠実だからこそ、広範囲に渡って活躍することができたのではないかと私は思う。独創に過ぎれば生存中は不遇であり、死後に認められるような人になったであろう。また基本を正しく踏まえていなければ、他者に対して説得力がない。これは渋沢に限らず、伊藤博文や乃木希典など実践において成功をおさめた人に多く見受けられる特徴なのかも知れない。

渋沢は、当時としては特殊な教育を受けた人ではない。その人物が世界で最初に経営の本質を見抜いていたのである。ドラッカーは、マネジメントに関して、日本は最初から第一線級の国であったと言っている。この事実は渋沢が突然変異的に出現した天才ではなく、幕末日本が既に高度な政治・経済・経営思想を一般に持っていたことを暗示するものである。私の暫定的な判断では、中国最盛期である唐・宋代の知性はモンゴル帝国の制圧を受けた中国本土より日本のほうがより良く保存され、五山時代から日本の知性は中国を凌ぎ始めていた。元末明初の混乱も有り、この頃から日本の知識人の間には「本場を超えた」という意識があったようである。荻生徂徠以降になれば、経世思想に関して、もはや日本の優位は決定的となる。また中国の知性は一八世紀フランスへ輸出され、近代経済学の始祖であるF・ケネーやヴォルテールに多大な影響を与えた。その後のフランス革命やアメリカ独立革命にも、一原動力として中国の経世思想が関与したと指摘する学者もいる（たとえば後藤末雄、H・G・クリールなど）。これらを総合すれば、江戸時代後期の日本の経世思想は、少なくとも欧米よりはるかに遅れたものではなく、ややもすれば日本の方が欧州より高度な政治・経済・経営思想を持っていた可能性はある。福沢諭吉が「西洋の理論、決して深きに非ず、東洋の理論、決して浅きに非ず」（『民情一新』）と言ったことは誇張ではない。渋沢が世界で最初に経営の本質について的確な議論をしえたのは、江戸時代後期における日本の基礎的な学術水準の高さが原因になっているのではないか。筆者の今後の研究は（適した研究環境が得られるか否かにもよるが）このような観点も大事にしたい。

本書は、私の二十代後半の研究が納められている。この研究を始めたのが二五歳であるから、五年間で書いたということになる。シュムペーターが言う「神聖で多産な二十代」の後半は、漢文との格闘に終始した。二十代前半はドイツ語や英語、数学に奮闘していたように思う。なぜ転向したかと言えば理由は複雑であるが、特筆すべきは、二十代半ばに起きた阪神大震災やオウム真理教の事件にそれぞれ感じるものがあったことである。この頃から、私は欧米的・数理的な経済学に見切りをつけた。その種の経済学は、これらの事件に何も意見するところがなかったからである。また、同じころ『丸山眞男集』の刊行が始まり、後に丸山自身も逝去したが、当時巻き起こった彼に関する論争も良い刺激であった。本書の研究における、一九五八年以降の「後期・丸山眞男」の影響は、今から考えると大きいものであったと思う。この影響により、前近代日本思想研究への展望が開け、漢文こそ経世済民思想の宝庫であると確信するに至った。もはや横文字を読んで数学的な経済学を振り回すだけでは、二一世紀の課題に答えられないと私は判断している。この転向の後、現在までの一応の成果が本書である。学術論文集という誠に読み難い本であるうえに、内容も稚拙であるが、読者のご批判を心より願っている。

かの丸山眞男は、「特定の視角から照明をあてた研究は、教科書的な一般史とちがって、著者の見解のその後の変化にかかわらず、それ自体独立の存在理由をもつ」（『日本政治思想史研究』英語版への序文）と述べている。僭越ながら、私にも「著者の見解のその後の変化」が既に第三章、田口卯吉についてである。これは私自身の「視角」の不徹底に気がついたからだが、機会を得て別な作品を書くしかない。

この書は、序章から第六章までと第九章は、平成一二年六月に大阪市立大学で経済学の博士号を取得した論文が基になっている。第七章と第八章が、第一章で展開した方法論を必ずしも踏まえていないのは、この二つの章が他の機会に書かれたものだからである。ただ、全く別な思想を述べたものではないので、一書に収容することは不自然ではないと思う。

なお、この「あとがき」を最初に読み、本書の内容に興味はあるが、全部読むのは面倒だという方は、第九章の前半が全部の要約になっているので、参考にしていただきたい。

出版に際し、お世話になった方々には心からお礼申し上げたい。特に日本経済思想史研究会と一九世紀経世済民思想研究会の会員各位には、言い尽くせないほどの感謝の念を抱いているつもりである。両研究会がなければ、本書の成立はありえなかった。大阪市立大学の先生や学友にも、いろいろと協力していただいた。資金面では、この書は平成一四年度科学研究費補助金（研究成果公開促進費）の交付を受けた。こちらの関係者各位にも、非常に感謝している。最後になったが、日本経済評論社の谷口京延氏には、出版へ向けて粘り強く協力していただいた。公私ともに相談に乗っていただいた同氏には、心より感謝申し上げたい。

平成一四年五月二三日

埼玉県の自宅にて　　坂本慎一

初出一覧

序　章　書き下ろし

第一章　「徂徠学・水戸学の規範化——渋沢栄一思想研究の前提——」『渋沢研究』第一一号、渋沢史料館、一九九八年一〇月発行

第二章　「初期渋沢栄一の自由主義経済思想——『臣としての実業家』という観点から見た『立会略則』の分析——」『経済学雑誌』第九九巻第一号、大阪市立大学経済学会、一九九八年五月二〇日発行

第三章　「渋沢栄一と田口卯吉の対立——明治時代の経済自由主義を巡る『文明の衝突』——」『経済学雑誌』第九九巻第三・四号、大阪市立大学経済学会、一九九八年一一月二〇日発行

第四章　「渋沢栄一『論語講義』の儒学的分析——晩年渋沢の儒学思想と朱子学・陽明学・徂徠学・水戸学との比較——」『経済学雑誌』第一〇〇巻第二号、大阪市立大学経済学会、一九九九年九月二〇日発行

第五章　「ヴェーバー理論から見た渋沢栄一の近代資本主義的精神」『経済学雑誌』第一〇〇巻第四号、大阪市立大学経済学会、二〇〇〇年三月二〇日発行

第六章　「晩年渋沢栄一の商業擁護に関する根本的問題」『経済学雑誌』第一〇一巻第一号、大阪市立大学経済学会、二〇〇〇年六月二〇日発行

第七章　書き下ろし

第八章　「初期渋沢栄一における株式会社提唱への道程——儒教思想を基軸とした解釈の試み——」『日本経済思想史研究』第二号、日本経済思想史研究会、二〇〇二年五月発行

第九章　書き下ろし

（序章～第六章と第九章は、博士論文『渋沢栄一儒学思想の研究――儒学的パラダイムからの分析――』（大阪市立大学）に該当する。なお各章とも、今回の収録にあたり、改稿してある）

【ま行】

【ら行】

【さ行】

【た行】

【な行】

【は行】

【わ行】

欧米人名索引

書名索引

（括弧内は編著者）

【あ行】

【か行】

【は行】

【ま行】

【や行】

【ら行】

【た行】

【な行】

【か行】

【さ行】

索　　引

日中人名索引

(中国人の名前は、特に断わりのない場合、日本語の音読みにしてある)

【あ行】

【著者略歴】

坂本慎一（さかもと・しんいち）

昭和46年　福岡県生まれ（本籍埼玉県）
平成 6 年　獨協大学外国語学部卒業
平成 9 年　京都大学大学院人間・環境学研究科修士課程（人間社会論講座，経済システム論）修了
平成12年　大阪市立大学大学院経済学研究科後期博士課程修了，博士（経済学）

渋沢栄一の経世済民思想

2002年 9 月20日　第 1 刷発行　定価（本体5,600円＋税）

著者　坂本慎一
発行者　栗原哲也

発行所　株式会社　日本経済評論社
〒101-0051　東京都千代田区神田神保町3-2
電話 03-3230-1661　FAX 03-3265-2993
E-mail: nikkeihyo@ma4. justnet. ne. jp
URL: http://www. nikkeihyo. co. jp/
印刷＊文昇堂　製本＊美行製本
装丁＊渡辺美知子

乱丁落丁はお取替えいたします。　Printed in Japan

ISBN4-8188-1439-3

杉原四郎・逆井孝仁・藤原昭夫・藤井隆至編著

日本の経済思想四百年

A5判　三五〇〇円

江戸時代から今日に至るまで、日本の経済発展に重大な影響を及ぼした経済思想家六〇人余の著作から、その思想を象徴する一節を選び四〇〇年の軌跡をたどる。

藤原昭夫著

福沢諭吉の日本経済論

A5判　三二〇〇円

政治、外交、世界情勢、社会等あらゆる問題に鋭利な観察眼をもって対し、国民経済の安定をめざす福沢は、激動期日本経済の実態をいかに把握し、どのような政策を示したか。

藤和昭夫著

フランシス・ウェーランドの社会経済思想

—近代日本、福沢諭吉とウェーランド—

A5判　八一〇〇円

福沢諭吉の「学問のスヽメ」に深い影響を与えたウェーランドの著作は、明治初期に一大ブームをまきおこした。日本の近代化過程の中にウェーランドの業績を位置づける。

松野尾裕著

田口卯吉と経済学協会

A5判　六〇〇〇円

明治期の経済思想家、田口卯吉が主宰した経済学協会の活動の実態を発掘。経済学の普及、政策形成との関わり、啓蒙活動の地方への拡大、経済職能集団の形成などを考察する。

杉原四郎・岡田和喜編

田口卯吉と「東京経済雑誌」

A5判　九五〇〇円

明治期を代表する思想家の一人、田口卯吉は『日本開化小史』『史海』等多くの出版物を手がけた。田口は何をめざしていたのか。生涯をかけた『東京経済雑誌』を軸に検討。

(価格は税抜)

日本経済評論社